2020 年度合肥工业大学图书出版专项基金资助项目
2020 年度安徽省哲学社会科学规划项目“朱光潜外语教育思想的文化底蕴及当代价值研究”(项目编号:AHSKY2020D124)的研究成果

此身　此时　此地皆是情

——外语教师朱光潜研究

袁玲丽　著

合肥工业大学出版社

前　言

朱光潜先生是一位终身愿与读者平等交流的大家，80多岁时回忆起往昔的学术创作生涯，他曾说，“我一直是写通俗文章和读者道家常谈心来的”[①]。例如，《给青年的十二封信》分享了一位兄长对于处于十五六岁阶段的人生遇到的种种问题的选择与看法；《谈美》《谈修养》延续了他一贯的谈心风格，用明白晓畅的语言阐述了美之于人生是一种高尚追求，以及如何为人处世、修身齐家、取舍价值地度过一生；《诗论》是中国诗学研究与文学研究领域一部力作，而《文艺心理学》《悲剧心理学》《西方美学史》等则是中国美学、文艺评论、哲学等诸多领域的研究学者们频频翻阅的案头书。广大读者，无论是心中有不解疑惑，还是怡养性情消磨时间，抑或是潜心于学术研究，不管何时、出于何目的、在哪个年龄阶段，朱光潜都是他们可以靠近且能对话的智慧长者。每一次阅读朱光潜，理解他，感悟他，总能给读者带来人生启示或学术见解。

朱光潜先生在人生不同阶段有不同座右铭。在香港大学读书时，朱光潜用“恒恬诚勇”字幅勉励自己，恒心、恬淡、诚实、勇敢，是他的人格追求目标。后来在《谈修养》一书中他提到了“三此主义”——此身、此时和此地，简言之，即此身应该做而且能够做的事不推诿给旁人，此时应该做而且能够做的事不拖延到未来，此地应该做而且能够做的事不推诿到想象中另一个地位去做。

“以出世的精神，做入世的事业”，是朱光潜多次提到的治学理念，这也是他的人生态度与人格理想。在《谈美》最后一章，说起许多人匆忙活一生、无暇流连沿途风景，朱光潜便谈到人生艺术化，奉赠大家要“慢慢走，欣赏啊！”朱光潜一生喜爱陶渊明，尤其喜欢陶诗《时运》序

---

① 转引自吴泰昌：《我认识的朱光潜》，上海：上海文艺出版社，2008年，第1页。

中最后一句“欣慨交心”，这是一种饱经风霜后超脱的人生态度。晚年历尽沧桑过后，陶渊明的“纵浪大化中，不喜亦不惧。应尽便须尽，无复独多虑”，是陪伴朱光潜最后岁月的人生信念。纵览朱光潜不同时期人生信条，大致可以勾勒出他的人格肖像，用他自己的话就是“我大体上欢喜冷静、沉着、稳重、刚毅，以出世精神做入世事业，尊崇理性和意志，却也不菲薄情感和想象”①。品味朱光潜不同阶段座右铭，便能感受到贯穿始终的散发出的一种人格魅力，那便是：他活得努力，他活得认真，他活得深情。

朱光潜先生在多个学术领域建树颇丰，因此目前学术界关于他的研究专著也比较多，其中代表性研究成果主要集中在美学、文学评论与比较文学、教育实践与思想、美学翻译、学术思想述评等领域。除此之外，还有一些朱光潜传记年谱类、回忆类著作。这些研究成果，从多方面多角度呈现了学识丰富、真实可感的朱光潜先生，探究了其诸多领域的成就与影响。但从这些成果中我们也不难发现，以往朱光潜研究的着力点依然集中于其作为“美学家”以及与此相关的领域，对于朱光潜终身执教的外语教育这一领域的研究仍然有待深入。

朱光潜曾多次说，“我是在大学里教外语的”，大学外语教师是其主业。有鉴于此，本书希望能在目前国内学界有关朱光潜研究的基础上，以外语教师的身份作为关注焦点，从人本主义视角对其进行尝试性系统研究，以期达到学术补白的目的。因此，本书在论述朱光潜时，并不仅仅拘泥于把他描述为专注外语单词、语法、句法等知识教学的“教书匠”角色，他的多学科的学术成果自然不同于一般的外语教师，同时，这些学术成果也会自然地渗透、贯通于他的外语教学过程中。出于这样的考虑，本书用相当的篇幅对朱光潜在语言学、教育学等领域的主要学术观点，以及其与外语教学的交融等方面进行了着力阐述。

在章节安排上，本书首先对朱光潜自青少年起在故乡接受了中国传统文化熏陶，从而打下了坚实的古文功底的情况进行了介绍，这些童年所受的教育对他从事终身的外语教育工作产生了很大的影响。其次，介绍了朱光潜先生在语言学方面的主要思想观点，然后具体到英语教学、翻译教学与实践两个维度予以具体阐发，最后落脚点是建立在外语教学

① 朱光潜：《朱光潜全集》（新编增订版）第1卷，北京：中华书局，2012年，第91页。

基础之上的朱光潜在教育学方面的主张，即他的全人教育思想。按照这个叙事逻辑，本书是期望塑造出一个全方位的、立体的大学外语教师的形象，正如朱光潜自己所说的，把“正反侧各面都看出来，然后把各面不同的印象平铺在一起，合拢起来就可以现出一幅立体的活动影片”[①]。

具体而言，本书共分为五章，各章具体内容如下：

第一章为全书研究的源头。以概述白描手法勾勒出朱光潜生于兹长于兹的皖江地区的文化传统，在对皖江教育传统、桐城派与近代中国外语教育启蒙、求是学堂与安徽高等外语教育开端，以及皖江优秀外语教育传统的追溯中，引领读者走进外语教师朱光潜曾经生活在此20余年的精神天地与教育文化背景。

第二章集中于探究朱光潜的语言观。朱光潜对于语言学习与运用颇有天赋，语言是其思想与观点的诗意栖居所在，在对朱光潜的生平与求学经历进行描述之后，本章重点探索了朱光潜的语言观、文学创作中的语言特点以及散落于朱光潜不同时期作品中的乡土情结书写，从而向读者展示朱光潜语言运用中所体现出的人生智慧与艺术特色。

第三章围绕着作为外语教师的朱光潜展开论证。外语教育是朱光潜欣慨交心、潜心浇灌的领域，他在学习英语、法语、德语、俄语等多种外语的经历中积累了丰厚的收获与启示，因此在中学和大学教授外语被朱光潜称为“自己的主业”。他在半个多世纪的英语教学实践中培养了大量人才，形成了自己的“教学法宝”，进而凝结成他的外语教育思想，并在此基础上进一步凝练出他的教师观。

第四章针对朱光潜的翻译教学与翻译实践进行细致探讨。朱光潜的翻译生涯比他课堂教学的生涯更长久，他的翻译实践与课堂教学相得益彰，使得翻译教学也显示出自身的特色。朱光潜的西方文论翻译奠定了他美学家的地位，戏剧翻译及其文化选择在他的翻译生涯中有着特殊意义，本章在对其多年翻译教学与实践的描述中，向读者展示了朱光潜非凡译笔写就的人生历程，进而探究其中融入的朱光潜翻译思想。

第五章围绕朱光潜全人教育思想展开细致讨论。在长期从事外语教学和研究的过程中，朱光潜一直提倡全人教育，在对朱光潜的美育思想、体育思想、群育思想进行探索之后，本章对朱光潜全人教育思想渊

---

① 朱光潜：《朱光潜全集》（新编增订版）第8卷，北京：中华书局，2012年，第203页。

源、意义与启示等进行了讨论，从而引领读者去探究朱光潜先生莳花植树的育人价值、殷切深情与大美人生。

概言之，本书尝试从人本主义心理学入手，结合教育叙事学和发生学理论，从作为外语教育家的朱光潜的视角，以其半个多世纪的外语教育历程为经，以其语言观、外语教育、语言翻译和全人教育思想为纬，在古今中外文化交流的历史坐标上，探析其教育思想的文化底蕴及现实价值。本书不仅通过其外语教育实践、教育思想和学术著述来探究朱光潜的成就，而且还展示了其自身作为范例的文化传播者的影响力，从而为读者能更好地理解朱光潜和解读朱光潜思想提供一个新的视角与参照，也为人本主义心理学视阈下的学术研究提供一个范例。

目　录

第一章　源头活水：皖江文化传统

安徽位于华东腹地，在地理位置上承接我国东西，是一个既古老又年轻的省份。说它古老，是因为早在旧石器时代，安徽境内的淮河两岸和长江南北就有人类活动的痕迹。说它年轻，是因为安徽于清康熙六年（1667年）建省，取安庆、徽州两府的首字，合而定名为“安徽”省，“安徽”这一名称的出现才350多年。又因安庆境内有皖山、皖水、皖城，是西周古皖国的故地，所以安徽亦简称“皖”。淮河、长江、新安江自西向东流经安徽大地，天然地将全省分为不同的地理结构，在此基础上又形成了各具传统的三大文化板块——淮河文化、皖江文化、徽州文化。近代以来，以桐城派为代表的皖江文化的发展取得了令人瞩目的成就，影响深远。而随着西风东渐，安徽近代教育事业的发轫，又在以省会安庆为代表的皖江地区蓬勃兴起，培养出一大批时代英才。

第一节　皖江教育传统

安徽地处南北文化交汇之区，自古就人文荟萃、名家辈出，尤其是教育事业源远流长。商代时，生活在这里的人们已经相当普遍地使用了文字。西周时期，安徽已经有学校。到了春秋战国时期，安徽境内文化教育日益发达，这片土地上孕育了管子、老子、庄子等诸子百家。唐宋时期是中国封建社会发展的高峰，也是安徽教育繁荣发展之时。据史料记载，宋代各级地方官员、士绅非常重视办学，安徽境内建有学宫42处、书院26所，其中著名的有绩溪桂枝书院、颍州西湖书院、歙县紫阳书院、当涂天门书院等。特别是宋代安徽境内还诞生了一位著名的教育家、思想家、文学家——朱熹。朱熹集理学之大成，平生以讲学、著述为主，从事教育事业达50年之久。朱熹抨击了当时以科举入仕为直接目的的教育，批判这样的教育为“干禄蹈利”“忘本逐末”。他认为，教育的根本任务是“明人伦”“教人做人”，即“明天理”“去人欲”。朱熹经常在紫阳书院讲学，弟子追随者很多，对当时以及后世的教育、思想、文化和社会生活产生了重大影响。朱光潜极为欣赏朱熹的一首诗："半亩方塘一鉴开，天光云影共徘徊。问渠那得清如许？为有源头活水来。"他尤其喜欢这首诗的末句，说其中意味无穷。

明朝开国皇帝朱元璋很重视教育，并且对于"王兴之地"的安徽实行了一系列的倾斜政策，有力地促进了有明一代安徽经济、文化和教育的发展。明代安徽各府、州、县均建有学宫，共建有书院104所，讲学之风盛行，尤其以徽州最盛。明清两代，安徽经济发展、教育盛兴、人文荟萃，文化教育和科学技术均位于全国前列。仅从科举考试来看，安徽，特别是徽州、桐城两地人才辈出。不仅如此，这一时期，徽州、桐城两地还先后形成了影响遍及全国的新安学派和桐城文派。而称雄明清商界近400年的徽商，更是以"贾而好儒""亦贾亦儒"著称，以其雄厚资财振兴家乡文化教育事业，引进西方科学文明，对促进安徽文化教育的发展也起到了重要的作用。上海开埠之后，大批皖人集聚于此，以至于沪上有人感言："松民之财，多被徽商搬去。"① 皖人乡土观念重，宗族意识强，外出商人、官员皆鼎力支持家乡教育事业，并且全力引领后人走出故乡，求学于沿海发达地区，从而"使固有的新安学派在新思想、新文化的影响下不断变通，形成了既根基深厚又具开放视野的近代徽州文化"②，为现代教育人才的出现奠定了基础。

封建时代，皖江人民历来重视教育，据《桐城耆旧传》记载："明清两朝，城里通衢曲巷，夜半诵声不绝；乡间竹林茅舍，清晨弦歌琅琅。"读书人学而优则仕、仕而优则学，及第之前，往往以教书为生，成名之后，又多以讲学、著述为业。新安、桐城二派学者文人，尤多重视教育。桐城派名家大多从事过教育工作，他们一边潜心求学、从事著述，一边认真教书、育人达数十年，传播思想与文化，有的甚至毕生致力于书院事业。而当时的徽州更有"十户之村，不废诵读"的说法，足见学风之盛。可以说，在安徽，一般文化人家大都重视子女的教育，幼儿5岁时即授以"方块字"，令其学认写，进而使之诵读简短诗词，幼儿在上学前就能识二三百字，而贫穷人家至今也有"穷不丢书"的优良传统。

---

① 李绍文：《云间杂识》（卷一），上海：上海瑞华印务局，1935年，第9页。

② 高玉兰、傅瑛：《皖籍翻译家的文学翻译研究》，合肥：中国科学技术大学出版社，2021年，第2页。

第二节　桐城派与近代中国外语教育启蒙

桐城派不仅是清代文学史上最具影响力的文学流派，而且也是一支不可忽视的教育流派。桐城派从开创、发展、中兴直至最后淡出历史舞台，之所以能绵延传承数百年，很大程度上得益于中国的传统教育方式和自成一体的桐城派教育思想，“因教育而产生种种关系往往是维系中国学术派别、传承学术思想的重要纽带”[①]。在桐城派发展的两百多年历史中，无论是在民间讲学，还是在朝廷担任与教育有关的职务，无论是以书院讲学的方式，还是家学传授或者私人收徒，大多数桐城派作家或者积累了宝贵的教育经验和丰富的教学经历，或者直接参与有关教育政策的制定，由此逐渐形成了特色鲜明的桐城派教育思想。

桐城派主张“文以载道”，然而在文与道之间，他们更注重道，即孔孟之道、程朱之道，其核心之一便是经世致用。清朝末年，随着科举制度的废除、书院的停办，桐城派文学逐渐走向没落，但是在晚清社会思潮纷呈迭现、中国近代教育启蒙之初，却不时可以看到桐城派的身影，“桐城派的古文运动在受到新文化运动无情打击、乃至全盘否定的时候，桐城派的教育思想却走上‘与时俱进’之路”[②]，这些教育思想与实践不仅促进了中国近代高等教育的开端与转型，而且对近代中国外语教育的启蒙产生了深远的影响。

一、桐城派的经世致用教育思想

经世致用，属于儒学的一种思潮，强调学问应该与社会现实相联系，桐城派在传承过程中一直具有经世致用的思想传统。桐城派开山鼻祖方苞提倡“无济于用者，则不学也”[③]。桐城派集大成者姚鼐，不仅将经世致用作为自己行文的目标，而且上升到为人的标准：“士亦视有益于世否耳！即试成进士，何足贵?”[④] 这种不图虚名、有益于世的成才标准，即使在今天看来也是进步的。在近代教育家陈青之的笔下，“（方苞）身体长瘦，目

---

① 曾光光：《桐城派的传承与传统教育》，载《清史研究》，2005 年第 3 期，第 63 页。

② 王丽红：《后期桐城派作家与近代教育转型》，载《淮北煤炭师范学院学报》（哲学社会科学版），2006 年第 2 期，第 125 页。

③ 方苞：《方望溪全集》，北京：中国书店，1991 年，第 298 页。

④ 姚鼐：《惜抱轩诗文集》，上海：上海古籍出版社，1992 年，第 189 页。

光如电，胆弱的人一见辄生畏惮。但为人忠厚，一举一动，皆有礼法。晚年尤好学，每日必有课程，诱导后进，凡有所讲说，常娓娓不倦，不愧为纯正教育家的态度……（姚鼐）主梅花、紫阳、敬敷、钟山等书院讲席者四十多年，门生遍东南，其道德文章之被仰望，如同泰山北斗。平日讲学以‘扶树道教，昌明正学’为宗旨；所为文章亦以‘载道’为主；所治经学以阐发义理为要。先生与望溪，平日所论，只关于哲理、伦理的发挥，及学派的分析与文章的作法，对于教育理论殊少贡献。但他们一生沉埋于教育生活里面，其品格与行为亦足以表率后进，较有理论的教育家更足称述”①。

鸦片战争之后，国家面临内忧外患，桐城派弟子继续发扬经世致用的思想传统，关注夷情，应变求新，走到了时代的前列，企图救国家于危难之中。“姚门四杰”之一的姚莹，不仅具有经世之论，而且具有经世之功，早在嘉庆年间就开始关注、了解夷情，“天下有道，守在四夷，岂可茫然存而不论乎?”其经世著作《康輶纪行》介绍了英、俄等国的国情，提出了学习西方自然科学的迫切性，表现出强烈的忧国忧民意识：“若坐井观天，视四裔为魑魅，暗昧无知，怀柔乏术，坐致其侵凌，曾不知所忧虑，可乎！甚矣，拘迂之见，误天下国家也。”② 晚期桐城派中兴者曾国藩，直接将学习西学纳入桐城派学问之事，“为晚清桐城派打开了从传统经世之学通向学习西学的门径”③。由此可见，经世致用对于桐城派而言不仅是一种文风，更是一种教育思想传统，以曾国藩、李鸿章、吴汝纶等为代表的晚期桐城派关注夷情、学习外夷，在特定的时代背景下为经世致用注入了学习西方的新内容，也正是这种求实、务实的经世精神，使得晚清学习西方的思潮能够进一步走向深入，“师夷长技以制夷”的思想能够付诸实践，而这也最终促成了中国近代官办外语学校的设立、首批官派赴洋留学生的成行，以及传统书院中外语学习的创举。

二、经世致用思想与上海广方言馆的设立

回顾历史，近代中国教育史的每一次突破性进展都会牵连出一段特定的历史事件，正如何炳松在《三十五年来中国之大学教育》中所阐述的：有热河避难才有同文馆的设立，因为甲午战争才有推广学校的倡议，而庚

① 陈青之：《中国教育史》，北京：东方出版社，2008年，第443—444页。
② 姚莹：《康輶纪行·东槎纪略》，合肥：黄山书社，1990年，第358页。
③ 曾光光：《桐城派与晚清社会思潮》，载《江海学刊》，2001年第6期，第129页。

子国变则促成了“切实举办”京师大学堂的上谕[①]。咸丰十年（1860 年）英法联军侵入北京，清帝热河避难，总理各国通商事务衙门成立。因为交涉各国礼节事务需要熟悉外国语言文字的人员，同治元年（1862 年）由总理衙门倡议，设立京师同文馆于北京，近代中国的官办外语教育由此开始。同文馆初设的意图“仅仅在于培训中外外交上所需要的翻译人才”[②]，由于英国是清廷当时最主要的涉外事务国家，而英语又同时是美国的语言文字，因此，同文馆首先开设英文馆。同治二年（1863 年），李鸿章奏请在上海设立广方言馆（注：方言，即外国语言），他在《请设外国语言文字学馆折》中说：“伏惟中国与洋人交接，必先通其志，达其欲，周知其虚实诚伪，而后有称物平施之效。互市二十年来，彼酋之习我语言文字者不少，其尤者能读我经史，于朝章、宪典、吏治、民情，言之历历，而我官员绅士中绝少通习外国语言文字之人。各国在沪均设立翻译官一二员。遇中外大臣会商之事，皆凭外国翻译官传述，亦难保无偏袒捏架情弊。中国能通洋语者，仅恃通事，凡关局军营交涉事务，无非雇觅通事往来传话，而其人遂为洋务之大害。”[③]

在李鸿章看来，与洋人打交道，就得先了解对方的意图，洋人已经对中国的经史朝章、文化民情了然于胸，但是中国官员却还只能依靠外国的翻译官转述，难免偏袒，语言问题已经成为涉外事务的障碍，影响洋务颇大。因此，语言教育势在必行，究其思想根源便是经世以致用。李鸿章在奏章里还说：“惟多途以取之，随地以求之，则习其语言文字者必多；人数既多，人才斯出。彼西人所擅长者测算之学、格物之理、制器尚象之法，无不专精务实，泐有成书，经译者十才一二，必能尽阅其未译之书，方可探赜索隐，由粗显而入精微。我中华智巧聪明，岂出西人之下，果有精熟西文，转相传习，一切轮船火器等巧技，当可由渐通晓。于中国自强之道似有裨助。”[④] 与此同时，李鸿章也将学习西学的思想灌输给儿女，他在家书中写道：“近在上海设广方言馆，聘请外国之名士为教授，专授外国语言，吾儿待国学稍成之时，可来申学习西学……吾儿他日当尽力研

---

① 何炳松：《三十五年来中国之大学教育》，见《何炳松论文集》，北京：商务印书馆，1990 年，第 383 页。

② 费正清：《剑桥中国晚清史（1800—1911）》，北京：中国社会科学出版社，1985 年，第 580 页。

③ 李鸿章：《李文忠公全书》（奏稿卷三），台北：文海出版社，1962 年，第 110 页。

④ 同上，第 111 页。

习之。”[①]

由此可见，语言教育不仅可以解决与洋人在外交事务交涉等方面的语言障碍，以解燃眉之急，还可以是助国人读西书中测算、格物之学，译西籍中专精务实之书，最终精通西文，转相传习，通晓西人的轮船火器等先进技术，以图中国自强的长远之计。这便使得语言学习成为经世的一座桥梁，是通向世界的先进技术，能帮助中国摆脱亡国灭种的厄运，最终达到富强的目的。这种办学理念也直接体现在上海广方言馆的课程设置中，学生在三年的学习过程中一直以外文课为主，兼习史地与各种自然科学，重视翻译，尤其是各种公文的翻译；学生毕业后被分派到各个通商督抚衙门或者海关担任翻译官，协助洋务。同治三年（1864 年），广州将军瑞麟等奏设广州同文馆，和上海广方言馆、京师同文馆一起“实为中国新教育的高等教育机关……当时的外交人材、西学介绍都取给予（于）该三馆，故学习语言，翻译西籍竟蔚成为一种思潮。戊戌政变前后之言新政者，无不以方言为言”[②]。

三、经世致用思想与首批官派赴美留学幼童

留学教育是中国近代教育史上的一个重要篇章，“留学生不仅促进了中外文化的交流，而且对近代以来的中国社会产生了至深且巨的影响”[③]。舒新城在《近代中国留学史》中说：“说到近代留学的渊源，大家都推重曾国藩与李鸿章，以为他们是首先派遣留学生的人，无他们中国便无留学生；新学术、新事业也不会如此发展。”[④] 之所以在当时有这样一致的看法，是因为曾国藩和李鸿章是最早上书并最终促成我国首次官派留学生的官员。即便这一中国近代史上的开创之举由于种种原因最终未能贯彻到底，但是，无论是从留学生自身学业和事业上取得的成绩、从这一创举在当时所产生的国际影响，还是从这一事件对随后的留学事业所产生的深远意义来看，“它绝不是全然的不成功”[⑤]。提到这段历史便不能不提三个名字：容闳、曾国藩和李鸿章。容闳，近代中国向西方学习的先驱，1854 年美国耶鲁大学毕业后回国，一直竭力主张派遣留学生到西方学习，而曾国

---

① 转引自周维世：《清代四名人家书》，台北：文海出版社，1980 年，第 148 页。

② 舒新城：《近代中国教育思想史》，福州：福建教育出版社，2007 年，第 15 页。

③ 刘晓琴：《中国近代留英教育史》，天津：南开大学出版社，2005 年，第 1 页。

④ 舒新城：《近代中国留学史》，台北：中国出版社，1973 年，第 1 页。

⑤ 容闳：《容闳自传——我在中国和美国的生活》，石霓译注，上海：百家出版社，2003 年，第 370 页。

藩和李鸿章则是最终促成他的愿望得以实现的关键人物。

曾国藩最早上奏博选聪颖子弟出洋肄业之事，是在同治九年九月十六日（1870 年 10 月 10 日）的《调陈兰彬江南差遣片》中："至外国技术之精，为中国所为逮，如舆图、算法、步天、测海，制造机器等事，无一不与造船练兵相为表里。其制则广立书院，分科肄业。凡民无不有学，其学皆专门名家，每治一艺、每制一器，皆系父子相传，世继其业，然后通微合谟，愈久愈精。"他还以俄罗斯国为例说明出国留学的实效，"如俄罗斯初无轮船，国主易服微行，亲入邻国船厂，学得其法。乾隆间，其世子又至英国书院肄业数年。今则俄人巨炮大船不亚于英法各国，此其明效"。这番铺垫之后，曾国藩在奏折中提出："江苏抚臣丁日昌屡与臣言：宜博选聪颖子弟赴泰西各国书院及军政船政等院，分门学习，优给资斧，宽假岁时，为三年蓄艾之际。行之既久，或有异材出乎其间，精通其法，仿效其意，使西人擅长之事，中国皆能究知，然后可以徐图自强。"①

在曾国藩看来，派聪颖子弟留学可以学习西方的先进技术，探知西人擅长之事，以图改变中国当时的落后状况，实现中国的自强。接着，同治十年正月十二日（1871 年 3 月 2 日）曾国藩又在《办理洋务尤与军事相表里须讲求实际》折中附奏道："中国学外国之技，则须以翻译为第一要义，得洋人一技之长，始明其迹，继探其意，既乃翻译汉文，使中国人人通晓，可见施行。今上海局中所翻译诸书，颇能窥洋学之奥秘。若勤求不已，将来创立新法，别出绝技，亦属意中之事。臣又拟选聪颖子弟，赴泰西各国书院及军政、船政等院，分门学习。曾于上年九月十六日具奏一次，彼来则延访，我往则就教，总求尽彼之长而后已。"②

曾国藩在奏折中先肯定了翻译西方书籍已经取得的成效，进而提出选派聪颖子弟留学，以求进一步学习西方的军政、船政等先进技术。此奏不久为清政府采纳。同治十年七月初三日（1871 年 8 月 16 日），曾国藩和李鸿章联衔会奏《拟选子弟出洋学艺折》，详细论述拟选幼童出洋肄业的缘由，并拟定十二条留学章程。曾、李在这个奏折中不仅再次重申了派遣学生留洋的理由，而且提到了将来可以继续派学生到英国去留学以延续这一做法："本年春间，美国公使过天津时，臣鸿章面与商及。允俟知照到日，即转致本国，妥为照料。三月间，英国公使来津接见，亦以此事有无相

---

① 曾国藩：《曾国藩文集》（奏稿卷三十），北京：九洲图书出版社，1997 年，第 750 页。

② 转引自容闳：《容闳自传——我在中国和美国的生活》，石霓译注，上海：百家出版社，2003 年，第 187 页。

询。臣鸿章当以实告，意颇欣许，亦谓先赴美国学习，英国大书院极多，将来亦可随便派往。”针对当时国内已经开办了几所方言馆，国人有无须再出国留学的言论，他们在奏折里解释道：“或谓天津上海福州等处，已设局仿造轮船枪炮军火；京师设同文馆，选满汉子弟延西人教授；又，上海开广方言馆，选文童肄业。似中国已有基绪，无须远涉重洋。不知设局、制造、开馆、教习，所以图振奋之基也。远适肄业，集思广益，所以收远大之效也。”不仅如此，他们还引用古人言论为佐证，说明留学的必要性：“古人谓学齐语者，须引而置之庄岳之间，又曰百闻不如一见，比物此志也。况诚得其法，归而触类引申，视今日所为孜孜以求者不更可扩充于无穷耶?”① 于是，从同治十一年至光绪元年（1872—1875 年）的 4 年间，清政府分 4 批、每批 30 人向美国共计派出了 120 名官派留学幼童，在当时被视作是“创始之举”“古来未有”，开创了我国近代官派留学教育之先河，为不久之后派往欧洲与日本的留学生教育提供了借鉴，也为启蒙思想以及近代中国外语教育储备了师资。

四、近代西学教育先驱吴汝纶的经世之怀

在中国近代史上，吴汝纶是一位“有重大影响的开风气人物”②。吴汝纶在办理洋务运动的各项事务过程中，开始接触西学，并且结交了一些外国朋友和通晓外文的本国人士，他主张应该将中学、西学熔为一炉，兼容并包，较之于曾国藩、李鸿章等洋务派的“中体西用”思想，他的这种“中西合璧”的教育革新思想更加先进、开放，并且将晚期桐城派的经世致用教育思想又向前推进了一大步。蜕厂在《记桐城吴先生》一文中评说：“公之身未尝得大用，至其志趣抱负，诚有以贯串新旧之交而目注夫未来之世变者。论近世之学术思想，其孰能不惓惓于斯人耶。”③

吴汝纶提倡译西书、广阅报以启民智。“今议者谓西人之学，多吾所未闻，欲瀹民智，莫善于译书。”④ 他在光绪二十二年九月十三日（1896 年 10 月 19 日）《答牛蔼如书》中说：“现时各属力所能为，止有购置已译之书入书院中，高才生兼习之，似为简易可行。而日前所译各处西书，又分两种。一为西国专门之学，如原奏所谓天算格致等书是也。此等若无师

① 曾国藩：《曾国藩文集》（奏稿卷三十），北京：九洲图书出版社，1997 年，第 759 页。

② 史涅：《试论吴汝纶对西学的认识》，载《安徽史学》，2001 年第 4 期，第 56 页。

③ 蜕厂：《记桐城吴先生》，见纪果庵等《晚清及民国人物琐谈》，台北：台湾学生书局，1972 年，第 195 页。

④ 吴汝纶：《吴汝纶全集》（一），施培毅、徐寿凯校点，合肥：黄山书社，2002 年，第 148 页。

授，终不能升堂入室，又须购买仪器，乃可传其理法，学之有成。国家尚无能考验高下之人，既成而无所用之，于身于国两无益处，故胡中丞以购买此等书为急务，其实皆可缓图也。一为西国富强政治之书，如上海所译《防海新论》、同文馆所译《富国策》等皆是，而西人自译，若《自西徂东》、《泰西新史览要》、《西国学校》、《万国岁计》诸书，至为有益。此外则购阅各报，尤为切要。”①

他还提出，仅仅译西书还不够，还需要延请名师，教西文以通西学。光绪二十四年六月三日（1898 年 7 月 21 日），他在《上李傅相》中说：“若不聘名师，但恃译书，则自师门在沪开方言馆，先后所译西书不少，海内何人读而通其说者？西学专门名家，精深微妙，非得师指授，安能入门？日本近来教授初学，专用译出之书，以省讲习西文之劳。此等新生不通西文，将来成就决不如前辈之盛。顾其国近已多通西学之师，但凭译本即能教授。”他又说：“若吾国则无人导引，虽有译书，谁能心解？且亦未有不通其学而能译其学中之书者也。为此说者不识西文乃为之辞曰，仅通中国语言文字，不得谓有中学，则仅通西国语言文字，亦不得谓有西学。其言似亦甚辨，但使不通中国语言文字能通中学乎？然则不通西国语言文字能通西学乎？”② 在吴汝纶看来，延请外国教习，学习西学，必须要循序渐进，可以先掌握外国语言文字，然后学习数学、格致等学科，由浅入深、由理论课程到实际应用学科逐步推开。

在人才培养上，吴汝纶提倡出洋留学。他在光绪二十五年（1899 年）《与盛荇荪》的信中说：“今时士人，多虚骄之气，得少便自足，若造成大用之器，非送至外国就学，不能深入。外国附学，又非先从小学、中学，不能遽入大学；又非先学语言文字，不能躐等求进。愚见无论移树栽树，必以十年为期，且须传授得人，别无速化之术。”③ 在选拔出洋留学人员方面，他不赞成只需派遣宗室、王公、部院大臣的建议，认为这些人短暂的游学收获不会很大，应该选拔国学根基深厚的人出国，这样才能透彻地学习并掌握西学的精髓。与早期曾国藩和李鸿章选派幼童赴美留学相比，他的观念更加务实也更符合客观实际。不仅如此，在当时不少人对自费留学生抱有成见的情况下，他在光绪二十八年（1902 年）《答上海各报馆》一

---

① 吴汝纶：《吴汝纶全集》（三），施培毅、徐寿凯校点，合肥：黄山书社，2002 年，第 130—131 页。

② 同上，第 200 页。

③ 吴汝纶：《吴汝纶尺牍》，徐寿凯、施培毅校点，合肥：黄山书社，1990 年，第 193—194 页。

文中反驳道："众谓官学生安分，私费学生多未善。某窃以为不然。国家经费艰窘，官送学生有限，无益于开化进取。私费学生不烦国家供给，且多有力之家，本生有志维新，乃肯越海游学。此正国家所宜宏奖，以广教育，而策后效，岂宜稍加裁抑，以挫此新机!"[①] 他还规劝政府官员对留学归国人员要知人善用，要"用人当体其心，不宜强以所不愿"[②]，以便广揽人才。

吴汝纶不仅具有过人的远识与博大的胸怀，而且将经世致用教育思想落实到他的具体西学教育实践中。虽然书院对于桐城派而言具有关乎存亡的意义，但是当教育制度近代化的浪潮掀起时，晚清桐城派并未抱残守缺，他们中的大部分人也开始了对书院制度近代化的思考与实践，这其中尤以吴汝纶等为代表。光绪十五年（1889 年），吴汝纶出任保定莲池书院院长，他认为，"凡外国有益民生日用之学，与富国强兵之学，皆是一源，皆由化、电、格致入手"，于是他在书院课程设置中增设了博物、格致、机械等学科。他又认为，"若论西文西语，则从师日本，不如亲学英人之为得也。今吾国风气未开，专门之学尚难遽尔问津，当从言语文字入手，则与其远赴日本，不如近依英士"[③]，所以他在书院里开设了西文学堂，由英国传教士居格豪担任教员，每日授课一小时。后来，他又开设了东文学堂，聘请日本人野口多内执教。每日督促学生认真学习外语，学生们进步很大，吴汝纶自己也对此非常满意，他在光绪二十五年（1899 年）《与李季皋》的书信中说："书院中兼习西文，亦恐止莲池一处也。"[④]

这些举措开当地风气之先，吴汝纶的学生姚永概在《吴挚甫先生行状》中回忆道："至于西国名士，日本儒者，每过保定，必谒吴先生，进有所叩，退无不欣然推服，以为东方一人也。"[⑤] 不仅如此，吴汝纶在出任京师大学堂总教习之前，还亲自赴日本考察学习，撰写《东游丛录》，这"既标志着他的教育思想及实践在从传统（旧学）向近代（新学）的转变中产生了质的飞跃；同时，也正是由于他的参与和介入，为尚在襁褓状态中的京师大学堂的健康发育成长，乃至近代中国教育制度的建立，有筚路

① 吴汝纶：《吴汝纶尺牍》，徐寿凯、施培毅校点，合肥：黄山书社，1990 年，第 280 页。

② 同上，第 302 页。

③ 同上，第 170、159—160 页。

④ 吴汝纶：《吴汝纶全集》（三），施培毅、徐寿凯校点，合肥：黄山书社，2002 年，第 255 页。

⑤ 姚永概：《吴挚甫先生行状》，见《吴汝纶全集》（四），施培毅、徐寿凯校点，合肥：黄山书社，2002 年，第 1145—1146 页。

蓝缕的肇基之功”[①]。吴汝纶平生不愿为官，以古文家和教育家而著名，作为桐城籍学人，他颇以桐城文派嫡系自居，致力于维护桐城家法。然而难能可贵的是，他治学又主变通，重义理而不废汉学，在洋务风气熏陶下，学术视野也更为开阔[②]。

第三节　求是学堂与近代安徽高等外语教育开端

在近代中国，尤其是鸦片战争和甲午战争之后，中华民族屡屡面临生死存亡的考验，救亡图存成为时代的主题，朝野上下积极探求生存与发展的出路。创办洋务、兴西学、实施维新变法、办新学堂等等举措，反映了当时的国人摆脱国家和民族困境的迫切愿望。西学东渐，随着西方科学与民主精神的渗透，亦使人们逐渐达成了一个共识：兴学育才是改变命运、增进国力的根本。于是，“教育救国”成为当时社会的主流思潮之一，与“科学救国”“实业救国”等思潮相辅相成，推动了社会发展，也成为近代中国高等教育产生的思想基础。

中国近代高等教育发轫于戊戌维新时期的京师大学堂，其后的发展起起落落，至宣统元年（1909 年），共创办了 3 所国立大学、24 所省立大学。在地区分布上，这些高校主要分布于东部沿海地区，如江苏、福建、广东等省，总共有 6 至 8 所大学，每省的在校大学生人数都超过了 1000 人[③]，而安徽近代高等教育的起步与发展亦在这一时期。

一、近代安徽高等教育的开端

安徽近代高等教育始于安庆，安庆为皖江地区的中心，因为自乾隆二十五年（1760 年）直至全面抗战爆发的 1937 年的 177 年间，安庆一直是安徽省会所在地，是安徽的政治、经济、文化中心，明朝钱澄之曾经形容其是“长江万里此咽喉，吴楚分疆第一州”。我国汉藏语研究专家、南开大学中文系教授邢公畹曾经在这里度过他的童年，并留下了深刻的印象：那时的“安庆还保存有许多建筑风格极古老的售卖布匹、杂

---

① 翁飞：《吴汝纶与京师大学堂》，载《安徽大学学报》（哲学社会科学版），2000 年第 2 期，第 96 页。

② 刘玉才：《清代书院与学术变迁研究》，北京：北京大学出版社，2008 年，第 68 页。

③ 周予同：《中国现代教育史》，上海：良友图书印刷公司，1934 年，第 223—224 页。

货的字号，纺织作坊，染坊，粮食行，炭行，生药铺，书肆，雨伞作坊，以及酒楼，茶楼，客栈等等，仿佛就像宋朝张择端《清明上河图》中所描绘的景象”①。

清代安徽最大的、办学时间最长的一所官办书院——敬敷书院就建于安庆。“敬敷”一词语出《尚书》，意为恭敬地布施教化，“桐城派三祖”中的刘大櫆、姚鼐曾担任书院山长。从顺治九年（1652年）建校，到光绪二十七年（1901年）改为新式学堂，敬敷书院在250年的办学历史上，一代代“敬敷人”执着地秉守敬敷信念，培育人才、传播学术，以自己的实际行动践行以道德文化为中心的人文教育，为安徽乃至全国的教育事业培养人才，亦为安徽近代高等教育的兴起与发展培植下深厚的文化根基。

19世纪下半叶，随着中国封建社会的衰败，书院与科举制度一样，已经成为经济、社会与文化发展的障碍，要求改革书院的呼声甚高。光绪二十二年（1896年），清政府批准变通书院章程，开始整顿各省书院，定课程，重师道，核经费。在定课程的一项中，把书院的课程扩充为六门，其中第六门即为译学（附各国语言文字）。这样，西学及外语等科目名正言顺地进入了古老的、传统的书院课程表之中。改章后的书院，对算术、博物、测量一类的西艺课程很重视，但由于观念、师资、教材等主客观原因，对英语等外国语课程的关注则明显不足。

安徽近代新型教育始于维新变法时期，“它先由高等教育开始，而后普及中、小学，呈逆势状。在季清迄民国初年，安徽的高等教育历经求是学堂、安徽大学堂和安徽高等学堂及安徽高等学校诸阶段”②。光绪二十二年（1896年），具有维新思想倾向的安徽巡抚邓华熙上奏清廷，请求在皖设立新型学堂。当时北京、上海已奏准设立大学堂，而由各省办的新式学堂则可以为大学堂的发展提供有西学基础的生源，起到大学堂预科的作用。因此，邓华熙在奏折中说：“臣到任以来，熟权时势，今之宜讲求西学以造就人才，犹求三年之艾、树十年之木也。不蓄则长此不得，一树则百获可期，而所以请求之道，必须实事求是，有以振兴士气，鼓舞人心。若但于旧有之书院令其兼习，学者既非专业，教者亦非专业，究虞造就难成，敷衍多而实际少。应请各省均于省城另设学堂。”③ 并且他还将新式学

① 朱守良：《皖江近现代高等教育人物研究》，合肥：合肥工业大学出版社，2006年，第200页。

② 沈寂：《安徽新型高等教育的开端》，载《安徽大学学报》（哲学社会科学版），1998年第5期，第69页。

③ 转引自汪军：《晚清安徽巡抚邓华熙史略》，长春：时代文艺出版社，2001年，第34页。

堂命名为“求是学堂”，清廷在批复中准奏。于是，光绪二十三年（1897年），安徽近代意义上的第一所新式高等学校——求是学堂成立。次年闰三月，求是学堂按照拟定章程开始招收新生，首批共招收公费“正课生”67名（原定额60名），“附课生”26名，自费跟班听课。由此，拉开了近代安徽高等教育启蒙与发展的序幕。

二、求是学堂的外语教育

求是学堂的成立标志着安徽新型高等教育的开端，随后成立的安徽大学堂从光绪二十八年（1902年）开办，到三十一年（1905年）改为高等学堂，前后3年内没有毕业生。而安徽高等学堂自创办到辛亥革命后停办，7年内共培养师范毕业生两个班104人、预科毕业生前后四届共300多人。

在近代安徽高等教育的启蒙阶段，新型的高等外语教育从无到有，筚路蓝缕，开始于求是学堂。求是学堂成立伊始，就十分重视外语教育，在几乎空白的基础上艰难地发展，并且制定了一系列切实可行的措施。

首先，在招生时就明确表明要把好招生质量关，特别强调了学生学习外语的潜能。该校在招生时由省行文至各府县，要求各府县将年龄在十四五岁、读过古文经书、文理清顺、资质聪颖的学生选送至省，由巡抚出题面试。再由西学教习授以洋文试读十日，如果口音清楚，性情沉着，则令其入堂学习三月以定去留；年龄较大，口音滞钝，不容易学西语的学生则被淘汰；并且，在学习期间学堂亦可随时淘汰无法完成学业的学生。

其次，在课程设置上也处处体现了以外语学习为重心的理念。求是学堂学制4年，在4年的时间里，有相当数量的外语课程或“双语”课程的安排。以学堂的英文课程安排为例：第一年课程有英文初学浅书、英文功课书、英字拼法、朗诵书课、数学等；第二年有英文数学（并量法启蒙）、英文尺牍、英字拼法朗读、英文文法、翻译等；第三年有英文代数、英文讲解文法、英文官商尺牍、各国史鉴地舆学、翻译等；第四年有各国史鉴、英文尺牍、英文平面量地法、格物书、翻译等。总体来看，课程设置体现了从基础到专业、由语言到实业的教学规律。

再次，求是学堂坚持由西学教习教授西学课程的教学原则。学堂里每30名学生设西学正教习1名，帮教习1名。西学教习精通西洋语言文字，兼明算学及各种西学，由京师同文馆选派。同时，为扩大教师来源，光绪二十七年（1901年）三月，求是学堂首批学生毕业之期（实际提前了一年），经巡抚王之春考验，在毕业生中“取英文、法文学生十三名，奏奖监生及八品翻译官，保升教习，官阶有差，一切均照原奏章办理”[①]。其他学生给予秀才待遇，充任翻译官及教员，派往各地工作。

近代新型教育的产生，既是为了应对新时代的要求，因此要学习外国语言文字，要学习天文算学；也是为了实现抵御强敌的意图，所以要学习轮船枪炮的制造，要学习海陆军的战术等。前者被称作“方言”的教育，后者被称为“军备”的教育。“方言”的教育是为了更好地应对新时代，其目的可分为三项：第一，要造就翻译人才，以应对中外交涉，有了此项人才，既可以免受洋人的欺蒙，也可以免遭通事之操纵。第二，接受了“方言”教育，可以通过西洋的语言文字以熟悉通晓其国情，再遇到中外交涉时，方能收知己知彼之效。第三，既要“尽敌之长以制敌之命”，则必须要多读西文书籍以便尽习西洋科学知识及新式的战斗技术，但原文书籍不能使人人遍读，要期速效，则势必要提倡译述，于是“方言”教育也可以训练译述人才，专事于西籍译述的工作。这三项目的之中，以第一项造就翻译人才为最初的动机[②]。

三、过渡期的安徽大学堂以及安徽高等学堂的外语教育

光绪二十七年（1901 年），遵照清廷诏令，全国书院均改为学堂，办学长达 250 年的安庆敬敷书院也于该年冬停办。时任巡抚王之春认为，“城内的求是学堂房屋较敬敷书院为宽，且同一培植人才，（两校）归并办理易于措手”，于是在二十八年（1902 年），敬敷书院以全部校产迁至城内鹭鸶桥与求是学堂合并，改名为“安徽大学堂”。安徽大学堂是安徽第一所近代大学，安徽布政使、按察使曾亲自担任学堂总办（校长）。是年十月，安徽大学堂正式开办，其生源主要来自三方面：一是仿照求是学堂，在各府县招收正式录取生；二是原求是学堂肄业学生；三是原敬敷书院学生和举人、孝廉、生童等。安徽大学堂虽然只办了两三年，但是在教育界名流刘葆良担任大学堂总办、姚永概任总教习时还是逐渐走上正轨。

就课程设置而言，当时的安徽大学堂开设有英文、法文、德文、国文、东文（日文）、伦理、中外政治、中外历史等课程。于是，随着旧式书院改革，大学堂的成立，推广西学、学习西艺渐成气候，在潜移默化中，西学之风在皖江大地逐渐吹开。据光绪二十八年（1902 年）安徽巡抚聂缉椝上奏朝廷的汇报：“堂中课程以经史为先，端品励行为本，讲求算

---

① 冯煦、陈师礼：《皖政辑要》，合肥：黄山书社，2005 年，第 488 页。

② 陈青之：《中国教育史》，北京：东方出版社，2008 年，第 455 页。

学测绘，为天文舆地及格致化学之阶，然后辅之以各国语言文字。”光绪二十九年，清廷颁布《奏定学堂章程》（1903 年制定，1904 年 1 月公布），规定各省只能在省城设立一所高等学堂。根据这个章程，三十一年（1905 年）初，安徽大学堂改为“安徽高等学堂”，又由鹭鸶桥迁往同安岭老敬敷书院旧址新建成的校舍，并将学额扩大到 240 名，实际招生 300 名。根据《奏定学堂章程》，高等学堂的新生须从中学毕业生中考选，但当时安徽的中学也才开办不久，无毕业生可招，于是只好“甄留在大学堂肄业各生及考选中国经史文学具有根底者入堂”。

安徽高等学堂的成立，标志着安徽近代高等教育进入了一个新的发展阶段。安徽高等教育在启蒙阶段从敬敷书院、求是学堂到安徽大学堂，再到安徽高等学堂的整个演变过程，都是建立在“书院改制”基础之上的，而“书院改制”则是中国近代高等教育能够发展的思想基础①，这一点亦体现在近代安徽高等教育的发展上。一方面，安庆敬敷书院原有的房舍、田产、经费等为新式高等学堂提供了很好的物质条件，学部于光绪三十三年（1907 年）对安徽高等学堂进行调查，在随后的报告中认为，该学堂“经费尚不绌”，而且“管理教员中尚有可节省者。若加节省，可为推广之用”；另一方面，书院的学生一直受传统教育与书院精神的熏陶和影响，自然也将传统教育的方法和精神延续到近代高等外语教学中。正如胡适所言：“书院之真正的精神惟自修与研究，书院里的学生，无一不有自由研究的态度。”② 由此可见，近代安徽高等外语教育在启蒙阶段具备了一定的物质条件，也延续了传统书院的精神传统。但是由于当时尚没有中学毕业生，省内又没有师范学堂，因此安徽大学堂和安徽高等学堂所招收的学生层次参差不齐，“班次之编定、学科之教授数经变更”③，这也影响到了安徽高等外语教育的发展。

四、严复在安徽高等学堂的外语教育改革

光绪三十二年（1906 年），受桐城派名家姚永概、姚永朴兄弟的诚意邀请，近代著名启蒙思想家、教育家严复来到安庆，担任安徽高等学堂监督。严复一直认为西学为中国所未有，唯有实施教育改革、学西学，才能

---

① 刘少雪：《书院改制与中国高等教育近代化》，上海：上海交通大学出版社，2004 年，第 109 页。

② 转引自白吉庵、刘燕云：《胡适教育论著选》，北京：人民教育出版社，1994 年，第 196 页。

③ 冯煦、陈师礼：《皖政辑要》，合肥：黄山书社，2005 年，第 488 页。

开启民智，使民富国强，也才能从根本上振兴中华民族。而只有掌握西语、读西文原著，方能得西学的精髓，因此他一直十分重视外语教学。

严复与桐城派和安徽有着深厚渊源，又素怀教育救国之志，对维新变法之后清政府所办的高等教育非常不满意，姚氏兄弟的盛情邀请为他提供了一个施展抱负的机会。他曾设想："使皖人果相信从，则为定规章、聚师资，使数年之中费不虚掷，士可期成，此于社会亦非无补。"① 于是，他准备在安徽实施他的教育改革计划。上任伊始，他即对安徽高等学堂的办学方向和教学管理展开了大刀阔斧的改革与整顿：首先，规定学堂学制以5年为限，学生先学3年基础知识，再接受2年的政法、实业教育；其次，将所有学生，包括即将毕业的学生，组织起来参加严格的考试，根据成绩重新分科，及格的毕业，不及格的给他们补习中学课程，还将程度太差的30多名学生淘汰出校，即使是即将毕业的学生，不及格的也毫不留情地予以留级，这使学堂里一贯自由散漫的学风大为改观；再次，在学堂教学中强调外语、自然科学和实业课程的学习，课程设置上以西学为主，在满足英文、数学等基础课教学的前提下，保证每星期都有国文、经学、舆地、历史等课程；最后，坚持西学必须用西文教授，要求学生上英文课一句中国话也不准说，谁（学生）说中国话就马上被罚。有感于教师在教学中的重要作用，严复还亲自和所有的教员谈话，询问他们的教学方法，淘汰不能胜任的教员，这其中还包括几名东洋教习。为了改善安徽高等学堂师资力量薄弱的状况，严复到任后不久，便偕姚永概赴上海，为学堂物色合适的教员。数次联系后，他为学堂聘选了七八名优秀英文教师和基础课教员。

鉴于当时安徽无师范学堂而省内各中学又急需教师的状况，严复在学生中"择其年龄较长或程度较深者"，编成师范速成班，给他们集中开设中学课程和教育学等师范专业课程，一年后毕业输送到省内各府县中学堂任教，又将余下的学生编成5个高等预科班。光绪三十三年（1907年），高等学堂招预科新生170人，又在新生中挑选学生再编1个师范班，其余学生编成4个预科班。

经过严复的一番整顿，安徽高等学堂面貌大变，教学与管理走上了正轨。到了光绪三十三年（1907年）春，全校有在校生10个班、284人。而据三十四年（1908年）清廷《学部官报》载，三十三年（1907年），安徽高等学堂有管理职员9人，专职教员15人，兼职教员3人。学堂设监督

① 王栻：《严复集》，北京：中华书局，1986年，第569页。

(校长)、监学、总教习、斋务长、庶务长、掌书、检察、监膳、会计、杂务等职位，开设课程有中外国文、经学伦理、中外历史、中外国舆地、英文、数学、心理学、生理学、伦理、天文地文地质、物理、化学、动植物学、法律、兵制、动静力学、理财学等。纵观严复的各项改革举措，外语教学无疑占据着重要的基础地位，无论是作为基础课的英文课程的设置、西学外文原版教材的选用，还是严格的考试规定，都是建立在充分的外语教学基础之上的。也就是说，加强高等学校外语教育是贯穿严复改革全过程的一根主线，安徽高等外语教育在严复出任学堂监督期间有了长足的进步，这在光绪三十四年（1908 年）的《学部官报》中亦有中肯的评论："自严监督到堂后始专力注重英文算学，查上年考试卷，英文算学……经学伦理历史地理则成绩均良，足见教员大半得人，校地大略合用。"

虽然严复在安徽高等学堂的时间只有短短的一年，但是"对安徽的教育仍有所贡献，并有深远的影响"[①]。严复在写信给家人时曾欣慰地说："来皖卒卒无一隙之暇，高等学堂大考，退者至卅余人，全城震悚，谓吾手辣。然经此一番淘汰，学生知功课之重，且一切唯在求己，均无所用人情势力，此堂是后可望必成矣。"[②] 另据新文化运动的重要领导人，毕业于安徽高等学堂的五四时期重要思想家、政治家高一涵在《辛亥革命前后安徽青年学生思想转变的概况》一文中回忆："那时安徽青年学生羡慕西方文明成了风气，大家认为要想学西方科学，必须先学西方文字，因而把学习英文看作压倒一切的功课，别的功课考试不及格不要紧，千万不要使英文不及格。于是安徽高等学堂内从讲堂、自修室、寝室、饭堂一直到操场上，处处都听到朗诵英文之声。"而自严复离职后，学堂内的风气也为之大变，"只听到朗诵中文之声，不再听到朗诵英文之声了。这时，热心学习西方科学的学生，……都先后到英、法、德、意、日本等国留学。如王星拱、刘贻燕、邵逸周、程振钧、程振基、俞希禹等"[③]。

---

① 沈寂：《严复为安徽高等学堂的"礼聘"与"辞馆"》，载《安徽大学学报》（哲学社会科学版），1994 年第 2 期，第 102 页。

② 严复：《生斯世何必无情　严复家书》，沈阳：辽宁古籍出版社，1996 年，第 27 页。

③ 高一涵：《辛亥革命前后安徽青年学生思想转变的概况》，见《辛亥革命回忆录》（四），北京：文史资料出版社，1963 年，第 436 页。

第四节　皖江优秀外语教育传统

过去的每个历史年代都有其各自的历史文化传统，“每一个伟大的时代好比地质学中的地层一样，都留下了文化的积淀。这些文化积淀以学科的形式进入到教育制度之中，成为不同类型的科目，成为不同类型的课程，成为不同类型的学校”[①]。皖江地区历史文化底蕴深厚、源远流长，皖江人民素有重视教育的传统。近代中国现代化的历程伴随着外语教育在中国的普及、推广与发展，而外语教育总是会不可避免地受到母语教育和文化、母语学习策略和理念的影响，在皖江这片教育传统深厚的土地上，外语教育自然也逐渐形成其自身的特点。可以说，皖江优秀外语教育传统，是数代教育人在漫长的教育教学过程中一直传承的一种实践、一种理念，在潜移默化中对皖江地区乃至全国的外语教育产生了深远影响。

一、发扬传统，尊师重教

安徽高等外语教育开始于安庆，而严复能出任安徽高等学堂的监督，就突出地体现了桐城派文化中尊师重教的优秀传统。严复在决定是否就任前曾一度犹豫，桐城派大家姚永概则数次去上海尽力邀请，当严复为姚的“久恳”所感动而答应前往时，姚“长跪谢之”。在桐城派的传统教育思想中，尊师重教无疑占据着核心的地位，且这一优秀教育传统又在外语教育中得到继承和发扬，直至后来民国时期省立安徽大学在办学时，为了改变师资力量薄弱的现状，数任校长都致力于师资队伍的建设，采取了“先请大师，提高水平，再建大楼，完善条件”的方针。例如，程演生校长在任期间，为了加强和巩固文学院的师资，曾多次亲自去上海拜访著名哲学家范寿康，请他出任安徽大学文学院院长；他又请上海大夏大学英文系主任、文学硕士、研究莎士比亚的著名学者戚叔含出任外国文学系主任等。凡此种种，依然是尊师重教这一优秀传统的延续。

同时，安徽大学还在办学条件十分困难的情况下，努力提高教师的薪金，改善教师的待遇。据 1933 年 6 月 9 日《安徽大学周刊》第 123 期第三版刊登的《本校教授薪俸月计表》，当时教务长丁嗣贤的月薪为 400 元，外

---

① 约翰·杜威：《民主主义与教育》，陶志琼译，北京：中国轻工业出版社，2014 年，第 248 页。

国文学系主任戚叔含的月薪为 340 元。同一时期，国内大学中财力最为雄厚的清华大学，1932 年时，清华教授的月薪普遍在 160 元至 320 元，后来梅贻琦先生出任清华校长后，才将教授月薪提高到了 300 元至 400 元。由此可见，无论同省内高校相比还是与国内名校相比，在安徽省这样经济并不发达的地区，能以如此丰厚的薪金来聘请名师，就充分表明了当时的学校领导层对师资队伍建设的重视，同时也为学校储备了大量人才。

正是在这种尊师重教的方针指导之下，郁达夫、朱湘、方光焘、陈望道、梅光迪等当时国内众多的知名教授都曾在省立安徽大学教授过外文课程。据史料记载：朱湘留美回国后在安徽省立大学任外国文学系主任，经济开始有了好转（虽然经常欠薪），他也可以置备一点喜爱的文物字画之类。朱湘对在此任教留下了很好的印象，在给友人的信中他提道：在这里的大学教书，环境很好，省立第一图书馆又在近邻，学生不多，他也有空写诗、译诗，并正在筹划《李杜诗选》，大约暑假左右可以出版[①]。

由于采取高薪厚遇、校长上门等方式到各地延请知名学者，当时安徽大学师资队伍的整体水平在全国都是靠前的。程演生校长在离开安徽大学时说道，他执掌安徽大学最大的功劳是“任上所聘教授皆一时之硕彦”。另据老校友的回忆，安徽大学时期的师资队伍水平，在当时国内仅次于位于南京的中央大学[②]。

二、经世致用，博采众长

近代中国外语教育是西学东渐、经世致用思想的产物，外语教育的开端承载着学习西方文明、摆脱亡国命运的历史使命，而外语教育在中国的推广与发展又伴随着中国传统文化与西方科学技术、思想观念的冲突与融合，这便使得中国的外语教育在启蒙阶段便留下了清晰的民族烙印。晚期桐城派在传统经世致用思想影响下，根据翻天覆地的国内外局势变化，立足于当时的社会现实需要，为经世致用注入了新的时代内容。他们倡导西学，创办外语学校，派遣学生留洋学习，重视译书阅报，在传统书院教育的基础上增加了实用性强的近代教育课程，把外国语言文字、算学、格致、机器制造、航海测算等知识引进中国的传统教育殿堂；不仅如此，他

① 朱守良：《皖江近现代高等教育人物研究》，合肥：合肥工业大学出版社，2006 年，第 95—96 页。

② 同上，第 25 页。

们又亲自出国游学考察，延请西师教授西学等。这些经世以致用的教育思想与实践，成为中国传统教育向近代转型的重要契机，也为近代中国外语教育的开端与发展铺平了道路，“可以说没有经世致用教育思想，就没有中国外语教育近代化的开端……近代的外语教育是以物化的方式将经世致用教育思想落到了实处”①。

皖江地区曾有“文章甲天下，冠盖满京华”的美誉，渔樵耕读，诗礼传家，通过耕读崛起于阡陌陇亩的寒门细族，史不绝书，成为世人羡慕效法的对象，以至于形成传统②。皖江地区曾是明清时期国内科技文化比较发达的地区之一，当中国开始近代化的进程，外语教育成为近代化的一种必需之时，皖江有识之士并没有固守成规，他们再一次用经世致用的思想革新自己，克服重重困难，延请名师，博采众长，在一张白纸的基础之上开辟出安徽高等外语教育的一片新天地，不仅将经世致用的教育思想再一次落到实处，而且使得皖江地区优秀深厚的教育文化传统在外语教育这个全新的领域得以延续。

安徽高等外语教育在创建初期，屡屡聘任众多学贯中西的教育名家来皖执教，对安徽高等外语教育产生了深远的影响，对皖籍学生产生了潜移默化的思想熏陶。与此同时，这些教育名家的教育理念、教育思想与教学风格也在皖江这片文化底蕴深厚的土壤上逐渐播种、生根、发芽，进而与地域教育文化一起，共同构筑了一个崭新的皖江地区优秀外语教育传统。

严复是对安徽外语教育最早产生实质性影响的外来教育名家。为了救亡图存，严复主张全力学习西方，以新民力、民智与民德，因此特别重视西学教育，尤其是外语教育，这些对近代安徽高等外语教育在开始阶段的发展影响巨大而深远。

朱湘任省立安徽大学文学院教授兼外国文学系主任时才 25 岁，他觉得这是自己大展宏图的好时机。他拟订了各种教学计划，一面广聘名师，一面整顿内务，还将从国外买回来的外文书籍和朋友所赠的译著全部捐赠给系资料室。朱湘教书特别认真，很受学生欢迎。他还经常抽空指导学生的文学社团，并为他们撰稿。

同样对安徽外语教育产生影响的还有被誉为语言学界“一代宗师”的方光焘，他通晓英语、法语并娴熟掌握日语，在文艺理论研究方面也有独

① 高晓芳：《经世致用教育思想及其对近代外语教育的推进》，载《信阳师范学院学报》（哲学社会科学版），2005 年第 2 期，第 52 页。

② 朱守良：《安庆师范学院与皖江文化》，合肥：合肥工业大学出版社，2005 年，第 22 页。

到建树。1932 年，方光焘被聘任为省立安徽大学教授，主要讲授“语言学”课程，同时兼授“普罗文学”课程。1932 年暑假，陈望道接受了当时中文系主任周予同的聘请，接替方光焘“普罗文学”的教学任务，方光焘随即专门教授语言学知识。语言学课程一般都是比较枯燥乏味的，但是精通语言学的方光焘口才极佳，他上课抑扬顿挫，滔滔不绝，讲到激动处，常常手舞足蹈，课堂顿时生趣盎然。因此，他的课程很受学生欢迎，教室中经常挤满了听课的学生。

三、启蒙思想，培养人才

近代安徽高等外语教育的启蒙，虽然面临着众多不利的因素，发展的速度和影响力与沿海等发达地区相比也有不小的差距，然而，在数代教育名流和广大外语教师的不懈努力之下，还是培养出了一大批优秀人才。

严复出任安徽高等学堂监督时，不仅对整个外语教育状况进行了大刀阔斧的改革，更重要的是他的外语教育思想对皖籍青年产生了潜移默化的影响。严复认为，学外文可“互换智识”，“中国人才，断无不通西文之理”，“西文既通，无异于入新世界，得新人生”，“大抵二十世纪之中国人，不如是者，不得谓之成学”①，这些言辞表达了严复外语教育的育人思想。外语教育是个体成学、成才、成人的重要途径，在外语教育史上，严复首次超越了外语教育为交际、为技艺、为政治的工具价值（外在价值），认识到外语教育的人文价值（内在价值），提出外语教育对个体的全面发展意义重大。并且，他首次把外语教育与对人的教育结合起来一并思考。严复认为，教育的三端就是“鼓民力，开民智，新民德”，因此他是近代中国最早明确提出德智体全面发展教育思想的人，其中他特别强调外语教育对个体“开智新德”的巨大价值。

著名教育家王星拱和国学大师梅光迪都毕业于安徽高等学堂。严复出任高等学堂监督期间，曾经多次夸奖王星拱的英语水平，这让王星拱很受鼓舞，他不仅自己刻苦学习，很好地掌握了英语知识，而且高度重视外语教学，在之后他担任安徽大学、武汉大学和中山大学等学校的校长时，都十分重视学生的英语学习，使得这些学校即便是在抗战艰难时期，英语教学也维持着相当高的水平。1906 年，梅光迪进入安徽高等学堂学习，此时的学堂经过严复的倾力整顿，教风学风、教学管理都极为正规，严格的训练使得梅光迪获益匪浅，英文尤佳，这为他在 1911 年考取清华官费留学，

① 王栻：《严复集》，北京：中华书局，1986 年，第 285—286 页。

以及后来在美国专攻西洋文学打下了极好的语言基础和自主学习习惯。

毋庸置疑，思想的开放，发达的文化教育，为安徽外语教育的近代发展提供了契机。与此同时，安徽高等外语教育的启蒙与发展，也为安徽学子出洋留学打下了语言上和思想上的基础。安徽最早向海外官派留学生始于光绪二十八年（1902 年），开始主要派往日本和美国，后来有更多学生被派往欧洲的英国、法国、德国等。据 20 世纪 30 年代安徽教育杂志《学风》记载，1902—1908 年，安徽仅官派日本的留学生就有 77 人。此外，根据《清末各省官、自费留日学生姓名表》统计，光绪三十四年至宣统二年（1908—1910 年），安徽还有 100 余人的自费留日学生。大批留洋学生学成回来后，“对于推动安徽近代教育的发展，开通安徽的社会风气，促进新思想在安徽的传播，倡导民主革命作出了积极的贡献”①。不仅如此，这些留学归国人员既接受了系统的传统国学教育，又曾留学海外研习西学，中外文化的交融形成了他们独特的人文素养，而这种素养又在后来他们的外语教育理念与实践中得以体现，成为安徽优秀外语教育传统的有机组成部分，并且还反哺安徽乃至全国外语教育事业的发展，生长于皖江地区的朱光潜便是其中的佼佼者。

① 郝先中：《五四时期皖籍先进知识分子群体的产生及其典型特征》，载《民国档案》，2003 年第 3 期，第 63 页。

第二章　语言中的诗意栖居：朱光潜基本语言观

少年朱光潜在家乡安徽桐城接受中国传统文化的熏陶，打下了较为扎实的传统学问的根基。随后，在时代大潮的影响之下，他由桐城的乡村走出，走到武昌，走到香港，走到欧洲，又接受了系统的西方社会科学的教育，并获得了文学博士学位，在文学、语言学诸领域有着较深的造诣。随后他从欧洲回国，开始了半个多世纪的外语教师生涯。其间，他的语言研究一直在进行，并取得了丰硕成果，他还将这些成果结合进外语教学的实践中，同样取得了较好的效果。

第一节　朱光潜的生平与求学历程

朱光潜，字孟实，出生于光绪二十三年九月十九日（1897 年 10 月 14 日）安徽桐城的一个破落地主之家。据朱光潜自己回忆："父亲一年拿三四十块大洋，同打长工的差不多。因为教书，家中的地种不上，就租出去，成了小土地出租者。"[①] 追根溯源，朱氏一门是南宋理学家、教育家朱熹的后裔，而朱光潜祖父和桐城派名家吴汝纶有一定交谊。皖江人家自古有重视读书的传统，桐城的读书风气尤甚。朱光潜的祖辈、父辈都视读书为追求价值目标和寻求上进的唯一途径，这种读书人执着秉承的价值观，"是儒家文化长期成为传统中国社会主流意识形态的充分表现"，也使得朱光潜自幼年起便觉得读书是天经地义的事情[②]。早在青年时期，朱光潜就树立了"此身，此时，此地"的人生信条："此身应该做而且能够做的事，就得由此身担当起，不推诿给旁人"，"此时应该做而且能够做的事，就得在此时做，不拖延到未来"，"此地（我的地位、我的环境）应该做而且能

① 转引自费芑：《美学老人朱光潜》，载《新闻战线》，1980 年第 11 期，第 40 页。

② 王攸欣：《朱光潜传》，北京：人民出版社，2011 年，第 3 页。

够做的事，就得在此地做，不推诿到想象中另一个地位去做”[①]。这些充分体现了他不尚空谈，着眼当下，脚踏实地的治学精神。

一、家塾启蒙

家中排行老大的朱光潜，被世代为读书人家的整个家族寄予厚望。他的学习能力很强，在祖父的悉心引导之下，表现出了过人的聪慧，两三岁时便开始识字，字形读音识记很快，甚至超过了家中私塾里大他好几岁的孩子。到了四五岁时，朱光潜便被家人、亲戚和周围邻居们公认为将来必是有出息之人。6 岁时，他入父亲的私塾馆，成为其中最小的学生，私塾里最大的孩子要年长他 10 余岁。朱光潜后来回忆：“从六岁起读书，一直到进小学，我没有从过师，我的唯一的老师就是我的父亲。我的祖父做得很好的八股文，父亲处在八股文和经义策论交替的时代。他们读什么书，也就希望我读什么书。应付科举的一套家当委实可怜，四书、五经、纲鉴、《唐宋八大家文选》、《古唐诗选》之外就几乎全是闱墨制义。五经之中，我幼时全读的是《书经》、《左传》。”[②]

私塾里读书要先背诵后开讲，别的孩子叫苦不迭的背诵，在朱光潜眼里却是一种快乐，让句子在舌头上“滚将下去”，再拉上一点腔调，是童年时的一件乐事。不仅如此，他还擅长听书，因为在家塾里经常听别人读，一套《诗经》听了多遍，自然就能背诵。父亲在私塾教育中也开始融入新的教育潮流，让朱光潜写日记，日记能写到一两百字时，便开始教他做策论经义，这也是最初的说理文写作训练。10 余年的论述文写作训练给朱光潜日后的研学打下了基础，也注定了他终身写作的命运。他说：“我写说理文很容易，有理我都可以说得出，很难说的理我能用很浅的话说出来。这不能不归功于幼年的训练。”[③]

还有一些书，是朱光潜趁父亲不在家时偷读的，比如储同人[④]评选的《史记》、《战国策》、《国语》、西汉文等，读后他也感觉其乐无穷。《史记》中的《项羽本纪》，虽是长篇文章，因为喜欢，他都能熟读成诵。小小年纪的朱光潜很快便将祖父和父亲的藏书翻个遍，连父亲一直不准看的藏在家里的一套小说《三国演义》也不例外。求知若渴的朱光潜读完家里所有藏书后，开始找家族兄长借书看。梁启超的《饮冰室文集》为他打开了一

---

① 朱光潜：《朱光潜全集》（新编增订版）第 1 卷，北京：中华书局，2012 年，第 102—103 页。

② 朱光潜：《朱光潜全集》（第 3 卷），合肥：安徽教育出版社，1987 年，第 439 页。

③ 同上，第 441 页。

④ 储欣（1631—1706），字同人，号在陆，宜兴人，清初著名的古文家和古文评点家。

个新天地，使他开始向往“新学”；《水浒传》《红楼梦》《琵琶记》《西厢记》等书读后，大大拓展了他的眼界，让他更真切地了解到人性，也更直观地感受到文学的多样性之美。

私塾里的读书生活虽然平淡枯燥，但对于桐城乡下的童年朱光潜而言，却也是充实的。他熟读并背诵了大量传统典籍，奠定了深厚的国学基础，对于经义策论的写作也已经得心应手，不仅培养了基本的文化趣味，而且开始憧憬新学和外面的世界。有研究者指出，从某种意义上可以说，“朱光潜虽然后来致力于西方美学，其文化趣味却从来没有完全脱离过幼年的文化熏陶”①。

二、新式学堂

14 岁时，朱光潜在父亲安排之下，入学离家十几里路之外的孔城高等小学堂。当时正值新旧教育体制过渡时期，虽是倡导新式教育，孔城高等小学堂的年级编排依然参照旧式私塾的教育程度，而朱光潜在私塾已经读了近 10 年的书，积累的传统国学素养也早已超过了小学堂普通学生的水平，于是他在小学堂里只待了一个学期，便直接升入了中学。

15 岁时，朱光潜考入桐城中学，这是由吴汝纶创办的、当时桐城唯一的一所中学。入学时朱光潜虽在同班同学中年龄偏小，但因具备了一定的文字和文学素养，因此他深受国文教员们赏识。桐城中学国文课教材选的是姚鼐编的《古文辞类纂》和曾国藩选编的《经史百家杂钞》，其中很多文章朱光潜早已烂熟于胸。桐城中学虽然是一所新式学堂，课程设置也以西学为主，但学校教员们最重视的依然是做文章，尤其是桐城派古文。于是，国文考试要做文章，考历史、地理可以做文章，连物理、化学考试也可以做文章。擅长写作的朱光潜曾经尝试写过各种体裁文章，因此学习起来得心应手，游刃有余，处处占得先机，并被教员们寄予厚望，希望他能接古文一线之传，将来可以发扬桐城古文传统。可以说，在桐城中学的学习经历，使朱光潜更加系统地接受了国学熏陶和训练，培养了研究国故的浓郁兴趣。

1916 年从桐城中学毕业后，朱光潜到桐城北的一所高等小学堂任教，这也是朱光潜职业生涯中唯一一段小学从教经历。

---

① 王攸欣：《朱光潜传》，北京：人民出版社，2011 年，第 13 页。

三、武昌高等师范学校

1917年，20岁的朱光潜考入了刚刚创办才几年的武昌高等师范学校。由于桐城中学教学水平比较高，高等师范学校的入学考试对于朱光潜而言并不难。武昌的这所学校不仅免学费、住宿费等，还发放伙食费和杂费。朱光潜曾回忆道："兴趣既偏向国文，在中学毕业后我就决定升大学入国文系。我很想进北京大学，因为路程远，花费多，家贫无力供给，只好就近进了武昌高等师范学校。"① 然而，在武昌的学习令他非常失望，国文系教师的教学水平还比不上桐城中学的教员，地理系主任上课讲解时要么冬烘学究，要么穿凿附会。唯一难忘的是一门文字学，他在这门课上认真地把段玉裁的《说文解字注》从头到尾读了一遍，并从中窥见了清代小学家们治学的方法。

武昌高等师范学校的学习生涯虽然令他不满，却给朱光潜提供了一次宝贵的继续求学机会。当时北洋政府教育部接受了香港大学副校长的建议，同意港大在北京、南京、武昌、成都4地的高等师范学校招收20名学生前往香港继续深造，由北洋政府供给生活费和书籍费等。朱光潜抓住这次机会，幸运地考入香港大学教育系，由此开启了新的学业和人生旅程。

四、香港大学

1918年，朱光潜结束了在武昌1年的学习后到达香港。香港大学实行全英文授课，到港后，校方组织这20名内地同学进行复试，朱光潜数学、英语两门课考试不及格，被编入预科班补习1年。1919年秋，朱光潜再试合格，正式入香港大学教育系就读。

在香港大学的5年里，朱光潜系统学习了教育学、心理学、英国语言文学、生理学、哲学等课程，不仅熟练地掌握了英语，为自己观察世界提供了另一双眼睛，而且广泛地学习了英国文学、西方哲学、教育学、心理学等多领域知识，使他在中国传统文化熏陶之后，又开始系统地学习西方语言文化和现代科学文明成果，培养起自己独特的学习和学术研究习惯，"奠定了一生教育活动和学术活动的方向"②。

---

① 朱光潜：《朱光潜全集》（新编增订版）第6卷，北京：中华书局，2012年，第113页。

② 宛小平：《朱光潜年谱长编》，合肥：安徽大学出版社，2019年，第9页。

五、欧洲留学

1925 年，朱光潜通过了安徽省教育厅组织的官费留英学生资格考试，经由香港大学英国文学教授辛博森的推荐，入位于苏格兰的爱丁堡大学文科攻读硕士学位。在爱丁堡大学硕士研究生学习阶段，朱光潜主要精力集中于英国 19 世纪诗歌、实验心理学、英国哲学思想和美学的研究。与此同时，他又利用假期在伦敦大学学院注册选修一些英国文学专题课程，如莎士比亚研究、伊丽莎白戏剧史等。他还在巴黎大学注册学习法语、法国文学、艺术心理等课程，并于 1931 年 10 月，转入莱茵河畔的法国斯特拉斯堡大学文学院研究所攻读博士学位。

欧洲大学奉行自由教育原则，朱光潜回忆说："在英法留学八年之中，听课、预备考试只是我的一小部分的工作，大部分的时间都花在大英博物馆和学校的图书馆里，一边阅读，一边写作。原因是我一直在闹穷，官费经常不发，不得不靠写作来挣稿费吃饭。同时，我也发现边阅读、边写作是一个很好的学习方法。这样学习比较容易消化，容易深入些。"① 1933 年初，朱光潜的博士论文《悲剧心理学》顺利通过答辩，他获得了文学博士学位，其论文也以英文在斯特拉斯堡大学出版社出版。

六、蜚声教坛

1933 年，结束了 8 年欧洲留学生涯的朱光潜回国后，在北京大学文学院院长胡适的推荐下，被聘请为北大西语系教授，讲授西方名著选读和欧洲文学批评史等课程，直至 1937 年全面抗战爆发才终止。在此期间，他还应邀在清华大学、中央艺术学院授过课，在北京女子文理学院、辅仁大学兼授过英文课程。1937 年秋，朱光潜出任四川大学文学院院长兼英文系主任。1939 年初，朱光潜转入已迁往四川乐山的国立武汉大学外文系任教，并于 1941—1945 年期间出任武大教务长，还曾一度代理武汉大学校长。1946 年初，受新任北京大学校长胡适之邀，朱光潜返回北大，出任西语系主任。新中国成立后，朱光潜一直在北大任教。1960 年，北京大学哲学系成立美学教研室，已 63 岁高龄的朱光潜被从西语系调到哲学系，讲授西方美学史，而他的翻译工作从未停歇。1985 年，香港大学授予朱光潜名誉文学博士学位，这是香港大学首次授予内地学者这一荣誉学位。

多年来，世人瞩目的多是朱光潜在美学领域的开拓性研究，而作为一

① 朱光潜：《朱光潜全集》（新编增订版）第 10 卷，北京：中华书局，2012 年，第 6 页。

名从教半个多世纪的资深大学英语教授，他在外语教育事业上的贡献也是巨大的，同样取得了辉煌成就。

第二节　朱光潜的语言观

我国有着悠久的语言研究历史，早在先秦时期，荀子就提出了“名”与“实”的约定俗成关系。19世纪末，第一部用现代西方语言学理论研究中国语法的著作《马氏文通》出版，在我国语言学研究史上产生了划时代意义。“语言学转向”是20世纪以来人文学科研究中的一个重要方向，语言学在现代科学体系中所处的核心位置问题早已成为学界不争的事实。20世纪初，语言学作为一门独立学科在中国出现，五四运动时期，传统的“小学”改为“语言文字之学”。1912年，胡以鲁发表《国语学草创》，标志着中国理论语言学的诞生。这之后一直到新中国成立，中国语言学的发展与文学的变革交织呼应、共生互动。

中国理论语言学一度排斥西方语言学研究成果，忽视了当时盛行的结构主义和生成语法等在各个领域产生的重要影响。直到改革开放之后，国内语言学研究领域兴起了一股引进和介绍西方各种语言学研究成果的热潮，“语言学是一门领先的学科”思想也由我国著名语言学家伍铁平先生介绍给国内语言学界。然而，国内学界在学习和借鉴西方各种语言学理论的过程中，出现了吕叔湘先生所说的“两张皮”现象：中、外文语言研究学者在研究工作中，一种是谨守中国语言学传统，对别的理论不闻不问；另一种是只空谈西方理论，不结合中国实际，外语系的学生对祖国语言的历史和现状相当隔膜①。潘文国结合语言研究现状也指出，中国语言学领域的研究实际上存在“三张皮”现象：除了吕叔湘先生提到的两种情况以外，还有一种古、今汉语研究学者互不往来格局②。

20世纪二三十年代，朱光潜在欧洲留学8年之际，也正是欧洲大陆语言哲学繁盛之时：洪堡特语言哲学，索绪尔结构主义，弗斯和伦敦语言学派，弗雷格和罗素的逻辑主义，维特根斯坦早期图像论，海德格尔存在论

---

① 吕叔湘：《把我国语言科学推向前进》，见中国语言学会《把我国语言科学推向前进——中国语言学会成立大会学术报告集》，武汉：湖北人民出版社，1981年。

② 潘文国：《中国语言学的未来在哪里》，载《华东师范大学学报》（哲学社会科学版），2008年第1期，第102页。

等等，不一而足。朱光潜在《自传》里提到，他曾在罗素影响下，写过一部叙述符号逻辑派别的书，可惜的是，书稿交给商务印书馆后，在抗战中被火烧掉①。尽管这部书稿和他当时的研究心得已无从追考，但研读朱光潜著作不难发现，作为美学家和文艺批评家的他在研究美学、论述各种文学理论问题、翻译各种经典著作的同时，也阐发了自己对于语言与文字，语言、思维和情感，语言声律论、音义协调论，文言文、白话文以及白话文欧化等一系列语言问题的看法。“这些独特的观点在当时是超乎流俗，具有独创性和前瞻性，在今天看来也依然具有较高的理论价值和现实指导意义。”②

一、语言的起源

朱光潜对于语言问题一直很关注，无论是在《诗论》中、在提及他自己学习语文的经历时，还是在论述美的种种问题时，都有关于语言的表述，然而，对于语言起源问题的系统论述，则是在他晚年翻译维柯《新科学》的过程中。在解读《新科学》时，朱光潜将维柯的观点与中国古代语言学理论与近现代史学家的研究成果进行比较，也对语言起源进行了更加全面深入的研究和阐释。维柯的《新科学》书稿分为思想和语言两部分，在朱光潜看来，汉语中也有“名实相符”的语言要求，语言主要涉及“名”而思想主要涉及“理”，求真寻理必先“正名”，“名”是语言文字方面的要素，和思想一样，有着地区差异和历史发展。维柯将社会发展分为“神、英雄和人”三个时代，这三个时代实际上同时存在，相对应也有各自使用的语言、语言文字史和风俗习惯史。

神的语言是第一种语言，它流行于神的时代，即占卜所凭的天象或其他征兆，如雷鸣电闪、风吹日晒、鸟飞兽走等。在朱光潜看来，这种语言相当于我国《易经》中六十四卦的“爻”和“象”，以及更古老的殷墟甲骨文卜辞。神的语言虽然是哑口无声，却在现实生活中起着很大作用，许多民族在原始时代都是由神的语言掌控人的生死大权，掌握神的语言的人往往不但掌管宗教大权，同时也掌握政治大权。

英雄的语言是第二种语言，维柯将它分为两类，一类是部落酋长们所使用的语言，大半是象征性或比喻性的，在起源时未必有文字，只用实物

① 朱光潜：《朱光潜全集》（新编增订版）第10卷，北京：中华书局，2012年，第6页。

② 钟名诚：《20世纪中国唯美批评理论探析——朱光潜的语言批评观》，载《云梦学刊》，2003年第6期，第19页。

示意，例如点头和摇头、招手或摆手、发出声音或姿态；另一类是徽章、盾牌、旗帜或钱币等，比如众所周知的阿喀琉斯盾牌。文字在各民族语言中都出现得比较晚，例如古希腊在荷马史诗时代还没有文字而只有符号，因此荷马史诗最初也只是说书卖唱人的沿街口头歌唱，到后来才由后人搜集成书。朱光潜提出，从殷墟卜辞和青铜器箴铭来看，我国有文字的历史要比西欧早得多。他引用一些中国史学家最新研究成果指出，周武王克殷在公元前 1053 年，由此而推断，殷墟文物应当在公元前 11 世纪之前就处于盛期。朱光潜还将许慎的《说文解字·序》与维柯的研究进行比较，认为早在汉代初期，中国学者就已经对象形文字进行了科学分析，得出“象形”“谐声”“指事”“转注”“会意”“假借”六大原则，而这中间的某些方面是到近代后维柯才开始注意到的，维柯就曾多次提到中国人至今还在使用象形文字，以及中国人用龙旗作为王权的象征。

人的语言是第三种语言，即普通百姓所使用的语言，起源于各个地区、各个民族的土俗语言，是普通百姓在应付日常生活需要、互通消息时，逐渐形成的约定俗成的语言，譬如中国人日常交流使用的白话文。

维柯认为，人的语言文字主要有三个来源，其一是起源于诗性智慧。根据维柯对于诗性智慧的描述，抽象思维以形象思维为基础，原始民族作为人类发展的儿童阶段，他们认识世界只凭感觉的形象思维，还不会抽象思维，他们的全部文化都来自形象思维。等到人类由儿童期转到成年期，他们逐渐运用理智，从特殊中抽出共性，形成抽象思维，并由诗性智慧发展到哲学智慧，由感性发展到理性，由诗性神话发展到自然科学。由语言文字所记载下来的原始人类文物典章制度的起源和发展，也为历史研究提供了科学史料。

在维柯看来，语言文字的第二个来源是隐喻，这是形象思维的基本规律，一切语言中大部分涉及无生命事物的表达方式，都是从人体及其各部分以及人的感官方面借来的隐喻，之所以出现这种以己度物的语言表达方式，是因为人在无知中把自己当作整个世界的准绳。朱光潜认为，这与中国儒家所说的“能近取譬”相似，中国语言中这样的例子俯拾即是，它与中国诗论中“比”“兴”也可互相印证。

语言文字的第三个来源是类概念，即凭借个别具体人物来形成想象性类指称，例如幼儿见到年长男人都叫“爸”或“叔”，见到年长女人都叫“妈”或“姨”。“爸”“叔”“妈”“姨”这类词对儿童还不能是抽象概念，只是用来认识同类人物的一种具体形象、一种想象性类概念。古希腊人把一切勇士都叫作阿喀琉斯、一切谋士都叫作尤利西斯；类似地，中国人会称手艺灵巧的人为鲁班、医术高明的人为华佗，等等。

二、语言与情感思想

语言是人类表达情感思想的一种简洁、有效方式。在《诗论》中，朱光潜首先从生理学角度，对语言与情感思想之间的关系进行了探索。他认为，语言是“心感于物（刺激）而动（反应）。情感思想和语言都是这‘动’的片面。‘动’蔓延于脑及神经系统而生意识，意识流动便是通常所谓‘思想’。‘动’蔓延于全体筋肉和内脏，引起呼吸、循环、分泌运动各器官的生理变化，于是有‘情感’。‘动’蔓延于喉、舌、齿诸发音器官，于是有‘语言’。这是一个应付环境变化的完整反应”[①]。在朱光潜看来，人受到外界环境刺激而产生了反应，思想是头脑和神经系统所产生的意识流动，情感是全体筋肉和内脏中各种器官所产生的生理变化，而语言则是喉、舌、口腔等发音器官所生成的运动变化，这三种运动是由于同一个刺激而产生的完整反应，三者相互联贯，不能彼此独立。索绪尔认为：“语言还可以比作一张纸：思想是正面，声音是反面。我们不能切开正面而不同时切开反面，同样，在语言里，我们不能使声音离开思想，也不能使思想离开声音。”[②] 索绪尔侧重于语言学内部的关联，朱光潜更关注语言与其他学科的外部联系，然而，他们不约而同在语言、声音与思想密不可分这一点上达成了共识。

朱光潜又用行为派心理学的研究成果来论述思想情感与语言的联贯性。在他看来，一般人以为思想只是大脑的活动，这是不准确的，事实上，在思想的过程中，人不仅会用脑，而且人的全部神经系统和全部器官都参与了具体的思想活动。史书记载，亚里士多德运用思想时，要徘徊行走；私塾孩童背书时常会摇摆走动，如果被猛然叫停住，便背诵不出来；从前中国文人做文章运思时，也有摇头摆脑抖腿等习惯。这些实例都可以证明，思想不仅要运用到大脑，而且会运用到其他身体器官。

人是一个有机体，人体各器官之间关系密切，部分器官运动必然会影响到整体，而“在这些器官活动之中，语言器官活动对于思想尤为重要”[③]。朱光潜认为，思想是无声的语言，语言则是有声的思想，小孩子心里想到什么，嘴里就会同时说出来。人在独处时会自言自语，也是一种思想行为。思想和语言是平行一致的，因此，在人类文化发展进程中，“思

---

① 朱光潜：《朱光潜全集》（新编增订版）第5卷，北京：中华书局，2012年，第84页。

② 索绪尔：《普通语言学教程》，高名凯译，北京：商务印书馆，1980年，第158页。

③ 朱光潜：《朱光潜全集》（新编增订版）第5卷，北京：中华书局，2012年，第85页。

想愈发达，语言也愈丰富，未开化的民族以及未受教育的民众不但思想粗疏幼稚，语言也极简单”①。语言越发展，文化越发达，收集在字典中的语言文字也就日益丰富。不同民族的思维习惯差异也体现在语言使用中，总体上，中国思想和语言偏于综合，而西方思想和语言则长于分析。

朱光潜指出，语言与情感思想平行一致，不存在先后或者内外关系，语言的表达就是情感思想的表达，语言的实质就是情感思想的实质。不仅如此，语言和思想都不是静止的，而是在不断发展变化中的，思想明确，语言就会明确，思想混乱，语言也就会混乱；“语言是情思的结晶”，每一种情思只有一种语言可以表现，“增一字则太多，减一字则太少，换一种格调则境界全非”②。语言又是有生命的，而文字只是鲜活语言的标本，恰如针线盒里各色丝线，终究需要在使用中才能恢复活力。写作中如果能以极其经济的语言，唤起极丰富的意象和情趣，则是达到了“含蓄”“意在言外”或者“情溢乎词”的语言表达效果。

朱光潜反对那种认为情感思想和语言是实质与形式的关系的看法，他指出，情感思想与语言的关系是“一个完整联贯的心理反应中的三方面。心里想，口里说；心里感动，口里说；都是平行一致”。人们每天运用语言表达，产生思想，发生情感，这些都是极其自然的事情，“意何时发生，言就何时发生”，并非在进行某种翻译，也无须经过由此及彼的转换。不仅如此，情感思想和语言之间是全体和部分的关系，语言只是情感发生时众多生理变化中之一种。虽然情感思想与语言平行一致，但是它们的范围大小却不能完全重叠，“凡语言都必伴有情感或思想（我们说‘或’因为诗的语言和哲学科学的语言多有所侧重），但是情感思想之一部分有不伴着语言的可能。感官所接触的形色声嗅味触等感觉，可以成为种种意象，做思想的材料，而不尽有语言可定名或形容。情感中有许多细微的曲折起伏，虽可以隐约地察觉到而不可直接用语言描写。这些语言所不达而意识所可达的意象思致和情调永远是无法可以全盘直接地说出来”③。朱光潜的这一论断更多是出自对文学语言的考察，因为中国古诗词中有太多“言有尽而意无穷”的例证。

---

① 朱光潜：《朱光潜全集》（新编增订版）第5卷，北京：中华书局，2012年，第85页。

② 同上，第224页。

③ 同上，第87页。

三、语言与文字

古希腊人很早就开始对语言的符号属性进行探索。亚里士多德认为，有声的表达即是人们通常所说的口语，它们是心灵体验和思想情感的符号，而文字则是声音表达的符号。在《解释篇》中，亚里士多德写道："正如所有的人的书法并不是相同的，同样地，所有的人也并不是有相同的说话的声音；但这些声音所直接标志的心灵的经验，则对于一切人都是一样的，正如我们的经验所反映的那些东西对于一切人也是一样的。"[①] 延至近代，在海德格尔眼里，"语言是口之花朵。在语言中，大地向着天空之花绽放花蕾"[②]。而朱光潜认为，语言是由情感和思想给予意义和生命的一种文字组织，是一种有声的思想，是表达情感的一种方式。语言不能等同于文字，语言因其情感思想而获得生命，而文字只是一种因习惯而形成的符号，"文字只是一种钥匙，拿它来可以打开许多门类知识的门。可贵者并不在文字本身，而在文字所传的知识学问"[③]。

语言凭借文字留下记录，在朱光潜看来，在人类语言进化阶段，先有语言，后出现文字，原始民族或者文盲都可以用语言交流，虽然他们没有使用文字，"文字是语言的符号（symbol），符号和所指的事物是两件事，彼此可以分离独立"。语言和文字的关系不是天然形成的，而是人为的后天约定的。语言虽然离不开文字，文字却可以离开语言而独立存在。在朱光潜眼里，文字有"死文字"和"活文字"之分，字典里收集的文字是僵化的、失去生命的"死文字"，已经失去它们在具体情境中的情感思想而丧失了生命；"活文字都嵌在活语言里，死文字是从活语言所宰割下来的破碎残缺的肢体，字典好比一个陈列动植物标本的博物馆"[④]。

朱光潜指出，语言文字是文艺世界的通行货币，每一个都有着自身独特的价值："语言文字是流通到光滑污滥的货币，可是每个字在每一个地位有它的特殊价值，丝毫增损不得，丝毫搬动不得。"[⑤] 现实生活中，"人们根据有声表达意义上的说话活动来表象语言"[⑥]，大家广泛使用的流行语言就像是"流行的货币，磨得精光，捏得污烂，有时须贬值，有时甚至不

---

① 亚里士多德：《范畴篇　解释篇》，方书春译，北京：商务印书馆，1959 年，第 55 页。
② 海德格尔：《在通向语言的途中》，孙周兴译，北京：商务印书馆，1997 年，第 200 页。
③ 朱光潜：《朱光潜全集》（新编增订版）第 8 卷，北京：中华书局，2012 年，第 162 页。
④ 朱光潜：《朱光潜全集》（新编增订版）第 5 卷，北京：中华书局，2012 年，第 91、92 页。
⑤ 朱光潜：《朱光潜全集》（新编增订版）第 6 卷，北京：中华书局，2012 年，第 119 页。
⑥ 海德格尔：《在通向语言的途中》，孙周兴译，北京：商务印书馆，1997 年，第 199 页。

能兑现”。因此，文学家需要培养和训练对于语言的敏感，凭借这个大家公用的“流行货币”，来表达他个人在特殊情境下的情感思想，也只有这样，他才能为每一个文字找到最恰当位置，一旦“他稍不当心，就会中了引诱，落到陈腐滥调的陷阱里去”。这种对于语言运用的敏感，部分出自天赋，更多则要来自于后天训练，然而这种训练往往是极其艰苦的，需要提取精光烂污语言“加以一番揉捏洗炼，给它一种新形样，新生命，新价值，使它变为自己的可适应特殊情境的工具”①。

朱光潜自小便对语言有着一种特殊情感，“对于文字起了一种神秘意识，仿佛此事非同小可”。他对于语言的学习与运用很有天分，模仿能力很强，“只要熟读范作多篇，头脑里甚至筋肉里都浸润下那一套架子，那一套腔调，和那一套用字造句的姿态，等你下笔一摇，那些‘骨力’、‘神韵’就自然而然地来了，你就变成了一个扶乩手，不由自主地动作起来”②。在他眼里，语言文字是有“骨力”和“神韵”的，模仿习得后是可以浸润到头脑和筋肉里运用自如的。语言意义的无穷，文字表达的无尽，吸引朱光潜毕生探索的脚步，他说：“我一生都在‘字’上做工夫，到现在还只能用‘字’来做这世界里面的日常交易，再造另一世界所需要的‘字’常是没到手就滑了去。”于是，“我能了解字的威权，可是我常慑服在它的威权之下。原来它是和上帝在一起的”③。

四、语言的音韵

在论述诗与乐的节奏过程中，朱光潜谈到语言的声音、节奏、声律以及音义协调理论。声音是语言的一个重要成分，是语言的外在形式。诗与乐的基本类似点在于它们都用到声音，音乐只用声音，除此之外，别无意义；而诗所用的声音是语言的声音，并且语言的声音都必然伴有意义，诗不能没有意义。节奏是一切艺术的灵魂，理想的节奏必然能符合生理和心理的自然需求，通俗地说，就是“顺口”“顺耳”。朱光潜认为，语言的节奏是由三种影响而合成：第一是发音器官构造的影响，呼吸的长短与起伏、字音的轻重等都属于这一类，恰如有人念一段毫无意义的文字，也不免带有抑扬顿挫，这种节奏完全是由于生理影响而产生；第二是理解的影响，包括声音的停顿、意义的轻重起伏等，这种出于理解不同而产生的节

① 朱光潜：《朱光潜全集》（新编增订版）第6卷，北京：中华书局，2012年，第235页。
② 朱光潜：《朱光潜全集》（新编增订版）第2卷，北京：中华书局，2012年，第110、113页。
③ 朱光潜：《朱光潜全集》（新编增订版）第6卷，北京：中华书局，2012年，第120页。

奏，在一切语言中都存在；第三是情感的影响，情感的起伏或往复回旋，也会产生节奏的变化。一般而言，“理解的节奏是呆板的，偏重意义；情感的节奏是灵活的，偏重腔调”①。

朱光潜认为，语言所用到的语音并没有固定的分贝，从低音到高音一线联贯，只要是在声带发音的可能性之内，可以取任何音来使用。前音与后音之间没有固定的比例，语音的高低、长短也没有具体要求，“语言都有意义，了解语言就是了解它的意义”②。语言的节奏通常是自然的，没有规律，直率的，常倾向于变化；而音乐的节奏是形式化的，有规律，回旋的，常倾向于整齐。因此，诗和乐最重要的共同之处在于，它们的音乐性都源自节奏；它们的本质区别在于，音乐的节奏是纯粹形式上的，而诗的节奏除了形式节奏，还包含了语言节奏，即意义节奏。在朗诵诗歌时，中国人对于节奏很不讲究，类似于和尚念经，往往各自为政，既不合语言节奏，也不合音乐节奏，即便是性质极不相同而形式相似的诗，往往也可以被读成同样的调子，大体上音乐的节奏更重于语言的节奏。西方人诵读诗歌也各有不同，一般剧院偏重于语言节奏，而诗人们自己更多偏重于音乐节奏，形成了“戏剧颂（dramatic recitation）”和“歌唱颂（singsong recitation）”两种诵读法。

声音是在时间纵轴上绵延，节奏是声音大致相等的时间段落里所生的起伏，起伏可以在长短、高低、轻重三方面体现差别，因为各国语言的性质不同，各国诗的节奏也就不同。汉语四声不但含有节奏，还有音质上的区别，四声的功用在于可以产生和谐，使音义协调，然而中国诗歌的节奏在朱光潜看来，不靠四声，而在于韵和顿。人类在发明文字之前已经开始唱歌、跳舞，已经拥有了口头上的韵语文学，其主要作用在于造成音节上的前后呼应与和谐。韵用在诗中，“最大功用在把涣散的声音联络贯串起来，成为一个完整的曲调，它好比贯珠的串子”③。韵，在文章中生出节奏，是“去而复返、奇偶相错、前后相呼应”，犹如京戏、鼓书的鼓板在固定时间敲打，“借韵的回声来点明、呼应和贯串”④。朱光潜对中国旧诗的用韵方法提出了批评：“中国旧诗用韵法的最大毛病在拘泥韵书，不顾到各字的发音随时代与区域而变化。”⑤ 顿，是声音的自然停顿，又称为

① 朱光潜：《朱光潜全集》（新编增订版）第5卷，北京：中华书局，2012年，第124页。
② 同上，第125页。
③ 同上，第178页。
④ 同上，第177页。
⑤ 同上，第179页。

"逗"或"节"，朱光潜把顿分为"意顿"和"形顿"，前者以意义表达的完成为标准，后者则是形式上的格式要求。中国旧诗的顿在朱光潜看来，完全是形式的、音乐的，是一个固定的空架子，因此他提出，现代白话诗的发展需要极力打破旧诗重形式轻意义的传统。

在语音学研究中，朱光潜注意到外来理论与研究对中国学者研究的影响："梵音的输入是促进中国学者研究字音的最大原动力。中国人从知道梵文起，才第一次与拼音文字见面，才意识到一个字音原来是由声母（子音）和韵母（母音）拼合成的。本来两字音读快时合成一音，在中文里是最常见的现象。"如果不受拼音文字的启示，中国学者们很难会在本非拼音的中国文字中发现拼音道理，反切开始于汉魏之交，也正好是印度和尚来中国和翻译佛经的风气大行之后，所以反切是受梵音的影响。"反切是梵音影响中国字音研究的最早实例，不过梵音对于中国字音研究的影响还不仅限于反切。梵音的研究给中国研究字音学者一个重大的刺激和一个有系统的方法。从梵音输入起，中国学者才意识到子母复合的原则，才大规模地研究声音上种种问题。"① 朱光潜认为，因为梵音输入的影响，中国学者们研究音韵的风气开始盛行，永明诗人②的声律运动也是在这种风气之下酝酿而成的。

五、语言的发展

语言生生不息，是人类特有的心智活动，在通过符号和意象认知世界和事物、表达感知和思维的努力过程中，人类运用语言的活动代代相传。语言是声音、文字等物质外壳里包裹着的精神活动，在人类历史发展的长河中，语言不仅记载下了各个民族的精神财富，而且自身也在不断发展的过程中形成体系，成为艺术。

语言文字是文学创作的基本媒介。朱光潜指出，要明白一国的语言文字，"第一要知道它的音（音韵学），第二要知道它的义（训诂学），第三要知道它的音的组合原则（音律学），第四要知道它的意的组合原则（文法学），第五要知道它的音和义的组合对于读者或者听者所生的影响（修辞学及美学）"③。语音的演变在朱光潜看来，是一种自然现象，"有风土习

① 朱光潜：《朱光潜全集》（新编增订版）第 5 卷，北京：中华书局，2012 年，第 206、207 页。

② 永明是南朝齐武帝的年号，"永明体"亦称"新体诗"，这种诗体要求严格四声八病之说，强调声韵格律。这种诗体的出现，对于纠正晋宋以来文人诗的语言过于艰涩的弊病，使创作转向清新通畅起了一定的作用。"永明体"对"近体诗"的形成也产生了重大影响。

③ 朱光潜：《朱光潜全集》（新编增订版）第 3 卷，北京：中华书局，2012 年，第 311 页。

惯、生理构造以及心理性格诸要素在后面支配，决不是三数学者唱废弃或唱保守所能左右的”[1]。对于当时学术界中有汉语语音四声最终会走到完全消灭地位的论断，朱光潜进行了批判。他认为，语言发展的简单化，这是各国语音与文法发展的共同趋势，但也不会由此而走到“零化”或者“完全消灭的地步”。因此，研究语音也应该像研究任何自然现象一样，需要接受事实，就事论事，而不能武断或者草率做出预言。

语言文字的创造和发展，朱光潜也将其视为一种艺术，“语言学与美学根本只是一件东西”，就语言文字的引申义发展而言，世界各国语言文字的引申义大多比原义使用得更广泛。引申义的出现很大程度上源自类似联想或者移情作用，尤其是动词意义的引申，而古代汉语中的引申义则更多，并且被大家使用得如此习惯以至于不觉得有什么新鲜了。然而，词汇意义首次被引申时，依然是带有几分艺术上的创造性，因此“整个的语言的生展就可以看成一种艺术”[2]。

文法的变迁有其自身规律，朱光潜认为，语言在原始时期虽然没有文法学，人们在使用语言时却有约定俗成的文法，因此，原始人们“虽不必学文法而后说话，但是自从后人注意到这种文法把它归纳为条例之后，学语言者便不能不注意它”[3]。语言中文法的使用原本是使用者的自然习惯所造成，起初可能完全出于自然，然而后来的使用者却不能不遵守学习，这是语言发展过程中的人为成分，却也是集体使用者意志所形成的当时的规则。任何语言中的文法史都可以证明，文法总在不断变迁中，“但是每种变迁都从一个固定的基础出发，而且它向来只是演化而不是革命”[4]。

20 世纪上半叶，“文白之争”曾经影响中国文坛很久。朱光潜青少年时曾做过十几年的文言文，在放弃文言文前，他经历过内心的剧烈挣扎，这种感觉好比是一名辛辛苦苦积攒半生钞票的商人，原以为自己终于成为富人，想不到一觉睡醒，满大街人都在说那些钞票已经废弃了。忐忑不安与心有不甘之后，当他终究接受了白话文并逐渐运用白话文自如创作时，最初的紧张与担心也在发生着改变：起初用白话文写作时，终究有些不自在，后来训练得多了，逐渐形成习惯，毕竟曾经受过文言文写作训练，改用白话文创作后，发现语言表述更加明白晓畅，于是，从前的文言文训练

---

① 朱光潜：《朱光潜全集》（新编增订版）第 5 卷，北京：中华书局，2012 年，第 157 页。
② 朱光潜：《朱光潜全集》（新编增订版）第 3 卷，北京：中华书局，2012 年，第 149 页。
③ 同上，第 312 页。
④ 朱光潜：《朱光潜全集》（新编增订版）第 5 卷，北京：中华书局，2012 年，第 112 页。

所下的功夫，倒也没有完全白费。文言文也好，白话文也罢，如果想自如地运用于创作，都需要训练。然而，正如历史的车轮总是滚滚向前，文言文也因其跟不上时代发展的潮流，无法满足人们日常生活和表达的需要，终将会被白话文取代。不仅如此，语言是情感思想的结晶，每一代人都有自己的生活方式和特殊情感思想的表达方式，现代语言是和现代人生活方式密切相关的，古代许多文字流传到现代被广泛使用，同时也会有一些文字不再流行，原因就是语言的发展总是紧随着社会文化发展和人们使用习惯的变化而变迁。于是，新词不断被制造使用，部分古字也复活了。

在朱光潜看来，宇宙中的一切都在变，语言也不例外，然而在变之中也仍然有不变的部分，恰似宇宙中一切相异者之中仍然有相同的部分。语言的变迁向来只会是逐渐演化而不可能会是一夜之间的革命，一定是从一个固定的基础出发的，语言的变化与发展不过是这宇宙中的一个公理。每一种语言中都会有一部分是新生的，一部分是旧有的，活的语言是会新陈代谢的。无独有偶，德国语言学家洪堡也曾认为，“时代通过不断增长的观念发展了，增强了思维力和不断深化的感受能力，往往把它以前所不具有的东西引入语言中。进而把某个不同的意义置入相同的外壳中，把某种不同的事物置于同一标志之下，根据相同的连接法则来说明不同层次上的观念过程”①，而这种语言和观念的新陈代谢也是一个民族文学和语言发展的永恒成果。汉语的演变虽然很慢，却是在持续不断生长的，因此，文言文与白话文并非两种截然不同的语言，白话文是从文言文演变而来的。为了说明两者的关系，朱光潜打了一个特别形象的比方：如果人们硬是将文言文看作是位置高高在上的天尊、地位不容撼动，而将白话文视为如同是大逆不道的逆子、没有容身之地，这种行为无异于一方面为了褒扬母亲的养育之恩为其竖贞节牌坊，另一方面却又到处宣扬她的儿子其实是个私生子。这一比喻不仅形象地指出了文言文与白话文的先后关系，也表明了割裂这两种语体在逻辑上的可笑之处。

朱光潜在《无言之美》中引用孔子的话“天何言哉？四时行焉，百物生焉”来表达他的基本语言发展观：语言可以表达意义，然而意义却很难被语言充分完全表达。因为语言也许在某个瞬间是固定的、有迹象的，然而意义却是瞬息万变、缥缈无踪的。语言是散碎的，意义是混沌的；语言是有限的，意义是无限的。以言达意，就好像是用延续着的虚线画实物，

---

① 洪堡：《论人类语言结构的差异及其对人类精神发展的影响》，转引自海德格尔《在通向语言的途中》，孙周兴译，北京：商务印书馆，1997年，第271页。

永远只能得其近似。语言之美，意义之美，恰恰是艺术之美，吸引众多语言研究者和艺术创作者探究的脚步。

六、朱光潜语言观的价值

20 世纪二三十年代，黎锦熙、吕叔湘、王力等语言学家都从各自角度阐释过语言问题。他们或偏于语法，或偏于修辞，因而真正意义上的较为全面的理论语言学体系尚未出现。语言是美学欣赏的重要媒介和载体，也是朱光潜重点研究过的论题，在《诗论》《文艺心理学》《谈文学》《我与文学及其他》等许多著作中，他都曾讨论过语言问题。虽然并没能系统地阐释其语言学思想，但朱光潜更多的时候是在对诗的语言的感悟和思考中，基于自己的观察与研究提炼出对于语言的种种认识。不仅如此，朱光潜在语言阐述过程中更注重古今中外综合对比，继承和发展了前人的各种研究成果，其中对于克罗齐表现学说的批判继承更是贯穿于他的整个语言学思想论述之中。同时，他又运用了现代生理学和心理学的研究成果来论证语言与思想情感的关系，这与现代西方语言学将语言作为意义生成的本体、作为人存在的基础又不同。朱光潜将语言视为传统意义上的传达媒介，认为做诗文所使用的媒介就是语言文字，语言本身并不产生意义，语言的意义是由思想赋予的，思想才是意义的来源。因此，做诗文的人自然也很少有可以离开语言文字而运思的，无论是创造还是传达都要使用语言。

朱光潜提出的语言具有表达情感的功能，大大超出了其同时代的许多语言研究学者，也极大地拓展了语言研究的角度。事实上，语言、思维和情感的关系，在他几十年的研究过程中一直没有停止过思考："这问题在我脑中已盘旋了十几年，我在《诗论》里有一章讨论过它，那一章曾经换过两次稿。近来对这问题再加思索，觉得前几年所见的还不十分妥当，这篇所陈述的也只能代表我目前的看法。我觉得语文与思想的关系不很容易确定，但是在未把它确定以前，许多文学理论上的问题都无从解决。我很愿虚心思索和我不同的意见。"[①] 这就使得他的语言观有着深厚的语言学、心理学、生理学、美学、哲学等知识背景，也经得起时间的考验，因此朱光潜"并非一般地谈及言意关系，甚至还指出了语言学的研究范围，初步建立了一个素朴的语言学框架"[②]。

---

① 朱光潜：《朱光潜全集》（新编增订版）第 6 卷，北京：中华书局，2012 年，第 233 页。

② 张春泉：《朱光潜的语言学思想》，载《学术研究》，2002 年第 12 期，第 123 页。

先天的语言禀赋和后天的刻苦研读成就了朱光潜独特的视角，令他从纷繁芜杂中看到了语言问题的本质，对于语言及其应用、白话文取代文言文、语言的变迁等一系列困扰学界几十年的命题。他能深入浅出地阐明其中的关系：就其现实本质来看，语言是一种持续地每时每刻都在变化着的东西，即使是文字对语言的记录，也始终只是一种不完全式的保存，但这种保存却一再需要人们在现实生活那里寻求活生生的转化。因此，语言并不是终极产品，而是一种活动，它的真正定义只能是一个发生学的定义，也就是说，语言是永远自身复现着的精神活动，它使分音节的声音成为思想的表达。

朱光潜的语言研究不仅直接应用于他的美学问题阐释、文学评论、外语教学与翻译的实践中，而且自始至终透露出浓厚的发展与振兴民族语言和文学的研究旨归，这便使得朱光潜语言观和作为语言研究者的朱光潜共同在汉语语言学研究史上留下了浓重的印记。

第三节　文学创作中的语言

朱光潜的学术生涯与语言的学习与运用息息相关，他娴熟地运用汉语文言文和白话文进行创作，无论是美学原理还是文艺评论，不管是人生道理还是文学创作的方法，他总能将这些抽象又艰深的论题表述得明白晓畅、通俗易懂，他的清新雅致、简洁质朴的文风通过他的几百万字美学与文学评论在国内学界早已深入人心。文学创作是一种“神而明之，存乎其人”的创造性劳动，“文章千古事，得失寸心知”，其中的精微奥妙往往只可意会，不可言传。然而朱光潜却非常擅长文学创作，尤其是说理文的写作，无论多么抽象深奥的命题，他都能运用语言的艺术，通过人们熟知的日常生活中典型场景和事例的描述，将一个个文学创作的手法与道理讲述得清晰明了、生动畅达，由此揭开文学缪斯女神那神秘的面纱。

一、临摹与锤炼

朱光潜说：“学文如学画，学画可临帖，又可写生。”[①] 要在写作中“临帖”，首先需要大量的阅读。读书是为了获取知识，充实自己，并不是为了装点门面，“如暴发户炫耀家私，以多为贵”；读书也不能只用眼睛，

① 朱光潜：《朱光潜全集》（新编增订版）第1卷，北京：中华书局，2012年，第41页。

却不用心去思考，“如驰骋十里洋场，虽珍奇满目，徒惹得心花意乱，空手而归”；读的数量可多可少，对于所读的经典之作，应该读一部就消化一部，“口诵心惟，咀嚼得烂熟，透入身心，变成一种精神的原动力，一生受用不尽”。相反，那些不求甚解读来的书，则很难消化吸收为自己所用，“譬如饮食，不消化的东西积得愈多，愈易酿成肠胃病，许多浮浅虚骄的习气都由耳食肤受所养成”[①]。在朱光潜看来，一个民族好的语言运用都出现在文学作品中，不同作家的语言文字有着各自的“骨力”和“神韵”，书读得多了，临帖模仿得勤了，那些语言文字的风格自然可以浸润到读者的头脑和筋肉里，并且在他们自己的创作过程中能运用自如。

文学创作是语言运用的艺术，临帖和写生终究是为了能自如地运用语言文字。朱光潜将创作中使用的语言比喻成大千世界里的流通货币，而日常生活中已经被大家广泛使用的语言则是流行的货币，文学创作者需要培养和训练对于语言的敏感，凭借这个人人都公用的东西，来表达自己特殊情境下的思想和观点，也只有具备了这份敏感，他才能为每一个文字找到最恰当的位置。创作的过程往往就是在文学世界里创造性地使用语言这种公用货币，创作者需要经过一番“揉捏洗炼，给它一种新形样，新生命，新价值，使它变为自己的可适应特殊情境的工具”[②]。只有经过这番创新与锤炼，才能使通行的语言绽放出独特的新光彩，由此而生成的作品也才能被赋予创作者自己的风格和生命。

二、布局与运思

万事开头难，文学创作也不例外。朱光潜说，文章的开头是全文思想的出发点，文中各种层出不穷的意思，都得要通过开头的这个出发点顺延生发出来，“如幼芽生发出根干枝叶”，培育好这个全文思想的幼芽，整篇文章才有可能生长成为一个完整的有机体。在朱光潜的眼里，文章的布局好比是战场上的排兵布阵，“每一个意思或字句就是一个兵，你在调用之前，须加一番检阅，不能作战的，须一律淘汰，只留下精锐，让他们各站各的岗位，各发挥各的效能”。在具体的创作过程中，一旦有了想好的地方，就应该立刻把它写下来，“好比打仗，想出一个意思是夺取一块土地，把它写下来就像筑一座堡垒，可以把它守住，并且可以作进一步袭击的基

① 朱光潜：《朱光潜全集》（新编增订版）第1卷，北京：中华书局，2012年，第173—174页。
② 朱光潜：《朱光潜全集》（新编增订版）第6卷，北京：中华书局，2012年，第235页。

础”[①]。好的布局将最终决定整篇文章的命运，每一个字句又都影响着全局，而那些尚未明确的意思和想法，则如同即将要去攻克的堡垒，只要心中怀有全盘，有条不紊，层层推进，就能最终获得全盘胜利。

在文学创作过程中，语言的运用和思想的生发都不是静止不变的，而是在不断发展中互相推进的。创作者的运思过程，在朱光潜看来，“有如抽丝，在一团乱丝中拣取一个丝头，要把它从错杂纠纷的关系中抽出，有时一抽即出，有时须绕弯穿孔解结，没有耐心就会使紊乱的更加紊乱。”只有耐心地理顺各种思绪，安排好各种主从关系，才能找到最合适的逻辑和顺序。他又说：“运思又如射箭，目前悬有鹄的，箭朝着鹄的发，有时一发即中，也有因为瞄准不正确，用力不适中，箭落在离鹄的很远的地方，习射者须不惜努力尝试，多发总有一中。”[②] 有的时候创作受情感影响比较大，灵感起源于潜意识中的酝酿，也许酝酿很久，到了水到渠成之际，自然便会突然涌现，“所谓灵感，就是埋伏着的火药遇到导火线而突然爆发”[③]。文章思路的展开往往充满波折，并不是每一条线索、每一个思路都能贯穿始终，变成流畅的文字。然而，正如射箭瞄准的过程一样，只要多次尝试，执着坚持，终究能理清思想脉络，在纷繁芜杂中找出最合意的表达方式。

三、趣味与感悟

文学创作者需要有一定的天资和禀赋，这种创作上的潜能有如一粒等待发芽的种子。然而，想要创作出好的作品，仅有种子是远远不够的，创作者需要更多后天的耕耘和修养：“修养使潜能实现，使种子发芽成树，开花结实。”[④] 作为一名文学缪斯的追随者，他需要培养对于语言文字的敏感，通过广泛深入的阅读储存精神的原动力；他需要丰富的学识，但是他的学识须“如盐溶解在水里，尝得出味，指不出形状”[⑤]；他也需要耐得住寂寞，并且甘于享受那份寂寞。他比常人多一份敏感，却又常常因为过度沉浸于自己的世界而与现实世界脱节，“以书呆子的心习去处身涉世，总难免处处觉得格格不入，蜗牛的触须，本来藏在硬壳里，它偶然伸出去探

① 朱光潜：《朱光潜全集》（新编增订版）第 6 卷，北京：中华书局，2012 年，第 211、203 页。
② 同上，第 205 页。
③ 朱光潜：《朱光潜全集》（新编增订版）第 3 卷，北京：中华书局，2012 年，第 301 页。
④ 朱光潜：《朱光潜全集》（新编增订版）第 6 卷，北京：中华书局，2012 年，第 167 页。
⑤ 同上，第 192 页。

看世界，碰上了硬辣的刺激，仍然缩回到硬壳里，谁知道它在硬壳里的寂寞?”[①] 他还需要培养纯正的趣味，“趣味是对于生命的澈悟和留恋，生命时时刻刻都在进展和创化，趣味也就要时时刻刻在进展和创化。水停蓄不流便腐化，趣味也是如此。”然而，趣味很少是天生就有的，广博醇厚的趣味通常是需要后天不断培养的，这就好比“开疆辟土，要不厌弃荒原瘠壤，一分一寸地逐渐向外伸张”[②]。文学创作的过程，在朱光潜看来，只有不断加强自身修养，才能把陌生的领域逐渐征服为己所有，为己所用；只有恒久地坚持追求，才能逐步培养起纯正的文学趣味，积淀下对于众生百态的独特感悟，在生活的土壤上用自己的天赋和修养浇灌出一支独特的文艺之花。

诗是文学作品中的花卉，然而培育出这鲜花的诗人却是孤寂的、敏感的，朱光潜说：“常人的心灵好比顽石，受强烈震撼才生颤动；诗人的心灵好比蛛丝，微嘘轻息就可以引起全体的波动。”[③] 像蛛丝一般，诗人的心比普通人更容易感受周遭，不仅如此，他还要能在沉静中沉淀下这种感悟，用恰当的语言准确地描述出这回味后的滋味。“一般人的情绪好比雨后行潦，夹杂污泥朽木奔泻，来势浩荡，去无踪影。诗人的情绪好比冬潭积水，渣滓沉淀净尽，清莹澄澈，天光云影，灿然耀目。这种水是渗沥过来的，‘沉静中的回味’便是它的渗沥手续，灵心妙悟便是渗沥器。”[④] 平常生活中，绝大多数人对于生活的感受如同雨后的泥水，来势汹汹，去也匆匆，了无影踪；而诗人却能用自己的心灵感悟作为过滤器，在岁月的沉淀中积攒下一汪深潭。

藏在硬壳里的蜗牛也好，冬潭积水也罢，作为文学道路上的追梦人，对于创作探索过程中的甘苦与冷暖，通常只能是自怜自知，不足为外人道：“这种少年时的热情、幻想和痴念已算是烟消云散了，现在回想起来，好像生儿养女的妇人打开尘封的箱箧，检点处女时代的古老的衣装，不免自己嘲笑自己，然而在当时它们费了我多少彷徨，多少挣扎!”[⑤] 是的，文学创作者，只要有梦想，只要勤于耕耘不停歇，终究能如冬潭积水一般渗滤下纷繁芜杂的人生感悟，凝结成文学世界里颗颗闪亮的珍珠。

---

① 朱光潜：《朱光潜全集》（新编增订版）第6卷，北京：中华书局，2012年，第16页。
② 同上，第25页。
③ 同上，第148页。
④ 同上，第38页。
⑤ 同上，第15页。

四、风格与人格

在朱光潜看来，文学创作来源于生活，但是生活经验本身并不能成为艺术品，它必须要凭借作者的观察，经过作者头脑的想象和加工，才能成为一件作品。任何作品所写的经验都不可能与未写之前的实际生活是完全一样的，“如同食物下了咽喉未经消化就排泄出来一样。食物如果要成为生命素，必经消化；人生经验如果要形成艺术作品，必经心灵熔铸。”① 这样经过心灵感悟和加工的作品也必然带有作者的气息。作品的风格往往如同作者的人格，“风格像花草的香味和色泽，自然而然地放射出来。它是生气的洋溢，精灵的焕发，不但不能从旁人抄袭得来，并且不能完全受意志的支配”②。现实中有不少作品出现了“辞溢乎情”的毛病，这样的作品在朱光潜眼里，有些像“纸折的花卉，金叶剪成的楼台，绚烂夺目，却不能真正产生一点春意或是富贵气象。我们看到一大堆漂亮的辞藻，期望在里面玩味出来和它相称的情感思想，略经咀嚼，就知道它索然乏味，心里仿佛觉得受了一回骗，作者原来是一个穷人要摆富贵架子!”③ 文学是经由作者心灵加工的产物，正如人有不同的个性，作品也有不同的风格，然而“修辞立其诚”却是朱光潜一直秉承的文学创作宗旨，自然、真实、质朴，无论对于人格还是作品风格，都是一种宝贵的品质，带给人如沐春风的感觉。

优秀的文学作品是作者人格的自然流露，声音节奏，情趣意象，都能带给人真切的美的感受。朱光潜说：“我读音调铿锵、节奏流畅的文章，周身筋肉仿佛作同样有节奏的运动；紧张，或是舒缓，都产生出极愉快的感觉”，而那些不流畅、音调节奏上有毛病的文章读后，“周身筋肉都感觉局促不安，好像听厨子刮锅烟似的”。朱光潜自己在创作过程中碰到兴会之时，“筋肉方面也仿佛在奏乐，在跑马，在荡舟，想停也停不住”；然而，如果思路受阻，无论如何费力，“写出来的文章总是吱咯吱咯的，像没有调好的弦子”④。作品的好坏自有一套评判的标准，朱光潜却创造性地将原本依据视觉的文章评判标准诉诸听觉和肌肉感觉，比喻和通感的运用，使人对于作品的优劣有了身临其境的真切感受。

---

① 朱光潜：《朱光潜全集》（新编增订版）第 6 卷，北京：中华书局，2012 年，第 275 页。
② 同上，第 237—238 页。
③ 同上，第 271 页。
④ 同上，第 221—222 页。

朱光潜曾在《谈修养自序》中说道："我的先天的资禀与后天的陶冶所组成的人格是一个完整的有机体，我的每篇文章都是这有机体所放射的花花絮絮。我的个性就是这些文章的中心。"[①] 在他眼里，作品是作者人格所开放出的花朵，散发出作者的个性光芒。他对自己作品的评价是："像一朵浮云，片时出现，片时消失。但是我希望它在这片时间能藉读者的晶莹的心灵，如同浮云藉晶莹的潭水一般，呈现一片灿烂的光影。"[②] 作品的风格往往是作者人格的映射，人格的影响在岁月河流中是有限的，然而在文艺世界里，借着作品风格而保存的人格魅力却又是可以无限存在的；天光云影共徘徊的美景只能存续片刻，然而当深潭积水浮现云中光影，经由作者巧思妙想与洗练文字，将这灿烂映照至读者心田时，这瞬间的美却又是可以永驻回荡于世代读者心中。

作为一种极富创造性和个性的劳动形式，文学创作的果实是香甜的，过程却是艰辛的，尤其是说理文的创作。这世上许多高深的思想，往往都是由于表述的复杂艰深而湮没在晦涩生僻的语言中，久久难以为一般人所理解接受。为了说明文学创作中对语言的敏感、作品的构思与谋篇布局、创作者的感悟与修养、作品风格与人格的关联等环节的道理，朱光潜巧妙地运用人们日常生活中的典型场景或事例，来阐释、说明文学创作中的一些抽象、模糊的道理，在说理的同时更有一种出其不意的启迪思维效果，令人产生一种心领神会的顿悟。借着作者的巧妙运思与联想想象，这些语言意象在印证文学创作道理的同时，也将自我形象永远地封存在记忆的河流中，不仅如此，它们还与说理的抽象语言一起，共同构筑一个理解缪斯女神的想象空间，"在这个空间中，文学经验与人生经验都将如同撞开岩层的泉水，流淌不竭，共同汇入感悟的海洋"[③]。

第四节　作品中的乡土情结书写

朱光潜生于清末皖西南桐城山区的一个偏僻村庄，自幼便对语言文字表现出浓厚的兴趣。他 6 岁进入父亲的私塾读书，15 岁考入桐城中学，21 岁考取香港大学，由此告别了生活 20 多年的皖西南天地。故乡桐城的田园

① 朱光潜：《朱光潜全集》（新编增订版）第 1 卷，北京：中华书局，2012 年，第 191 页。
② 同上，第 90—91 页。
③ 黄键：《京派文学批评研究》，上海：上海三联书店，2002 年，第 102 页。

山地和风土人情构建了童年、青少年时期朱光潜对于世界的最初直观认知，而这些成长经历、记忆中的印象与认知感受，又在岁月的洗练中逐渐沉淀，转化成一个个典型的形象和意象，成为他一生创作时取之不尽的素材库。细读朱光潜的诸多说理文，从中不难发现频频出现的乡土人情、乡村风俗和田园风景书写，这些凝聚了朱光潜故土情结的乡村田园场景和意象，在参与说理的同时，也展示了一幅清末民初皖西南山村民居的传统风貌，营造出了一种质朴氤氲的自然气息。

一、皖西南乡土人情

戴·赫·劳伦斯说过："每一大洲都有它自己伟大的乡土精神。每个民族都被凝聚在叫作故乡、故土的某个特定地区。地球上不同的地方都洋溢着不同的生气、有着不同的震波、不同的化合蒸发、不同星辰的不同吸引力——随你怎么叫它都行。然而乡土精神是个伟大的现实。"①

20 世纪初的皖西南山村依然是传统的男耕女织的生活场景，在童年朱光潜的眼里，最吃苦耐劳的当属一年到头耕种在土地上的农民，他们日出而作，日落而息，寒来暑往，从不得歇。"你如果住在乡下，常看他们在炎天烈日下车水拔草，挑重担推重车上高坡，或是拉牵绳拖重载船上急滩，你对他们会起敬心也会起怜悯心，觉得他们虽是人，却在做牛马的工作，过牛马的生活。"② 这些靠天吃饭、出卖气力的穷苦农人，牛马一般辛劳一生，时时刻刻被环境的需要所驱遣，如机械一般流转不息，没有力量来驾驭环境，更难以成为自己命运的主宰。因为这辈子无从改变的辛劳，便寄希望于下一代，省吃俭用供孩子读书，以期改变下一代甚至全家人的命运。家中的男孩，尤其是长子，往往被寄予厚望，犹如每年预留的稻种一般珍贵。然而，也有父亲在孩子刚刚中学毕业时就要求他去找一份工作做，这种办法"简直是吃稻种！"水稻是皖西南地区最主要的粮食作物，稻种是当年收割的水稻中品质最优的稻谷，预留着作为种子，来年春天发芽，以生长出新一茬稻谷。稻种关系着全家人来年的生存大计，自然不能提前吃掉，而那些尚未完成学业取得功名的孩子，则如稻种一般珍贵，也不该过早承担一份养家的责任，他们是值得长期投资的。

男人们在外辛劳耕种时，女人们则在家操持家务、照顾孩子，闲暇时

---

① 戴·赫·劳伦斯：《乡土精神》，见戴维·洛奇《二十世纪文学评论》（上），葛林译，上海：上海译文出版社，1987 年，第 230 页。

② 朱光潜：《朱光潜全集》（新编增订版）第 10 卷，北京：中华书局，2012 年，第 201 页。

纺织绣花。女子的针线盒是家庭的必备品，里面的针头线脑缝补起农家人生活的艰辛，而点缀于其中的那些五颜六色的丝线则是平淡生活中一抹亮丽的色彩，衬托出农家女子的心灵手巧，也寄托着青年女子对未来的憧憬。家中这凝聚着温情和希望的针线盒，曾给幼年朱光潜留下过深刻印象。乡下姑娘难得能有一件漂亮衣裳，压在箱底，一般是舍不得穿的，朱光潜在提到自己住在北京时，情愿去后门大街而不去北海时比喻道："我相信北海比我所见过的一切园子都好，但是北海对于我终于是一种奢侈，好比乡下姑娘的唯一的一件漂亮衣，不轻易从箱底翻出来穿一穿的。"[①] 这件漂亮的衣裳在姑娘时还是可以偶尔穿出去应付特殊场合的，然而一旦嫁为人妇成为人母，这件当年曾被无限遐想过的衣裳就只能压在箱底，成为一份成长的怅惘见证罢了。这种心情恰如创作者多年后翻看自己最初的作品，"不免自己嘲笑自己，然而在当时它们费了我多少彷徨，多少挣扎！"[②]

乡土社会地域空间明确，人员结构相对稳定，乡村农事生活单纯，在乡情的维系下，人们共同遵循业已成为传统的礼仪和秩序，相互恪守本分，彼此熟识，"这是一个都'熟悉'的社会，没有陌生人的社会"[③]。熟悉是从长时间多方面接触的过程中培养出的一种亲密感觉，恰如外语学习过程中生词学习，朱光潜写道："对付生词就象对付陌生人的面貌，你碰见一个陌生人，下定决心要把他记住，盯着他看一天两天不放，就能把他记住吗？他是一个活人，你要记住他，就得熟悉他的生活，看他怎样工作，怎样聊天，怎样笑，怎样穿衣吃饭，如此等等，久而久之，你就自然而然地熟悉他，知道怎样去应付他了。"[④] 乡村又是个封闭的小社会，乡里乡亲沾亲带故，一个新人要想融入当地人的圈子，必须要尽快攀亲结友。在朱光潜看来，新知识的学习如同是走进一个乡村的新客，村里的熟人越多，牵涉面越广，他融入的可能性就越大，他的地位也就越稳固；相反，如果他进村之后，不同任何人发生关系，他就变成众人眼里须戒备提防的陌生人，难以找到自己的位置，更无法发挥他的能力或者有所作为。只有攀亲结友，彼此交往，产生联系，相识相知，才能共同构筑一个融会贯通的知识网络。

---

① 朱光潜：《朱光潜全集》（新编增订版）第1卷，北京：中华书局，2012年，第65页。
② 朱光潜：《朱光潜全集》（新编增订版）第6卷，北京：中华书局，2012年，第15页。
③ 费孝通：《乡土中国》，北京：人民出版社，2008年，第6页。
④ 转引自刘世沐：《怎样学英语》，北京：北京出版社，1979年，第14页。

二、皖西南乡村风俗

朱光潜老家附近有个集市，每逢年节，附近几个县的农民、小商贩等都聚集到这里来买卖物品，赶集成为乡村生活中的一件热闹事。朱光潜在谈到人生会面临种种选择时比喻道："人投生在这个世界里如入珠宝市，有任意采取的自由，但是货色无穷，担负的力量不过百斤。有人挑去瓦砾，有人挑去钢铁，也有人挑去珠玉，这就看他们的价值意识如何。"① 除了琳琅满目的商品，集市上出现的各种人也是朱光潜观察的对象：有暴发户，处处以多为贵，时时不忘装点门面，借此机会来炫耀自己的家私；有商人，藏着多年辛苦积蓄起来的一大堆钞票，本以为富足，一夜之后，满集市人都宣传那些钞票全部不能兑现，一文不值，惶恐忐忑而又心有不甘；有闲逛者，面对珍奇满目的各色货物心花意乱，却最终徒手而归；也有装腔作势者，明明是一个穷人，却要摆出富贵架子，如同阅读"辞溢乎情"的文章，"看到一大堆漂亮的辞藻，期望在里面玩味出来和它相称的情感思想，略经咀嚼，就知道它索然乏味，心里仿佛觉得受了一回骗"②。滑稽可笑中又透着一丝可爱，这形形色色的赶集众乡亲。

除了赶集，乡村生活中另一件乐事要数看戏。作为黄梅戏的故乡，清末民初的桐城活跃着大批黄梅戏戏班。一到农闲时节，便有各个戏班在桐城山村巡回表演。有演员坐在村民家堂屋板凳上清唱的"抵板凳头子戏"，也有在农村乡场表演的"围子戏"——在一块地势略高的平坦场地上，表演者载歌载舞，村民们围在四周观看，演员下场后也站到台下观众中去，你方唱罢我登场，非常热闹。从最初搭在村头简陋的"门板台"戏，到后来走向城市的"新舞台"戏，演戏与看戏的场面、演员与观众各自投入的神态曾深深映入少年朱光潜的脑海：人生就是一部戏剧，既要有人演，也要有人看，演戏与看戏是两种基本的人生态度。

朱光潜自小便对语言文字有一种特殊情感。在他小时候，有一次，父亲和伯父在家门口无意中挖出两个瓦瓶，兄弟俩对着瓶子研究了很久，后来又切磋了一整天，做了一篇"古文"记，贴在瓶子上。父辈们运用文字时的字斟句酌与严肃郑重，使得少年朱光潜对于文字起了一种神秘意识，渴望自己有一天也能自如地掌握语言的魔力。这个桐城少年模仿能力很强，在他看来学古文别无奥秘，只要熟读范作多篇，头脑里甚至筋肉里都

① 朱光潜：《朱光潜全集》（新编增订版）第1卷，北京：中华书局，2012年，第222页。
② 朱光潜：《朱光潜全集》（新编增订版）第6卷，北京：中华书局，2012年，第271页。

会浸润下那一套架子，下笔时自己就能变成一个扶乩手（扶乩是曾在中国民间存在了两千多年的一种古老占卜术）。积累了十几年文言文家底的朱光潜一度在古文世界里游刃有余，然而不久之后的白话文运动却令他产生了切肤之痛，仿佛一夜之间持有的货币贬值即将破产。但是，当他终究接受并逐渐运用白话文自如创作时，最初的紧张与担心也在发生着改变："最初好比放小脚，裹布虽扯开，走起路来终有些不自在；后来小脚逐渐变成天足，用小脚曾走过路，改用天足特别显得轻快，发现从前小脚走路的训练工夫，也并不算完全白费。"① 裹脚是在中国封建社会存在了千余年的一个陋习，在20世纪初的偏僻乡村依然存在。裹脚布因其对人性的摧残而终究会被扯开，文言文也因其无法满足人们日常表达需要而终将被白话文取代。在朱光潜看来，文言文与白话文并非两种截然不同的语言，白话文是从文言文演变而来的，"我们如果硬要把文言奉为天尊，白话看成大逆不道，那就无异于替母亲立贞节牌坊，斥她的儿子为私生子，不让他上家谱"②。上家谱是乡村社会宗族认同的一种仪式，立贞节牌坊则是封建社会对女子在丈夫死后贞节行为的一种表彰。

三、皖西南田园风景

田园山川，清风明月，都是大自然给予人类的馈赠。苏东坡在《前赤壁赋》中写道："惟江上之清风，与山间之明月，耳得之而为声，目遇之而成色！取之无禁，用之不竭，是造物者之无尽藏也。"不同民族生活在不同的自然环境之中，不同的山川河流也就孕育出不同的人文和地理文化。位于长江以北大别山东麓的桐城，山地、丘陵与河道交织密布。少年朱光潜曾经为了求学，每日早晚数小时行走在这皖西南的山水田园间。不上学时，他曾在村头池塘钓鱼，瞪半天也看不见浮标晃影子，偶然钓起一条寸长小鱼，虽不能满足一咽，也要快乐半天。蓝天碧水，山川秀色，蜜蜂采蜜，蚂蚁搬家，自然界四时更替中的花草树木和鸟兽虫鱼在朱光潜的眼里都是有趣的、充满生机的，并流淌在他多年后回忆时的笔端。

在谈论人生时，朱光潜写道："人好比一棵花草，要根茎枝叶花实都得到平均的和谐的发展，才长得繁茂有生气。"③ 人的情感思想就好比是花草的生机，生来就需要足够的空间宣泄生长，需要自由的园地与丰富的滋

① 朱光潜：《朱光潜全集》（新编增订版）第6卷，北京：中华书局，2012年，第114页。
② 同上，第243页。
③ 朱光潜：《朱光潜全集》（新编增订版）第1卷，北京：中华书局，2012年，第228页。

养，才能最终发芽开花。如果用沉重的砖石压着他们，仿佛墙角生出来的草木，得不到阳光与空气，便容易变得黄瘦萎谢，即便偶尔能破石而出，也会失去自然的形态。人生经历好比是土壤，文艺则是这上面开出的花朵，见证人生的春华秋实，又反过来滋养着人的心灵和思想，使人们的各种情感得到生展，如同草木在阳光下蓬勃多姿。人生离不开文艺的滋养，当人们的性情怡养在文艺的甘泉中时，便可以暂时脱去尘世的辛劳，得到片刻的精神解放，这种感觉如同是在清泉里洗一个澡，或者是绿树荫下歇一会儿凉。人生是可以艺术化的，不计较、少抱怨，“如草木在和风丽日中开着花叶，在严霜中枯谢，如流水行云自在运行无碍，如‘鱼相与忘于江湖’”①。当人与自然和谐共处时，整个宇宙便成了一曲融会贯通的交响乐。

文学创作也是朱光潜频繁谈论的话题。在朱光潜看来，文学是人生的土壤上缔结的花朵，创作者的潜能犹如一颗种子，为了能发芽、开花、结果，创作者需要辛勤耕耘，需要读各家书、博取众家之长，“像蜂儿采花酿蜜，把所吸收来的不同的东西融会成他的整个心灵”②。他得甘于守住那份等待的寂寞：“蜗牛的触须，本来藏在硬壳里，它偶然伸出去探看世界，碰上了硬辣的刺激，仍然缩回到硬壳里，谁知道它在硬壳里的寂寞？”③ 他需要培养趣味，趣味时时刻刻都在变化，流动的水才不会腐化，趣味的培养好比“开疆辟土，要不厌弃荒原瘠壤，一分一寸地逐渐向外伸张”④。他需要对周遭保持敏感，普通人的心灵可能受到强烈的震撼才会产生颤动，“诗人的心灵好比蛛丝，微嘘轻息就可以引起全体的波动”⑤。不仅如此，他还要能在沉静中沉淀下这种感悟，并用恰当的语言准确地描述。普通人的情绪常如暴雨后的河床，夹杂着污泥和朽木奔腾，来势汹汹，去无踪影，“诗人的情绪好比冬潭积水，渣滓沉淀净尽，清莹澄澈，天光云影，灿然耀目”⑥。这一番等待、耕耘、滋养、呵护、静候之后盛开的文艺之花，璀璨绚烂，流畅自然，读起来令人身心愉悦，浑身筋肉也仿佛是在奏乐、在泛舟。而那些音调节奏上有毛病的文章，读后“周身筋肉都感觉局

① 朱光潜：《朱光潜全集》（新编增订版）第10卷，北京：中华书局，2012年，第126页。
② 朱光潜：《朱光潜全集》（新编增订版）第5卷，北京：中华书局，2012年，第244页。
③ 朱光潜：《朱光潜全集》（新编增订版）第6卷，北京：中华书局，2012年，第16页。
④ 同上，第25页。
⑤ 同上，第148页。
⑥ 同上，第38页。

促不安，好像听厨子刮锅烟似的”[①]。

皖西南农村做饭以秸秆和柴木为燃料，十天半月下来，灶膛中的锅身会沾满厚厚的秸秆和柴火灰，需要将锅端到外面倒扣在空地上，拿铲子贴着锅身，顺着顶点的锅底向贴地一圈的锅沿刮锅灰，一铲子下去，一堆烟灰随之滚滚落入地面，一圈刮下来，地面便是一个烟灰画出的深浅不一的圆。在孩子的眼里，尽管这声音很刺耳，场景却煞是壮观有趣，声音与画面的融合，定格为少年记忆里有关故乡的温馨场面。

四、作品中的乡土情结

在朱光潜诸多的说理文中，不难发现那些经常情不自禁出现的乡土情结书写：种子发芽，蜗牛伸触须，农民撒稻种，姑娘拣丝线绣花；草木芬芳，蜜蜂采蜜，农闲去看戏，女子翻看箱底衣；流水行云，蛛丝轻弹，厨子刮锅烟，少年垂钓池塘边；还有那热闹的赶集，神秘的扶乩，松开的裹脚布和肃立风中的贞节牌坊。出现在朱光潜说理文中的众多乡土情结书写，汇聚起来可以还原出一幅三维的皖西南山居图。这些乡村风景与风俗人情见证了一个桐城少年的成长求知岁月，又透过少年的一双眼睛沉淀积累，打包进记忆的行囊，伴随他行走天涯。不仅如此，多年后，当它们再次经过记忆的加工从笔端不经意间流出时，它们早已生根发芽，出落得一副新模样，也担负起了新使命。

成年后的朱光潜为了梦想离家前往城市，他先是在武汉待了 1 年，后来在香港学习生活了 5 年，毕业到上海任教 2 年后考取官费生留学欧洲，辗转爱丁堡、伦敦、巴黎等地求学 8 年，获得文学博士后又受聘于北京大学。除了因抗战被迫离京外，他的余生一直生活在北京。李欧梵在谈到中国现代作家早期生活时分析道：“离家入读大城市的新学校，代表了最早的双重解放：首先是从传统社会的自然环境中解放出来；其次是从传统道德标准与社会习俗整套礼仪体系中解放出来。”[②] 走出乡村小天地、一步步奔向越来越大城市的朱光潜是满心喜悦的，这种感觉在他读惯中文后初学英文时也曾有过，然而 20 年的乡村生活轨迹早已融入他的血液中，铸造了他的生活习惯、认知方式乃至价值取向，身体的解放却难以改变心理的思维定式。多年后，当朱光潜回忆起在武汉的 1 年岁月时，最难忘的只有洪

---

① 朱光潜：《朱光潜全集》（新编增订版）第 6 卷，北京：中华书局，2012 年，第 221 页。

② 李欧梵：《中国现代作家的浪漫一代》，王宏志等译，北京：新星出版社，2005 年，第 252 页。

山的红菜薹、蛇山的梅花和江边的旧书店。香港大学的生活是相当有趣的，足球、网球、辩论赛，但他连看的兴致都没有；全校仅有的两个女生和他是同班，他却从没有将她们当作女子看待；这个别人眼里寒酸的“北京学生”最喜欢的事情是和另外两个“哲人”在午后顺着小路爬到学校后面的山顶，呼吸清新的海风，眺望远处岛屿上青葱的树木和五颜六色的房屋，疲倦后再顺着另一条小路返回学校吃上一顿丰盛的晚餐。从欧洲回国住在北京慈慧殿三号时，他在院子里挖了一片地，种几棵芍药，栽几株丝瓜、玉蜀黍和西红柿，却任凭它们淹没在自生自长的杂草丛中也不去管；为了赶走清晨惊扰他香甜美梦的老鸹，他竟然去买了弹弓去射它，后来弓子坏了只好作罢；看门老太婆捧着长烟杆、闭着眼睛听车夫讲故事，虽无瓜架豆棚，却俨然是一幅移植到城里的乡村太平岁月图景。

武汉、香港、上海、伦敦、巴黎、北京、成都，成年朱光潜在都市生活了半个多世纪，目之所及、挥之不去的依然是那和乡土沾边的记忆里的乡村生活。即便是小时候曾觉得单调无味、每天早晚都看到的乡下那几座茅屋、几畦田、几排青山，多年后回忆起来也令他无限留恋。这浓郁的乡土情结，如同故乡给游子下的蛊，早已深入他的骨髓中，占据了他的记忆空间，自然会频繁显现于他说理设喻的笔端。正如心理学家阿德勒所说，在一个人所有的心灵现象之中，最能显露其中秘密的是他的记忆，“一个人的记忆是他随身携带的，能使他想起自己本身的各种限度和环境的意义的载体”，他的记忆也绝不会是偶然出现的，一个人从他毕生接收到的、多得数不清的印象中选取出来记忆的内容，“肯定是那些他觉得对他的处境极具重要性的事件。因此，他的记忆代表了他的‘生活故事’”[①]。那山、那水、那人，还有那记忆里的童年，那些熟悉亲切的生活经历，纵然离乡千万里，总萦绕在游子的心头，在不经意间想起，浮现于朱光潜创作时的思维瞬间。

出现在朱光潜作品中的乡土风景与民俗风情，是记忆中故土和家园情结的自然再现，不仅是成年朱光潜离开山村奔赴城市生活的必然，也是他的文学和美学旨趣的间接书写。作为京派文学的领军人物，朱光潜和沈从文、废名、凌叔华等京派作家一样，提倡人与自然的和谐、天人合一的人道主义和自然主义，推崇文学和美学思想的静穆境界、距离感和移情学说。周作人曾经说过，人是“地之子”，不能离地生活，要忠实于脚下这

---

① 阿尔弗雷德·阿德勒：《自卑与超越》，曹晚红、魏雪萍译，汕头：汕头大学出版社，2009年，第58页。

块地："……须得跳到地面上来，把土气息泥滋味透过了他的脉搏，表现在文字上，这才是真实的思想与文艺。这不限于描写地方生活的'乡土艺术'，一切的文艺都是如此。"① 静穆于脚下的土地和江边的青山是一切生灵的慈母，泯化一切忧喜，亲切宁静，守护着人类的精神家园，于是，说理设喻语言中的泥土和自然气息也是朱光潜的文艺主张。不仅如此，在朱光潜的眼里，宇宙间的许多真谛往往都是寄寓在一些极其平常细微的事物中，稍不留神便会被忽略，只有像日神阿波罗一般，才能静观诸生，既能察觉其中的哲理，又能领略到一种置身度外的永恒之美："我站在后台时把人和物也一律看待，我看西施、嫫母、秦桧、岳飞也和我看八哥、鹦鹉、甘草、黄连一样，我看匠人盖屋也和我看鸟鹊营巢、蚂蚁打洞一样，我看战争也和我看斗鸡一样，我看恋爱也和我看雄蜻蜓追雌蜻蜓一样。"② 这样一种静观默察的态度，使得他能处处发现乐趣、吸收生机，时时"触机生悟"，如同"地行仙"一般怡然豁达。

万物皆自得，那记忆里纷扰的众乡亲、静穆的山川树木，在他的眼里都成了自然图画，都是小说，都是他信手拈来设喻说理的绝妙素材。

五、语言中的心灵家园

语言是人类积极思维的创造，为了造就语言，人类的积极思维力量获得了充足的空间和领域；为了造就语言，人类感官中的视觉和触觉恰到好处地组织起来配合默契，"一切都处于平衡、经济、相互补偿的关系之中，一切都经过有意的安排和配置：处处可见统一性和相互联系！处处都合于比例和秩序！这是一个整体！一个系统！一个具有悟性和语言、能够思考和创造语言的生物！"③ 人类创造了语言，又在语言中构筑了世代相传的精神家园，"童年记忆的乡土是一片毫无异己感、威胁感的令人心神宁适的土地，也是人类不懈地寻找的那片土地"④。故乡的风土人情和田园山水，童年和青少年时期的生活经历，是对成年朱光潜非常重要的、曾经的生活故事，凝聚了浓郁的乡土情结和家园情感，因而自然会频频出现于他创作的瞬间。

出现于说理文中的乡土情结书写是作家潜意识中存储意象在说理瞬间

---

① 周作人：《自己的园地》，北京：人民文学出版社，1998年，第126—127页。
② 朱光潜：《朱光潜全集》（新编增订版）第1卷，北京：中华书局，2012年，第62页。
③ 赫尔德：《论语言的起源》，姚小平译，北京：商务印书馆，2009年，第60页。
④ 赵园：《地之子——乡村小说与农民文化》，北京：北京十月文艺出版社，1993年，第21页。

的智慧火花，是事与理相通那一刻的灵光闪现，因其隐蔽而更加率真，一旦生成，弥足珍贵。当这深受中国传统文化熏染的学者成为背井离乡的游子时，故土和家园便成为他游走城市的行囊，恣意文字、畅谈美和人生的背后，难以掩饰的是对故乡山水和淳朴自然生活方式的深深眷恋，回归的冲动也就成了诉说不尽的话语。不仅如此，童年记忆在作家的心里形成了一座来往自由的桥梁，连接起过去和现在，从某种意义上来说，人们频繁辛苦地拜访童年生活，“只是想探索一条捷径，直抵现实生活的核心”①。借助一双慧眼而存身文字中，这份沉重的故土情结和家园意识寻得了暂时归属；凭着作家的笔定格文学中，清末民初皖西南山村风土人情的一个剪影得以在中华传统文化中保存。它不仅是朱光潜一个人的心理情结，也是深植于中华民族精神之中、存在于中国人集体无意识之中的一种情结，这种情结“不仅与自己童年的往昔，更重要的是与种族的往昔相联结”②。于是，在设喻说理的彼时和解喻感悟的此时，个体有意识和集体无意识在时间与空间中实现了双重交汇，作者和读者都得以跨越时空抵达了各自的视觉和心灵家园。

第五节 语言中的人生艺术

人类的生存能力总是处于不断发展与进步之中，作为人类活动的记载，语言也在不断发展变化中成长和完善。“语言是一座人类思想的宝库，藏有每一个人以自身的方式做出的贡献；它也是一切人类心灵持续活动的总和。”③ 比喻是人类思维之树上结出的艳丽花朵，也是世界各国人民语言宝库中的璀璨珍珠，古今中外，智者、哲人、文学家、政治家，无不喜欢用比喻来阐明自己的观点；从西方史诗到中国经书，从学术专著到儿童文学，处处可见比喻的身影。朱光潜擅长说理文的写作，尤其擅长在说理的过程中运用比喻，“以其所知喻其所不知”，将模糊抽象的道理通过众人皆知的喻体形象阐述得明白晓畅。无论是美学原理、文艺评论，还是各种人生感悟与思考，他都能用清新质朴的语言、经典恰当的比喻表述得深入浅

---

① 苏童：《创作，我们为什么要拜访童年?》，载《中国比较文学》，2012年第4期，第96页。

② 霍尔、诺德贝：《荣格心理学入门》，冯川译，北京：生活·读书·新知三联书店，1987年，第40页。

③ 赫尔德：《论语言的起源》，姚小平译，北京：商务印书馆，2009年，第117页。

出、通俗易懂。

在其众多美学评论与文艺批评中，人生一直都是朱光潜所钟爱的写作主题之一。“人生艺术化”既是朱光潜美学观的核心内容，也是一种和谐自然的人生观，具有深刻的哲学内涵和现实的淑世意义。对于生命，对于现实人生中可能遇到的种种问题与缺憾，以及人在其有限的生命历程中如何坦然自处，朱光潜从中西方的先贤圣哲那里和自己的生活经验中汲取、结晶而形成自己的观点，并以比喻的方式娓娓道来。

一、两种基本的人生态度

莎士比亚将整个世界比作是一个舞台，这世上男男女女都不过是正在表演的演员，每个人都有上场和下场的时候。朱光潜说，人生就是一部戏剧，既要有人演，也要有人看。好的戏剧需要“演戏人在台上走台步、作姿势、拉嗓子、喜笑怒骂、悲欢离合”，各色人等极尽所能、尽情投入、沉浸忘我；而看戏人则在台下“呆目瞪视，得意忘形，拍案叫好”[①]。演出结束，演员和观众双方皆大欢喜，因为彼此曾经投入其中，共度一段美好时光，甚是热闹。戏剧和人生之间存在着一种互动的微妙关系：戏如人生，舞台上的一幕幕是现实生活的缩影；人生如戏，在别人的期待中拉开序幕，或是笑声或是哭声，幕落时一切归于沉寂。曲终人散，如梦一场，终究是一个过程，而“演戏”与“看戏”则道出了两种基本的人生态度：演和看。

以孔子为代表的中国儒家认为人生目的在于行，在于演戏；而叔本华、尼采等西方哲学家认为人生最高目的在于看，如日神阿波罗般地普照大地，保持距离，在静默中观照。朱光潜认为，演戏或者看戏都可以成为人生归宿。现实生活中，是演戏还是看戏，往往取决于每个人的性格，最好的做法是让生来善于看戏的人们去看戏，让生来善于演戏的人们来演戏。演戏的常常不知看戏的乐趣，而看戏的也未必能体味演戏的欢畅。诚然，现实人生的苦恼常常起源于演戏，深陷其中，难以自拔，而保持距离，将形形色色的人或事尽收眼底，似乎成为一种有效的解脱途径。然而，每个人在一生中难免要面临不同舞台，有时可以看戏，有时则需要演戏，为着这一刻表演，戴上面具，穿上演员服装，在人生大幕没有落下之前，生命中的喜怒哀乐、悲欢离合，仍然在旷野里持续。

戏剧有高潮，舞台上的悲剧通常出现在冲突解决的时刻，而人生悲剧

---

① 朱光潜：《朱光潜全集》（新编增订版）第1卷，北京：中华书局，2012年，第292页。

往往多是由于冲突得不到解决，诱惑难以决策，对着鱼和熊掌，一味垂涎算计，难以取舍与摆脱。朱光潜认为，我们不应该畏惧人生舞台上的悲剧，相反，正是因为有悲剧，人生才有价值，正是因为有缺陷，这个世界才美满："悲剧也就是人生一种缺陷。它好比洪涛巨浪，令人在平凡中见出庄严，在黑暗中见出光彩。"① 悲剧与缺陷使人生有了创造的可能、奋斗的必要，因而是一种更加艰难和震撼的美，可以使人在精神上得到提升。在这样一种"无所为而为"的艺术精神指导之下，我们可以在不断的探索过程中品味人生、提升生命的价值与情趣。

对于这因不完美而完美的世界，朱光潜有两种看待人生的方法。在第一种方法里，他置身于前台，和世界大舞台上一切人或物在一起尽情表演，于是我们看到了北京后门大街人群中的那个朱光潜："丢开几十年教育和几千年文化在我身上所加的重压，自自在在地沉没在贤愚一体，皂白不分的人群中，尽量地满足牛要跟牛在一块，蚂蚁要跟蚂蚁在一块那一种原始的要求。"② 在第二种方法里，他悄然置身于台下一隅，袖手旁观各个演员在舞台上装腔作势，这样一种看戏的态度使他能在生活中抱着一种欣赏的态度，将人与物一样看待，"拿看小说或戏剧的方法看一对男女讲恋爱或是两个老谋深算的人斗手腕"，是非善恶似乎已经不是最重要的了，只是觉得每件事情都很有趣。然而，无论在前台还是后台，对于人生舞台上种种悲剧和缺憾，朱光潜都是坦然面对，都是边走边欣赏。

也有一些时候，朱光潜在自己的人生舞台上既演戏又看戏："我本是世界大舞台里的一个演员，却站在台下旁观喝彩……有时猛然发现自己在演小丑，也暗地里冷笑一阵。"③ 朱光潜一生经历曲折，他在晚年曾感叹：这一辈子，什么事都遇上了。在人生舞台上，有时演戏，有时看戏，有时既演戏又看戏，还不忘自嘲一番。这种自嘲背后所透射出的超然豁达态度，被朱光潜自己比作为人生中的"救星"，使他得以坦然面对人生中许多常人不能忍受的人或事，入乎其中而又出乎其外，笑看风云却又欣慨交心。

二、自成体系的生命历程

在《皆大欢喜》中，莎士比亚借杰奎斯之口阐明了人生舞台上的 7 个

---

① 朱光潜：《朱光潜全集》（新编增订版）第 1 卷，北京：中华书局，2012 年，第 64 页。
② 朱光潜：《朱光潜全集》（新编增订版）第 10 卷，北京：中华书局，2012 年，第 68 页。
③ 朱光潜：《朱光潜全集》（新编增订版）第 6 卷，北京：中华书局，2012 年，第 17 页。

时期：婴儿期、童年期、恋爱期、追逐名誉期、中年危机、龙钟老年期和孩提再现期，将一个人生命历程中的各种状态包罗其中。在这里，“生命周期恰似一条抛物线的观点在莎士比亚的笔下变得经久不衰”[①]。人生在朱光潜眼里就是在完成一件作品，“每个人的生命史就是他自己的作品”[②]，这一表述已经成为朱光潜人生艺术化哲学的经典譬喻。

人生这件作品可能是一幅画，一台戏，一部小说或者是一篇文章。一篇好文章应该是一个完整的有机体，其中的整体与部分应该是密切相关的，一字一句都能见到全文的精神；这种完整性在人生中便是人格的魅力，大到进退取舍，小到声音笑貌都与人格密不可分。一篇好文章应该是严肃的、知道遗漏的，文人用字不苟且，文章艺术在于遗漏；艺术的人生也应该是认真的、知道取舍，既能看重一般人所看轻的，也能看轻一般人所看重的，在看重一件事时，知道执着，在看轻一件事时，知道摆脱，在认真时见出他的严肃，在摆脱时见出他的豁达，是非取舍自在心中。一篇好文章还应该是至真性情的自然流露，具有生生不息的情趣，恰如风行水上，自然成纹，可以历经岁月的考验而慢慢欣赏；艺术的人生也应该是自然本色的、懂得欣赏的，“在什么地位，是怎样的人，感到怎样情趣，便现出怎样言行风采，叫人一见就觉其谐和完整”，对于周围的人和事抱着一种欣赏的态度，对于自己的过往境遇抱着一种欣赏的态度，“在欣赏时人和神仙一样自由，一样有福”[③]。朱光潜在这里提出：幸福的秘诀在于欣赏。

成长的烦恼、情感的着落、生存的危机、幻想的破灭，还有欲望和嫉妒的煎熬、死亡的威胁等等，不一而足。尽管如此，生命仍然是一条缓缓向前的河流，生成创造，循环流动，生生不息。在朱光潜看来，“生命是一个说故事的人，虽老是抱着那么个陈腐的‘母题’转，而每一顷刻中的故事却是新鲜的，自有意义的”[④]，每一个瞬间都有着无限可能，每一个瞬间都有着独特价值。

具体到一个人的生命历程来说，如果这一顷刻中有了新鲜有意义的故事，这一顷刻便可以心满意足，这一顷刻的生命便不能算是虚度。生命原本是一顷刻接着一顷刻地实现，一针一线最终编织成自己那件作品。一个

---

① 大卫·贝文顿：《莎士比亚：人生经历的七个阶段》，谢群、姬蕾等译，上海：上海外语教育出版社，2013 年，第 2 页。

② 朱光潜：《朱光潜全集》（新编增订版）第 5 卷，北京：中华书局，2012 年，第 92 页。

③ 同上，第 93、97 页。

④ 朱光潜：《朱光潜全集》（新编增订版）第 10 卷，北京：中华书局，2012 年，第 122 页。

人的生命史就是在日积月累地完成一件作品，无论它是一篇文章、一幅画还是一件艺术品，无须陷入对过去的枉然追究，也不要沉溺于对未来的渺茫幻想，只抓住紧握在手的每一刻，经心于此刻正在实现着的人生，就是在完成生命所赋予的使命。在这件独一无二的人生作品的创作过程中，人格与内心的声音，贯穿于整个人生始末；学会取舍，懂得放下与摆脱；怀揣欣赏，认真投入又通透豁达。于是，每个人都是自成体系、独具价值、每一刻正在实现着的自己的艺术品。

三、返璞归真的镜像人生

“人啊，认识你自己吧!”这句古希腊人刻在德尔斐神庙上的太阳神阿波罗的神谕，至今还在警示着世人：如何审视自己，追寻本真的人生。正如自然是对艺术作品的一种极高评价，在朱光潜的眼里，自然也是人生的一种至高境界。他喜欢用自然界的草木虫鱼来比喻人生。在他看来，整个宇宙都是一个有机体，人类只不过是自然界中的一种，并不比其他鸟兽虫鱼、花草树木等物种更重要。恰如蜜蜂总会在春日的花丛中忙碌，盛开的鲜花可能会被突来的一阵狂风吹落，人来到这个世界并非只是来享福的，辛劳也好，生死也罢，都只是人作为一个有机体的生活本身所赋予的内容，也就没有必要去叫苦抱怨。

“人好比一棵花草，要根茎枝叶花实都得到平均的和谐的发展，才长得繁茂有生气。”① 风调雨顺时，草木便会生机勃勃、欣欣向荣，艺术的人生也应当是人性的全面自然生发。人的情感思想好比草木的生机，生来就需要滋养、需要发泄。生机旺盛时如果得不到宣泄，便会“像春天的草木萌芽被砖石压着，或是把压力推开，冲吐出来，或是变成拳曲黄瘦，失去自然的形态”②。正如园丁用人工的方法将花木扭成种种不自然的形状，教育的不当也会导致畸形的人格与心理，造成精神方面的“驼子”或者“跛子”。

生命是有机的，身体健康是自然人生的坚实物质基础。机器要产生动力，必须要开足马达，而要开足马达，必须要电力强大，“身体好比马达，生活力就是电力，而努力所需要的坚强意志就是动力”③。一个人如果生命力不旺，体力薄弱，他的身体马达就很难开动，他也就很难获得充足的动

① 朱光潜：《朱光潜全集》（新编增订版）第1卷，北京：中华书局，2012年，第228页。
② 同上，第208页。
③ 同上，第215页。

力去完成既定的人生目标。生命往往是一系列无止境的奋斗，无论这个奋斗目标是战场的胜利、学术上的建树、德行上的完满，还是某一种推卸不掉的责任。然而，身体的羸弱不仅会影响到生活、学习和事业，还会导致人的精神和道德破产。

不管是身体上还是精神上，人生的力量，用过了限度必然会疲劳、衰竭，甚至毁灭，好像是“弓弦，老是尽量地拉满不放松，结果必定是裂断”[①]。然而，现实生活中许多人常常就像是拉满了的弓弦，一味去伸张索取，或困于饮食男女，或忙于功名利禄，像是一个被动机器，处处受支配，却忘记张弛有度地储蓄生命力。在种种现实驱遣之下，人们常常“车如流水马如龙”地前行，仿佛是“在阿尔卑斯山谷中乘汽车兜风，匆匆忙忙地急驰而过，无暇一回首流连风景”[②]。当自然的美景和这趣味的人生都在欲望快车的窗边滑过时，人们也就如同是极速旋转中的塑人木马，只留给世界一个匆匆的模糊身影。

朱光潜提倡，生活本身就是人生的全部目的，我们可以慢些谈学问，慢些谈道德，慢些谈任何事情，第一件要事是要把身体这个机器弄得坚强结实，只有加强运动，锻炼身体，才能让这部机器保持运转，提供蓬勃旺盛的生命力。对于朱光潜而言，做学问，闯事业，在人生中都只能算是第二桩事，人生第一桩事是顺着自然的本性去生活，不计较、不抱怨，与自然合拍，“如草木在和风丽日中开着花叶，在严霜中枯谢，如流水行云自在运行无碍，如‘鱼相与忘于江湖’”[③]。在这样一种返璞归真的镜像人生观中，生命轮回中一切都是自然，充满情趣。

四、平凡生活的诗意栖居

作为一种文艺形式，戏剧是人生的模仿，舞台大幕一旦拉开，便开始了悲欢离合、喜怒哀乐，戏里戏外真假难辨，舞台上下共筑一场盛会。曲终人散时，演员与观众恍然如梦初醒，仿佛幻景一场。然而，这短暂的演出却往往昭示着人生的本质和岁月的永恒。帕斯卡尔说：“人只不过是一根苇草，是自然界最脆弱的东西；但他是一根能思想的苇草。”[④] 生命本质的追寻与艺术人生的建设一直是朱光潜致力研究的方向，他曾经推崇庄子

① 朱光潜：《朱光潜全集》（新编增订版）第 1 卷，北京：中华书局，2012 年，第 202 页。
② 朱光潜：《朱光潜全集》（新编增订版）第 3 卷，北京：中华书局，2012 年，第 97 页。
③ 朱光潜：《朱光潜全集》（新编增订版）第 10 卷，北京：中华书局，2012 年，第 126 页。
④ 帕斯卡尔：《思想录》，何兆武译，北京：商务印书馆，1985 年，第 157—158 页。

在《大宗师》一篇中所提到的“化”的观念：生命原本就是化，是流动和变易，整个宇宙在化，草木虫鱼在化，人也在化，万事万物都置身于宇宙的大化流行间，没有一件事不自然，没有一个人能有多么特殊了不起。在这种心无旁骛的自然状态之中，人的生命与自然万物都息息相通，于是整个宇宙都是一个融会贯通的有机体，大化运行就是一曲和谐的交响乐，人生自然也就成了在大化运行中的一段逍遥游。

《楞严经》中记载，佛祖有一次发问：从何种方便之门，发菩提心，证圆通道。门徒中有人说是声音，有人说是颜色，有人说是香味等众多法门。朱光潜在读到这段文章时心生幻想：如果是自己在场，一定会说是文艺。作为一个自然的有机体，人生需要情感的宣泄与滋养，需要去创造和欣赏。文艺是人生情感思想的表现，是人生土壤上开出的花朵，它不仅见证了人生的价值，又反过来滋养着心灵和思想，使人们的各种情感得到生展，精神得到解放，犹如一汪心灵的甘泉或者烈日下难得一见的树荫。当文学和艺术的和谐精神涵养着我们的人生时，“我们的生命也拥有艺术般和谐的品格与情致，这也是人生艺术化的基本追求和理想”①。

朱光潜自幼接受中国传统文化的教育，又深受西方文化熏陶，正是从文艺中，他获得了对于人生的宽广视角与透彻理解。从众多诗人和艺术家那里，他借得了一双眼睛看世界，“有时能学屈原、杜甫的执着，有时能学庄周、列御寇的徜徉凌虚，莎士比亚教会我在悲痛中见出庄严，莫里哀教会我在乖讹丑陋中见出隽妙”②。不仅如此，他还用比喻这种艺术的语言形式向世人传递出自己的人生感悟：人生如戏，或演戏或看戏，既观照又欣赏；人生是自己的作品，严肃又有情趣，瞬间中有无限可能；人生犹如自然的花草，顺其本性去生活是目的，人与万事万物共筑大化宇宙中的自然乐章；人生是文艺的土壤，又在文艺中得到宣泄和涵养。

正是在古今中外众多文艺瑰宝的怡养滋润之下，朱光潜学会了在感伤中依然保持冷静，在认真中做到超脱，以出世的精神做入世的事业，既能应俗随时，又能潜藏非尘世的丘壑。一个在文艺上有修养的人，不仅可以从汇聚前人智慧和情感的艺术作品中获得源源不断的生命力，净化心灵，砥砺道德，还能从中获得一双慧眼来欣赏众生。于是，整个世界的动态从此便成为他的诗歌和戏剧，人生从此处处有诗情画意，超然通达。

① 金雅：《人生艺术化与当代生活》，北京：商务印书馆，2013 年，第 325 页。
② 朱光潜：《朱光潜全集》（新编增订版）第 6 卷，北京：中华书局，2012 年，第 119 页。

五、语言中的智慧人生

语言是人的天然禀赋，“语言是在人的心灵中与精神力量一同形成的”[①]，而比喻是人类思维之树上盛开的炫丽花朵，是“语言艺术中的艺术”[②]。用于文学创作，比喻是一种最常见的修辞手法，可以塑造经久不衰的艺术形象；用于说理文，比喻则是一种有效的认知和论述手段，借助一个个早已深入人心的具体形象，巧妙地揭示事理之间的关联，深入浅出地阐明抽象的道理。作为人类思维的一种方式，比喻是论述文中一种有效的阐释事理手段。刘勰在《文心雕龙·论说》中说道：“喻巧而理至。”说理文中的比喻在用形象生动的事例和意象阐明道理的同时，又使文章平添了几分哲理与情趣。维柯说：“人类思想的次序是先观察事物的类似来表达自己，后来才用这些类似来进行证明，而证明又首先援引事例，只要有一个类似点就行。”[③] 亚里士多德曾说过，比喻是无法向别人请教的，需要能看出事物的相似之处，所以善于使用比喻表示有天才[④]。

语言是朱光潜创作的基本媒介，也是他传递思想与情感的重要手段，他对语言颇有研究，尤其擅长使用比喻语言。各种巧妙的比喻在朱光潜的语言文字中不仅起到了说明事理、传递情感的作用，更是通过他的一双慧眼让人们看到了平常生活中的哲理，以启迪人们的智慧。

在《具体与抽象》一文中，朱光潜谈到，比喻不仅是语言中语义引申的一种重要手段，也是文学中极其重要的一种修辞格，小到单句，大到整篇，以具体的意象说出抽象的道理，“以其所知喻其所不知”[⑤]。在朱光潜的眼里，语言是货币，可以做交易；语言是调皮的，稍不留神便会滑走；语言是具有威力的，简直就是上帝的化身。语言又是活的，有生命的，会新陈代谢，现实生活和文章中运用的语言才是有生命的，而词典里的语言是从现实生活中宰割下来的、鲜活语言的标本。学习语言就要去学习活的语言，要像结交朋友一样去对待所学语言，要从原汁原味语言中去摄入营养，学习语言稍不留神还会得病，需要及时发现、治疗。通过一个个众人熟悉的事例、形象或者感觉，朱光潜将语言中的人生道理叙述得形象生动、栩栩如生，也将他自己对语言的喜爱与崇敬之情表现得淋漓尽致。

---

① 赫尔德：《论语言的起源》，姚小平译，北京：商务印书馆，2009 年，第 95 页。

② 秦牧：《艺海拾贝》，上海：上海文艺出版社，1981 年，第 151 页。

③ 维柯：《新科学》，朱光潜译，北京：商务印书馆，2017 年，第 217 页。

④ 亚里士多德：《诗学》，罗念生译，上海：上海人民出版社，2006 年，第 80 页。

⑤ 朱光潜：《朱光潜全集》（新编增订版）第 6 卷，北京：中华书局，2012 年，第 264 页。

文学作品中的比喻就像是“开在枝头的鲜花，作为读者的我们只能去观赏、赞美，却无法将它们摘下来放进我们自己的花园里”①。考察朱光潜众多语言比喻的喻体不难发现，一方面，众多植根于他成长的那片土地上的寻常事件，借着比喻的桥梁，使本已尘封在历史中的上个世纪人们生活场景中的典型形象，再次生动地呈现在读者面前，仿佛依然接着地气，散发出阵阵泥土气息；另一方面，大量譬喻来源于作者深厚的国学根基与留学海外接受西学后的所学所感，它们巧妙有机地融于一体，新颖有趣，奇而不怪，虽历经岁月洗礼却至今仍然保持着活力。朱光潜在用比喻语言揭示人生艺术的同时，也映射出寻常生活中的哲理与诗情画意，虽然这些只是朱光潜满园争奇斗妍比喻花丛中的一隅，却也足以显现他那汇通中西的丰富学识、非凡的语言禀赋和熠熠生辉的智慧光芒。凡此种种，都映射在他一生从事的外语教育和教学工作实践中，同样光彩夺目。

---

① 张隆溪：《走出文化的封闭圈》，北京：生活·读书·新知三联书店，2004年，第205页。

第三章　欣慨交心：朱光潜外语教育实践

朱光潜生前常说，他教了一辈子书，教师是他的根本职业，而在学校里教外语，也一直被他视为自己的本行。事实上，外语教学是朱光潜从事了半个多世纪的事业：他曾担任过 3 年的中学英语教师，他是北京大学西语系教授，四川大学英文系教授和主任，武汉大学外文系教授、主任和教务长，他还在清华大学、辅仁大学、北京女子文理学院、中央艺术学院、上海大学等学校兼职授过课。他培养的学生中有很多后来成为国内外大学或研究机构的名家，在翻译、语言研究、文学评论、外语教育、美学等领域继续薪火相传，例如季羡林等学界名家都曾听过朱光潜的课。1986 年朱光潜去世后，他曾经教过的不少学生纷纷回忆叙述当年上他课时的情形。20 世纪 90 年代后期，周流溪曾撰文数篇介绍朱光潜在外语教学工作岗位上所从事的各项研究①。进入 21 世纪以来，有关朱光潜教书或者育人的描述仍然可以不时在一些回忆录中看到。他去世已近 40 年，却依然被众多学生和同事不断回忆，这既是对朱光潜作为一名教育者的莫大肯定，也是他的外语教育方法与理念成效显著的一种证明。朱光潜不仅自己精通多门外语，还一辈子坚守外语教育与教学岗位，积累了丰富的教学经验，形成了个性化的教学方法与理念。可以说，他在外语教学中的诸多反思，对于当今外语教育实践与理论探索研究仍然具有启示意义。

第一节　学习外语的经历

教师是课堂活动的组织者，教师的知识结构和综合素质直接关系到教学活动的成效。同样，外语教师是运用外语进行课堂教学活动的组织者，是外语教学活动正常开展的关键因素。外语教师的学科知识包括母语和外

① 周流溪：《平凡的工作　高远的追求——朱光潜的历程》（上，下），载《外语与外语教学》，1998 年第 2 期、第 3 期，第 29—32 页、第 46—50 页。

语知识，以及相应的背景文化知识等，这些亦决定了教学活动的成效。作为一名外语教师，朱光潜不仅对于汉语文言文、白话文的运用十分娴熟、自成风格，而且熟练掌握了英语、法语、德语、俄语等多种外语，可以说他是一名资深的外语教育家和翻译家。

一、初学英语

朱光潜自幼入私塾，背诵了近10年的中华经典。之后，他进入桐城中学系统学习了4年的古文和传统诗词，培养了深厚的国学根基。然而，他的外语学习起步却很晚。据他自己回忆，他学习英语的时间，“开始在将近中学毕业的时候了。以前我对于英语，觉得毫无兴趣，直到后来跟教师把生字、文法等强记了一些，渐渐翻翻字典能看看浅近的英文书了。在这里，我又发现了一个新的地方，英文和中文完全两样，读英文是另入一个境地了，譬如一个人住在内地觉得平淡，一到上海便觉得稀奇，再一到外国更觉得有趣，这和读惯中国文的人去读英文一样，读英语的确是有趣的，文字语法固然是两种，即便情节意味亦各自不同的，因此我对于英语亦有很大的缘分”①。由此可以看出，他开始学习英语是在十八九岁时，主要采用强记生词与语法的方法，再通过勤翻词典，能阅读比较浅显的英文书籍，书中的情节故事吸引着他继续深入学习英语。

朱光潜的桐城中学同学、比他大两岁的章伯钧，后来考入武昌高等师范学校英语系。章伯钧语言天赋不高，在桐城中学学英文时，成天抱一本英文词典死记硬背。朱光潜多年后谈到如何学好英文时，还经常拿他做例子：“我在中学里，有一个同学，就是章伯钧，他整天背字典，也不见有什么大效果，这是他忽略了英文的整体性，这好像人一样，把他分解开了，还能谈到什么应用呢？所以我们必须要用英文思想。”② 从朱光潜对章伯钧学习方法的批评中可以看出，朱光潜在学习一门外语之初就注意到，不能孤立地记忆词汇，而要将语言当成一个整体去学习，重视语言的具体应用，同时不忘用所学外语去思考。

二、熟练掌握英语

21岁时，朱光潜等20名由北洋政府选送的同学进入香港大学读书。初入港大时，朱光潜遇到了很多困难，入学考试时朱光潜英语测试不及

---

① 朱光潜等：《为学与做人》，成都：天地出版社，2012年，第209—210页。
② 朱光潜：《朱光潜全集》（第9卷），合肥：安徽教育出版社，1993年，第336页。

格，他当时的英语水平也达不到可以直接听课、学习交流的要求。于是，他被编入预科班补习了一年，再次考试通过后，才正式进入文学院教育系读书。

1919 年正式入学后，以他在桐城中学和武汉高等师范学校国文系积累的英语知识，自然比不上班里以英语为母语的同学，学校里演讲辩论很多，而他只能坐着观望别人开口。他曾经的强项写作，在这里也发挥不了作用，他的英文写作不仅语言运用不够熟练地道，更是在思想观念上得不到老师的理解和认可。他曾经在英文作文中写道，他认为坐人力车和骑马都很不公平，结果被老师当堂痛骂一顿。某次他夜里生病，第二天早晨上课时，老师突发奇想出卷子测试全班同学智力，测试结果出来了，他是全班倒数第一，这令朱光潜很受刺激。然而，香港大学的大多数老师还是给他留下了许多美好回忆，引领着他步入了文学欣赏和学术攀登的殿堂。特别是 400 多名同学在香港大学一起学习生活的经历，可以说是别有一番滋味。朱光潜后来回忆："学会容忍'异样'的人就受了一种教育，不能容忍'异样'的人见了'异样'增加了自尊感，不能受'异样'同化的人见了'异样'，也增加了对于人世的新奇感。所以港大同学虽有四百余人，因为各种人都有，色调很不单纯，生活相当有趣。"①

在香港大学的 5 年里，朱光潜主修了教育学、心理学、英国语言文学、生理学、哲学等课程，尤其是经过努力，他熟练掌握了英语语言，接受了系统全面的教育学专业训练，并且养成了自己独特的"通过写作来加强对所学知识理解"的求学问知习惯，由此奠定了他一生从事教育事业和学术创作的扎实基础。

三、学习法语和德语

1925 年夏，28 岁的朱光潜考取了安徽公款留英名额，再次踏上了求学的漫漫征途。随后的 8 年时间，他先后在英国的爱丁堡大学、伦敦大学学院，法国的巴黎大学、斯特拉斯堡大学进修英国文学、哲学、心理学、欧洲古代艺术史、法语、文艺心理理论等。在攻读文学硕士学位期间，朱光潜的艺术史考试成绩为 77 分，而希腊、罗马古代史两门课两次考试均未合格，但他并未因此而自暴自弃，他是"愈挫愈强的人，读港大头一年因英文考试不合格，多读了一年预科，后来他的英文水平连西方人都称赞。在爱丁堡大学就读期间，希腊、罗马古代史两门课考试不及格，他就一个

---

① 转引自宛小平：《朱光潜年谱长编》，合肥：安徽大学出版社，2019 年，第 11 页。

人跑到意大利罗马的地下墓道里考察哥特式大教堂和壁画的起源，并实地参观古罗马的竞技场，甚至还考察了梵蒂冈和佛罗伦萨等地文艺复兴时期留下的建筑、雕塑以及绘画”①。

法语的学习开始于1927年前后，当时朱光潜利用暑假，从爱丁堡大学到法国巴黎游历。他一边在巴黎一所中学跟着低年级的班级学习法语，一边坚持自学法语词汇和基本语法。这之后几年，每逢假期，他都到巴黎学习法语，同时在法国巴黎大学注册，选修一些他感兴趣的课程。闲暇时，他还曾去巴黎歌剧院听诗歌朗诵。

1931年，朱光潜从伦敦大学学院转到位于莱茵河畔的法国斯特拉斯堡大学学习，“一则因为那是德国大诗人歌德的母校，地方比较僻静，生活较便宜；二则那地方法语和德语通用，可趁机学习对我的专科极为重要的德语”②。德语是朱光潜系统掌握的又一门外语，他曾在两年内，每周大约花8小时时间认真学习德语，在掌握基本语法知识后，他可以在字典的帮助下，循序渐进地阅读德文原著。在斯特拉斯堡大学，朱光潜在心理学教授夏尔·布朗达尔指导下开始撰写博士论文，查资料、写作、学习法语和德语成为他之后很长一段时间生活的主要内容。1933年初，他的英文博士论文《悲剧心理学》通过了博士学位答辩，后由斯特拉斯堡大学正式出版，获得了西方该领域学术界的认可。

从进入香港大学求学开始算起，到获得博士学位，朱光潜已经积累了13年的留学经历，对于英、法、德等西方语言，对于英国文学尤其是诗歌和文艺批评理论，对于西方文化以及人文学科的诸多领域，他都有广泛而深入的研究与了解。1933年7月，在接到北京大学西洋语言文学系教授的聘书后，朱光潜从欧洲启程回国，开始了他半个多世纪的大学外语教师职业生涯。

四、学习俄语

1952年，为了翻译工作需要，55岁的朱光潜开始学习俄语。他报名参加了北大俄语速成班，听俄文广播，每周大约花8小时学习俄文词汇和语法。有一段时间，他还曾与一位俄语老师坚持每周两小时口语对话。在给好友吴耕莘的信中，朱光潜写道：“每天还要花点工夫学俄文……俄文已可勉强翻字典看书。”③ 甚至是在担任1952年秋北京举办的亚洲和太平

① 宛小平：《朱光潜年谱长编》，合肥：安徽大学出版社，2019年，第49页。

② 朱光潜：《朱光潜全集》（新编增订版）第10卷，北京：中华书局，2012年，第6页。

③ 朱光潜：《朱光潜全集》（第10卷），合肥：安徽教育出版社，1993年，第32页。

洋地区会议翻译顾问时，他也手边总带着一本原版的列宁著作《唯物主义和经验批判主义》，利用会议间隙时常翻阅，学习俄语。面对质疑的同事，他回答："这样好，既学了俄语，又学了列宁的经典著作。"① 在年过半百的年纪依然如此认真地开始学习一门新的外语，显示了他"努力地想跟上时代的话语节奏，同时也显示朱光潜学而不厌，不知老之将至的性格"②。

在坚持了两年之后，他便可以借助词典的帮助大量阅读俄文著作了，如屠格涅夫的《父与子》、契诃夫的《樱桃园》《三姊妹》、高尔基的《母亲》等。每部作品他都要读三四遍，在每次阅读过程中都有具体不同的要求，"每本书看四遍，第一遍粗读，看个大意；第二遍死啃，一字一句都尽可能弄懂，最花时间；第三遍从文学角度看，如人物、典型环境、典型性格等等；过些时候再看第四遍"③。

正如语言习得的有效方法会发生正迁移，与学习其他外语的方法一样，朱光潜每开始学习一门新的外语，一般会先系统地掌握基本语法，接着便在字典帮助下，努力去阅读整部头的原文书。他认为，外语学习起初的困难在于如何能积累足够多的词汇量，而这是个在长期的广泛阅读中会自然解决的困难。他曾多次提到，学习新词汇就像记人面孔、结交新朋友，多看一些次数，多会一些面，就自然熟识了。即便是不常使用到的词汇，勤翻字典，问题也自然就能解决。但是，他特别强调在外语学习过程中，"离开课文孤立地强记生字是个不科学的办法，因为字的不同的意义要结合课文的具体生活情境去学。孤立地去学，不但因为缺乏联想而不易记牢，而且也因为养成形式主义地看词汇的恶习，容易发生误解误用的毛病。多看书是解决词汇困难的最有效的办法"④。

第二节　教授外语的历程

除了3年的中学英语教师，朱光潜大部分职业生涯都是在大学里教授英语。留学欧洲回国后，朱光潜首先担任了北京大学西语系教授，在此期间，他应朱自清之邀在清华大学研究班讲授"文艺心理学"课程，应徐悲

① 方敬：《意气尚敢抗波涛——忆朱光潜先生》，见《朱光潜纪念集》，合肥：安徽教育出版社，1987年，第220页。

② 王攸欣：《朱光潜传》，北京：人民出版社，2011年，第339页。

③ 朱光潜：《朱光潜全集》（第10卷），合肥：安徽教育出版社，1993年，第514页。

④ 同上，第91页。

鸿之邀在中央艺术学院讲课，还曾经在北京女子文理学院、辅仁大学教授过英语。

一、中学英语教员

1923 年，26 岁的朱光潜从香港大学毕业，并获得文学学士学位。之后，应张东荪之邀担任中国公学中学部（今天上海吴淞中学）英语教师，兼任校刊《旬刊》主编，同时也兼任上海大学的逻辑学讲师。当时中国公学中学部采用的是刚刚由美国传入中国的“道尔顿制”教学法，这是一种以杜威实用主义教育理论为基础的教学方法，提倡通过教师的引导，鼓励孩子自主学习，旨在创造一种自然的、符合孩子天性的学习氛围。事实上，早在香港大学读书期间，朱光潜就曾发表《在“道尔顿制”下怎样应用设计教学法》一文，介绍了这种因材施教的英语教学方法，并具体探讨了这种教学法应用于英语教学的实施步骤以及应该注意的事项。

初次登上中国公学中学部的外语讲坛，朱光潜获得了一个将所学理论应用于教学实践的平台。当时的中国公学中学部共有 3 个年级、6 个班，每个班有 20 余名学生；学校有 3 名英语教师，负责全校英语教学任务，批改所有学生的作业，并且在课下轮流辅导所有班级的学生学习英语，同时不定期举办各种英语活动。朱光潜主要负责初中一年级两个班的英语教学。在授课中，他选用的是原版霍桑的《奇异书》作为教材，他在教室里从来不说一句中国话，他用手势、眼神、音调、动作等作为辅助，要求学生们专心听课，然后学着说英语。不仅如此，他还严格要求学生熟读学过的课文，直至达到能背诵的程度。他教过的学生巴淑后来回忆说：“早晨一起，学生们就在屋外，树下，千遍万遍地读……不到半年，舌头听使唤了，一些句子，不用思索就跑到嘴里来了。”[①] 在课堂上，朱光潜作为老师，严肃认真，不苟言笑，但是课下他却主动接近学生，了解他们的想法与遇到的问题，并且针对每个学生的不同特点予以个别指导。他非常注重在语言教育的同时实施人格化教育，正如夏丏尊所评价的，他那“笃热的情感，温文的态度，丰富的学殖，无一不使和他接近的青年感服”[②]，从而对学生的人格养成产生影响，因此很受学生的欢迎。据奚今吾回忆：

> 朱先生在香港大学毕业以后，到吴淞中国公学中学部教书，我是他所

---

① 巴淑：《朱光潜先生教初中英语》，载《人民日报》，1988 年 4 月 11 日。

② 朱光潜：《朱光潜全集》（新编增订版）第 1 卷，北京：中华书局，2012 年，第 3 页。

教的一个英语班上的学生。他教书十分认真，对学生要求极严，每堂课随时都有提问。当时我们班上有二十来位同学，女生有四人，我年纪最小，每次提问时，学生如果回答不上来，或回答不确切的都得规规矩矩站着，等问到以下的同学，有回答得完全对了的才一齐坐下。当时我们都很怕他。对他教的功课都能按照他的要求，课前预习，课后复习。每周朱先生都有几次在学生上自习时来值班，他一边看学生的作业，一边随时回答学生提出的问题。每周还有几个下午叫学生分组到他的书房里当面改作业。这样经过一年多的训练，学生的英语程度提高了不少。在课外我们有英语作文比赛，写得好的都张贴在学生专用的布告栏里，我们还用英语排过戏，记得叫作《潘朵拉仙盒》，我扮演的是仙盒里的仙女。[①]

1924 年秋，朱光潜应夏丏尊之邀，前往浙江上虞白马湖的春晖中学教英文，同时负责给春晖中学校刊写文章。在白马湖畔，他和同在这里教书的朱自清、丰子恺、夏丏尊等朝夕相处，畅谈文艺，彼此宛如家人。这群学者被后人称为“白马湖派”，朱光潜自称是受了他们的影响和鼓励，才发表了他的说理文处女作《无言之美》。同为“白马湖风格”，朱自清、丰子恺、夏丏尊以叙事、抒情之文见长，朱光潜则以明白如话、深入浅出、清澈深刻的说理散文而突出，他们形式不一，但是风格相差不远，一定程度上可以说，朱光潜的说理散文“始于白马湖，以风格来说，他以后的写作也一直没有离开过白马湖”[②]。

1925 年春，朱光潜离开春晖中学回到上海，和匡互生、夏丏尊、刘熏宇等筹建立达学园。3 月份开学时，学校有学生 60 余人，除了教授英文之外，朱光潜还积极为学校筹款、参与学校管理事务。这期间，朱光潜撰写了《中学校英文教学法示例》，发表在该年 8 月出版的《教育杂志》上。

二、北京大学西语系教授

1933 年秋季学期，在欧洲留学 8 年后归国的朱光潜入职北京大学。刚登上北大讲台的朱光潜教授，为西语系高年级学生开了“作文与杂志论文选读”“文学批评”“希腊悲剧”和“浪漫诗人（1790—1850）”共 4 门专业课程。1934 年，除了继续开设“文学批评”和“希腊悲剧”两门课程外，他还开了“现代小说”“维多利亚时代诗人”“欧洲著名作品之研究”等 3

① 转引自宛小平：《朱光潜年谱长编》，合肥：安徽大学出版社，2019 年，第 19—20 页。

② 张堂锜：《白马湖作家群论稿》，上海：复旦大学出版社，2014 年，第 234 页。

门新课。1935 年，他又新开了“十八世纪英国文学”，同时在中文系开设了新课“诗论”。在执教北大西语系的 4 年时间里，他先后为学生开了 9 门课，内容涉及西方文学的诗歌、戏剧、小说等各种体裁，以及文学评论、中西诗比较等诸多领域，授课内容多是他在欧洲潜心修学多年颇有心得的学术成果。

讲台上的朱光潜一般没有什么题外话，上课即直接进入主题，且讲课时眼睛不看学生，总是习惯性地朝上看，完全集中于自己的思想和语言表达上。他的英语带有安徽口音，但是在具体课文讲解中，这口音就很快被忽略了。他总能在讲解中旁征博引，语言简洁，条理清晰，善于总结。在 30 年代北大西语系的学生方敬的记忆中，朱光潜是一位严格、认真、深受学生尊重的良师，尽管他开的都是一些重头课，课重难读，他在教学上又素来要求严格，但学生们仍然都愿选他的课：“在课堂上他用带安徽味的英国音讲授，讲得扎扎实实，让学生认真记笔记，规定课外必读的和选读的作品和参考书。早上课，迟下课，两堂连课，课间往往不休息。他提倡学生自己阅读、思考、探讨、写作、翻译，让学生自己动脑动笔。……他讲授的内容，注重文学作品、文学理论与文学史的结合，客观地论述评介各家，连苏联的文学理论也要涉及，虽然只限于柯根教授的说法。上了他的课，学生总有收获，觉得充实和满意……他是一位受到尊重的笃学的良师。”①

在“欧洲著名作品之研究”的课堂上，朱光潜知识渊博，例证丰富，上至荷马史诗、柏拉图的对话集及圣经文学，下迄 20 世纪初现代派作家的作品，他都能做透彻精辟的讲述与分析。尽管是旁征博引，他却总是条理清晰，善于抓住关键进行总结。对于朱光潜的这种教学能力，学生杨周翰多年后记忆犹新：“在北大英文系学习的两年多，单就本系课程说，我上过朱光潜先生的欧洲名著。朱先生这时刚到北大来授课，他从史诗、悲剧一直讲到歌德的《浮士德》。他不是空讲，而是读作品，用的都是英译本，他也用英语讲授。朱先生最善于在纷纭的现象中提炼出本质的东西。”②

回忆起 1933 年在北京大学西语系上朱光潜先生课时的情形，学生蒋炳贤说：“朱先生教授西洋名著，上起荷马史诗、柏拉图的对话集及圣经文

① 方敬：《意气尚敢抗波涛——忆朱光潜先生》，见《朱光潜纪念集》，合肥：安徽教育出版社，1987 年，第 217 页。

② 杨周翰：《饮水思源——我学习外语和外国文学的经历》，见李良佑、刘犁《外语教育往事谈——教授们的回忆》，上海：上海外语教育出版社，1988 年，第 217 页。

学，下迄二十世纪现代派作家作品，他都作了透辟的讲述。后来，朱先生又为我们开设了一门欧洲文学批评课程，讲授西方文学批评发展史及重要文论的评价，从古代到中世纪、文艺复兴、启蒙运动时期以至于浪漫主义时期的主要文艺批评家、美学家，都有所涉猎。朱先生用英语讲授，语言流利畅达，条理清晰。一学年下来，我的听课笔记竟达五厚册之多。"①

朱光潜教授的课程不仅深受西语系学生欢迎，包括哲学系何其芳在内的北大其他院系的许多学生也常去旁听他的课，甚至连住在北大附近公寓的其他学校的学生，也经常慕名去北大红楼"蹭"他的课，这种盛况一直延续到1937年卢沟桥事变后他离开北平为止。可以说，在北大西语系任教的4年，朱光潜教授的名声已经蜚声校内外。

三、武汉大学教授与教务长

1937年全面抗战爆发后，朱光潜应邀到成都的四川大学任文学院院长兼英文系主任。第二年12月，他受聘担任当时迁到乐山的武汉大学外文系教授，之后在武汉大学一直工作到抗战结束。在武大，朱光潜主要教授"高级英文写作""十九世纪英国文学名家研究""英诗选读""高级翻译"等课程。虽然是在抗战时期，学校也位于偏僻的四川乐山，但当时武汉大学外文系的教师阵容非常强大，除了朱光潜之外，还有方重、陈源、袁昌英、罗念生、钱歌川、戴镏龄、谢文炳、孙家琇等众多著名教授给学生上课。特别是抗战爆发后，武汉大学把原来在武昌的所有图书都搬到了乐山，图书资料也非常丰富，因此乐山时期的武汉大学外文系，教师队伍人才济济、课程开设百花齐放，英语教学质量之高也就可想而知了。

朱光潜对诗歌一直情有独钟，他在英诗讲解中往往联系中国的诗歌加以比较，以诗解诗，引领学生在对比欣赏中领会英诗的意境，也给听课的学生留下了深刻的印象。学生罗艺军回忆说："通过中国诗词引导学生体悟英国诗歌之精髓，使两种异质文化在深层次上得以沟通。如果不是学贯中西的学者，很难对西方诗歌和中国诗歌作这样深入浅出的阐释。就我当年师从的教授中，大概只有朱先生不时作这样的美学参照。"② 一首诗讲完，朱光潜总会声情并茂地朗诵一遍。每次英诗课上完，学生们回去必须背诵短诗两三首，较长的诗歌至少背诵一首。这次课讲解诗歌，下次课就

---

① 蒋炳贤：《一代宗师朱光潜》，载《浙江画报》，1986年第7期。转引自吴泰昌《我认识的朱光潜》，上海：上海文艺出版社，2008年，第154页。

② 罗艺军：《忆朱光潜先生》，载《时代潮》，1999年第6期，第64页。

要能完整流畅背诵出来，人人过关，谁也逃不了。翻译家杨静远曾在《让庐日记》中满怀深情地回忆起在乐山读书以及领受朱光潜先生亲切教诲的那段岁月：

英诗是二年级的课，还在一年级时，我就听高年级的同学说，朱先生的英诗有趣极了，可也难极了。先生要求非常严，不像有的教师只管在台上讲，听不听由你。朱先生常会讲着讲着，冷不丁叫起一位同学，要他朗读或背诵一首诗，回答一个问题，解释一句诗或一个词。考试题也出得既深又活，测验学生的理解和悟性，而不是简单的背讲义，因此不容易得高分。对不用功的学生，他会毫不客气地给他一个不及格。我听了，不禁有些畏惧，却又有些跃跃欲试，准备着面对一枚味美但难啃的坚果，一道不易通过的险关，一座需要拼搏方能攀登的奇峰。……上课铃刚响完，瘦小清癯却神采奕奕的朱先生面带微笑，快步走进课堂，用他那安徽口音颇重的深沉有力的颤音，向我们开讲英国诗歌。我发现，他既不苛厉，也不严峻，而是满腔热忱。他的声调，他的眼神，他整个的人，散发出一股热流，一种殷切，仿佛迫不及待地要把他的满腹学识，他对英国诗歌的深刻理解，如气功师发功一般传达输送给下面的学生，带领他们一同进入那座花木葱茏的园地，领略其间的无限风光。我一下就被他的讲课深深吸引了。对于一个渴望开阔眼界、获得美感体验的青年，这是多大的愉快和满足啊。我在当天的日记里写道："朱先生的英诗课果然讲得好，上他的课，是一种快乐。"①

作为美学家的朱光潜先生在英诗课的赏析中自然也贯穿着他的美学观点。他会给学生们浅易地讲解英诗的韵律格式等基本知识，介绍每一首诗的艺术技巧和思想内涵，不仅如此，他还要求学生们闭目凝神，努力去体验诗人创作时所曾体验的感觉，这也让杨静远印象深刻：

用内在的眼去看诗人的所见，用内在的耳去听诗人的所闻，用内在的舌去品味诗人所尝到的百般滋味。于是，一首诗不是批评家笔下被分解的一张图表，不是电子计算机所显示的数据，而是一幅绚丽的画，一支悠扬的歌，一枚充溢着甜美汁液的浆果。于是，一首诗不再是一个外于我们的客体，而是渗进了我们的主观，与之交融混合，根据我们理解的深浅，为我们的内在感官所接纳，所吸收，化为我们个人精神世界的一部分。……朱先生给我们讲过的那些不朽的名篇，如雪莱的《西风颂》、《诗人的梦》；

① 杨静远：《让庐日记》，武汉：武汉大学出版社，2003年，第107—108页。

济慈的《夜莺颂》、《秋颂》；渥兹华斯的《致云雀》、《致布谷鸟》、《水仙》、《致雏菊》、《致玛格丽特的悲伤》、《在西梅桥上》、《在海边》，丁尼生的《泪，闲愁的泪》……经过几十年风雨的磨蚀，词句大都已淡忘，但某些点滴的印象和意境，却依然存留。那掠过长空的云雀的欢歌，溪边金星万点的水仙，鬼魂般纷纷逃逸的晚秋落叶，大海的永恒涛声，辉煌的落日，都随着朱先生那颤抖的吟诵声，深深植入了我的心田。[①]

从 1941 年开始，朱光潜兼任武汉大学教务长，开始参与校务工作，在更大的平台上实施他的教育主张和理想。他不仅制定了武汉大学一系列具体教学政策，还起草了当时教育部高等学校文学院外国文学系英文组的必修和选修科目表。作为大学教务长，朱光潜认为，大学的培养目标不能只图一时的实用，而是应该着眼于长久的文化大计，要培养学生具有高远的眼光、伟大的理想和宏毅豁达的胸怀。他特别注重在武汉大学培养优良的学风，在他看来，优良的学风依赖于一种公认的爱好纪律的校风和浓厚的学术研究氛围，他在全校倡导各种类型的学术研讨和报告会，鼓励师生积极参加，相互切磋，他自己也经常参加讨论。不仅如此，他还利用自己的影响，聘请学界知名人士到乐山来讲学。1941 年的一天，因为日本飞机的轰炸，乐山全城电力尚未恢复，但武大学生却在清晨摸黑持火把去礼堂占座位，只是为了能聆听朱光潜邀请来的钱穆先生的讲学，盛况空前，成为学生们多年后一直津津乐道的往事。这些讲座与学术研讨极大地开拓了学生们的眼界，为战时的武汉大学营造了浓厚的学术氛围。

朱光潜主张，高校的教师不仅要在课堂上传授知识，还应该在课余主动走近学生，了解他们，从人格上感染学生，这种师生情感上的互动不仅可以提高教学效果，对于教师自身职业生涯也是一种精神上的提升。当了解到大一学生齐邦媛英文基础很好、考了全校第一名却报考了哲学系后，他主动找她谈话，分析她的个性特长和当时哲学系的师资现状，提出转换专业的建议供她参考，并允诺将亲自担任她的指导老师。后来，齐邦媛终于转入外文系，这一大半是感于朱先生的鼓励，因为“他说文学与哲学本来就是一家，有慧根的人在文学中可以看到更广大的境界”[②]。大学二年级的英诗课由朱光潜教，每周 4 小时课程，每课必须背诵短诗两三首、较长诗歌的一首，且每天都有背诵英文诗歌的任务。虽然这是很多外文系同学

---

① 杨静远：《让庐日记》，武汉：武汉大学出版社，2003 年，第 109—110 页。

② 齐邦媛：《乐山·文庙·英诗》，见龙泉明、徐正榜《老武大的故事》，南京：江苏文艺出版社，2012 年，第 32 页。

眼里的苦差事，因为二年级还有英国文学史、散文、修辞等多门课程，但是齐邦媛最喜欢的还是英诗课，以至于她觉得自己就是为英诗课而活。多年以后，去上朱光潜英诗课的情景仍然历历在目：

朱先生教课十分认真，要求极严，但是并不吓走灵感，他选的以英国十九世纪初叶浪漫诗人华兹华斯、雪莱、济慈的诗为主。在抗战最艰苦的那些年中，大家全靠图书馆所有的书作课本，据说武大的书算是比较充实的，我们用的《诗的宝藏》(*Golden Treasury*) 一书在书库里有六本，我们借出来后轮流抄下指定的诗，先查生字才敢去上课。那一年，多么美妙充实的一年！有英诗课的那些早上，我们几个女生由宿舍的白塔街出去，进入县街，穿过公园，走一段石阶到文庙前面的广场，一路上多半是口中念念有词地在背英诗，路上的人看惯了也懒得奇怪了。我记得那间教室两面都开着高高的窗子，钟声响了，朱先生穿着他的洁净的长袍飘飘逸逸地走进来。他个子不高，站在讲台上恰到好处，声音不高，英文发音有些安徽腔调。但是当他开始在每首诗的讲解里注入他的感情和智慧时，那份乡音就不碍事了。当他讲雪莱的《云雀颂》时，眼睛一直是仰望着窗外的天空。在我记忆里那时的天空湛蓝而且透明！有一堂课，我们读的是华兹华斯的《玛格丽特的忧伤》，朱先生的声音由平稳转入微弱，他取下了眼镜，闭目诵读下去，竟至哽咽。当我们再抬头看他时，他已把书合上，转身疾步出了教室。当时朱先生大约五十岁左右吧，平日多半是一副不苟言笑的神情，而我们却看到了他感情深厚的真性情。今日在大学里教英美诗选已很少用这种以美学的观点和纯感受性的教法了。今天的教法是侧重冷静的分析，努力解释诗中的象征、意象和可能对社会形态，人性的弱点的抗议。朱先生那种侧重欣赏与共鸣的教法已随时代而逝了。①

朱光潜亲自担任齐邦媛的导师，因此她曾多次被邀周末到朱老师家中茶叙，在乐山朱光潜租住的老宅里，师生五六人围着炭火盆喝沱茶、剥花生、吃米花糖。第二天到学校，齐邦媛和同学们就想方设法寻找朱光潜老师在头天谈话中提到过的书，例如《美学原理》《罗马衰亡史》《人类的故事》《奥维德的神话诗》《浮士德》等等西洋文化书籍。虽然看不完这些原文巨著，但解悟起来却不太难，而让齐邦媛等学生更加难忘的，是当时能找到好书的那种令人振奋的心情。这种见了好书就振奋的心情终生未变，

① 齐邦媛：《乐山·文庙·英诗》，见龙泉明、徐正榜《老武大的故事》，南京：江苏文艺出版社，2012年，第33—34页。

使得齐邦媛一直感激当年朱先生课堂上的指引、火盆边的启发。这种感激与珍惜如此深厚，以至于20多年后在台湾，虽历经多次辗转，齐邦媛手边仍珍藏着当年3本厚厚的用嘉乐纸订好的英诗课笔记。学生时代稚嫩的笔迹，抄录着一年中所念的诗篇和老师的讲解，墨迹在土制纸上虽已渐渐褪色模糊，但那些美好的记忆却已经融汇入生命的主流，终身陪伴在她左右。直至暮年，齐邦媛依然能清晰地记起"在武汉大学，朱光潜老师不仅以高水准授业，且在我感情困顿之时为我解惑，使我一生有一个不易撼动的目标"①。

尽管教学、行政事务繁多，朱光潜仍坚持参加学生们组织的文艺协会和团体的活动，和他们畅谈时事、交流文学创作方法，并鼓励学生们进行文学创作。1942年，外文系学生考昭绪（笔名蒂克）发表了自己的诗集，朱光潜欣然为其作序，在序言中他称赞蒂克创作的真诚，也对当时外文系学生只注重读作品却不尝试写作的普遍现状表示出了忧虑②。

1944年，外文系主任方重出国研究后，朱光潜又兼任外文系主任。当时武大非英语专业学生的英文课程只在大学一年级开设，为了使学生在大学期间的英文学习不间断，他建议在二年级和三年级继续开设英文选修课，并且形成制度。一时间，学生们选修英文课非常踊跃，使武汉大学全校学生的英语水平在抗战期间也一直保持着较高水平。1946年上半年，武汉大学由乐山迁回武昌，朱光潜决定重返北大。临走前，他为了武汉大学外文系的发展，邀请到了吴宓教授担任主任，又聘请周煦良、顾绶昌等教授来壮大师资队伍。

四、重返北大西语系

1946年8月，朱光潜返回北京大学担任西语系主任，兼任北京大学招生委员会委员，教授基础英语和高年级专业英语等课程，还和梁实秋、潘家洵、范存忠、李儒勉、林天兰等编辑出版了《部定大学用书大学英文选》。朱光潜的教学任务不重，行政事务很多，但他很会安排自己的时间，除了上课、出席学校里各种会议，其余时间都在办公室里读书、写文章、翻译，处理各种行政事务，生活充实且有规律。1947—1948年这一学年，文学院院长汤用彤出国，朱光潜又代理了文学院院长职务，处理西语系和文学院的日常事务，参加学校里各种会议。尽管如此，西语系教师常风依

---

① 齐邦媛：《巨流河》，北京：生活·读书·新知三联书店，2012年，第216页。

② 周红：《新发现的四篇朱光潜佚文》，载《江苏教育学院学报》，2008年第3期，第97页。

然清楚地记得："朱先生仍然是从容不迫，人们看不出他一点紧张。晚饭后他的家里经常有客人，大家喝茶、吸烟、聊天，十分热闹，朱先生手里握着烟斗和大家一起谈古说今，毫无倦容。他一直坚持锻炼，打太极拳，做自己编的一套健身操。"① 1949 年后，朱光潜辞去了西语系主任职务，主要教授高年级的英语翻译课，偶尔也会被请去担任一些国际会议的翻译顾问。此后，朱光潜将更多的精力投入系统的西方美学著作的翻译工作中。

朱光潜一生译著 300 多万字，其中绝大部分是在 1949 年新中国成立后完成的，实际上，他的翻译工作一直延续到 1986 年辞世前夕。朱光潜在翻译上不仅成果丰硕，而且颇具自己独到的理论和心得。季羡林曾经高度评价朱光潜的翻译工作："他译完了黑格尔的美学，又翻译维柯的著作。这些著作内容深奥，号称难治，能承担这种翻译工作的，并世没有第二人。孟实先生以他渊博的学识和湛深的外语水平，兢兢业业，勤勤恳恳，争分夺秒，锲而不舍，'焚膏油以继晷，恒兀兀以穷年'，终于完成了这项艰巨的工作，给我们留下了宝贵的财富，得到了学术界的普遍的赞扬。"②

1960 年，北京大学哲学系成立美学教研室，63 岁的朱光潜由西语系调到刚成立的哲学系，教授"西方美学史"课程，但他仍然接受西语系安排的一些重要翻译任务。1982 年 10 月 18 日，北京大学在未名湖畔为朱光潜任教 60 周年举行了隆重的庆祝会，对其在半个多世纪的教育生涯中所取得的成就与社会贡献做出了高度评价："朱光潜先生作为一个学者，为我国学术发展做出了巨大的贡献，在我国美学发展史上占有无可争辩的重要地位。同时，他作为一个教师，一贯把培养青年一代看作自己神圣的使命。他对学生满腔热忱，循循善诱，诲人不倦。他毫无保留地把自己在学术上所取得的成就教授给学生，同时又启发和鼓励青年学生独立思考，提出自己的见解。许多人在朱光潜先生那里不仅学到了真正的知识，而且激发起攀登科学顶峰的决心和意志。"朱光潜在答谢辞中表示：只要还在人世间一日，就要做好一天的事情，春蚕到死丝方尽，"但愿我吐的丝凑上旁人吐的丝，能替人间增加哪怕一丝温暖，使春意更浓也好"③。

① 常风：《逝水集》，沈阳：辽宁教育出版社，1995 年，第 84 页。
② 季羡林：《回忆中国学人及文化问题新思考》，北京：新世界出版社，2017 年，第 18 页。
③ 转引自宛小平：《朱光潜年谱长编》，合肥：安徽大学出版社，2019 年，第 437—438 页。

第三节　外语教学中的两个法宝

无论教授什么课程，朱光潜在教学过程中对学生的要求都非常严格。学生听课前必须认真预习，查好单词、习语和难懂的句子，因为上课时他经常会中断讲解，冷不丁叫起一位同学，要求他朗读或背诵一首诗、回答一个问题、解释一个词语或句子。而每当学生在听课过程中心有灵犀、有所领悟时，朱光潜又会喜形于色，像是遇到了知音。对那些英语程度既差，又不把读书当回事的学生，他的批评是不留情面的。他曾对一个考了30多分的学生说："你还是把英诗先放在一边，把普通文法拿来看看再说吧。你连基本文法都懂得不够。"[①] 正是在朱光潜的严格要求和训练之下，他教过的不少学生都具有扎实的基本功，并养成了严谨的学风。

在多年的外语教学过程中，朱光潜还逐渐形成了自己独特的教学方法，效果非常好。据他的武大同事戴镏龄回忆，他有两个法宝：一是要求学生能背诵出他在课堂上讲授的英文诗，要有音节、有表情地背诵；二是经常当着学生面批改他们的作文或翻译练习，指明用词及结构的不当之处、如何修改，并当场解答学生临时提出的问题[②]。要求学生诵读以习得语言及其神韵，通过师生对话指出问题当面探讨交流，成为朱光潜外语教学中的法宝，一直被他用于几十年的外语教学实践中。不仅如此，朱光潜在多年教学和自己的创作中，对于诵读和对话体也颇有研究，自有一番体会。

一、诵读

诵读是在中国存在了几千年的一种读书方法，其特点在于诵读者通过反复朗诵阅读，口诵心惟，感悟语言的声音韵律和气势，领会诗文中意象画面和境界，以加深记忆，培养语感，使自己能在身心参与中习得语言，获得美的体验。朱光潜对于诵读问题曾经做过一番细致研究，并且颇有心得。他运用西方现代审美心理学理论对诵读引起的生理变化做过详细的阐述。为了了解中西方诵读法的不同，他在留学期间还曾专门去参加英国、

① 转引自杨静远：《让庐日记》，武汉：武汉大学出版社，2003年，第108页。

② 戴镏龄：《英语教学旧人旧事杂记》，见李良佑、刘犁《外语教育往事谈——教授们的回忆》，上海：上海外语教育出版社，1988年，第159页。

法国的诵读会。

留学欧洲回国后，朱光潜在北京慈慧殿家中组织了诵诗会，和当时京城的一些名家一起诵读诗文，探讨中国文学的发展道路。他在著作《诗论》中辟出多章，专门讨论语言的节奏和韵律以及诗歌的诵读问题，并且比较了中西诵读的差异。在1946年召开的中国语文诵读方法座谈会上，他发言指出，诵读要注意节奏问题。1962年，他撰文专门谈论诵读，提出诗歌的诵读可以采用戏剧式和歌唱式，而语体散文的诵读则要依据语言的节奏。

诵读是中国人常用的一种读书方法，是古代文化人的一种生活方式，也是中华民族文化传统的一项重要内容。朱光潜有关诵读的种种真知灼见，对于当今的语言学习和文学创作仍然具有借鉴意义。

（一）诵读是诗文节奏的赏析媒介

朱光潜对诵读的关注最早是出于对诗歌的研究。诗歌是语言运用的艺术，而声音是语言意义的载体，诗歌的情趣和意象必然要通过语言的声音和节奏才能得以体现。节奏是自然界万物生灵存在的一个基本原则，也是包括诗歌在内的一切艺术形式的灵魂。和谐的节奏往往能适合生理和心理的自然需求，令人在感官接触、呼吸循环时产生一种自然愉悦的心理体验；而拗口、不和谐的节奏则令人在感官和心理上有不适应、不爽快的感受。好的诗歌是人类文化的瑰宝，不仅能够模仿自然的节奏，可以给人的心灵带来安宁，还能促进心理健康和社会和谐，而诵读则是感受与欣赏诗歌节奏和韵律的必要媒介。曾国藩在《家训》中曾提到欣赏诗歌的方法："须熟读古人佳篇，先之以高声朗诵，以昌其气；继之以密咏恬吟，以玩其味。"这样高声诵读和低声吟咏之后，"古人之声调拂拂然若与我喉舌相习，则下笔时必有句调奔赴腕下，诗成自读之，亦自觉琅琅可诵，引出一种兴会来"①。

诗歌又是诗人在特定时期特殊情感的浓缩体现，诗人作诗时因为情感而产生的各种生理变化，自然会直接表现在诗歌的语言和节奏中，而诵读则是"要在字里见出意象来，听出音乐来，领略出情趣来"②。当读者诵读诗歌时，语言的音调和节奏会直接影响到人的发音器官和循环呼吸系统，进而影响到全身筋肉的感觉。由声音而求得诗人的神气，在身心共同参与

① 曾国藩：《曾国藩全集》（第19卷），长沙：岳麓书社，1994年，第418页。
② 朱光潜：《朱光潜全集》（新编增订版）第5卷，北京：中华书局，2012年，第238页。

中，诵读者可以感受诗歌声音节奏和情趣意象，接受诗人情感的浸润，从而领略诗歌的神韵和意境之美。

朱光潜曾在北京大学和武汉大学教授英诗赏析，短诗他一般只挑选关键之处讲解一下，长诗例如雪莱的《西风颂》、济慈的《夜莺颂》、弥尔顿的《快乐的人》等则细致讲解，疏解疑难词句，点拨诗情、意境、思想，有时还与中国诗歌进行比较。无论是长诗还是短诗，一首诗讲完，他总要诵读一遍。他的诵读很有特色，声音不高，极有节制，到激昂处声音有点发颤，但绝不是喊叫，既有欣然会意的喜悦，也能在平易质朴的语调中传达出诗篇的内在情感，让学生在听完语言分析概述后，开始体会英诗的声音节奏，神游诗境与情趣，领会英诗的神韵，让诗的美在诵读中传递、感悟、永驻。

诵读不仅是赏析英文诗歌的必要途径，也是感受中国古文和现代文章声音节奏的重要手段。在朱光潜看来，只要是文章，无论古今中外，“声音节奏对于文章是第一件要事”①。古文的声音节奏流于形式，不同的文章在诵读时调子大体相差不多，在诵读字句的过程中，往往能抓住作者的气势和神韵，正如姚鼐所说：“诗、古文各要从声音征入，不知声音，总为门外汉耳”，在具体的诵读过程中，要将放声急读和低声缓读结合起来，“急读以求其体势，缓读以求其神味”②，在整体把握的基础上来体味古人文章的大美。现代文章的声音节奏往往是日常语言的自然流露，然而好的文章总是能通过声音的长短、轻重，传递出情感和思想的变化与发展。诵读声音节奏流畅的文章，不仅能令人在读后明白文章的意思，感受作者的情感，而且能“如闻其语，如见其人”，产生全方位的愉快体验。

（二）诵读是母语和外语习得的有效策略

朱光潜生于清末皖西南桐城的一个书香世家。一般文化人家大都重视子女的教育，幼儿 5 岁左右时便开始启蒙，进而诵读简短的诗词，而贫穷人家也有“穷不丢书”的优良传统。城里乡下，不绝于耳的是书声琅琅；学子平民，相互问询的常是“近日读何书”。朱光潜的父亲在家里开办了私塾，学生们诵读诗书时，幼年朱光潜在屋外听，听久了居然也能背出来。虽然对于所读的诗文了解甚少，然而熟读成诵，拖着一定的腔调和韵律，将一句句诗文在舌头上滚动，这样的文字游戏对于儿童来说，也是一

① 朱光潜：《朱光潜全集》（新编增订版）第 6 卷，北京：中华书局，2012 年，第 222 页。
② 转引自贾文昭：《桐城派文论选》，北京：中华书局，2008 年，第 133 页。

件有趣的事情。用这种方法朱光潜听会了一部《诗经》，多年后仍然能够熟练地背诵出来，由此他产生了“读书用目有时不如用耳”的感慨。无独有偶，语言学家赵元任在回忆录中也曾提到幼年时在家里听哥哥姐姐们背书，听多了，自己也就会背了的经历。

朱光潜入桐城中学后，系统学习了姚鼐编选的《古文辞类纂》，按照老师的传授和要求，学习这些古文时，他大声地朗读和背诵，因为这样才能抓住文章的气势和神韵。于是，在桐城中学学习阶段，朱光潜熟读、背诵了从先秦到清代的众多散文名篇，并从中摸索出作古文的门径：“学古文别无奥诀，只要熟读范作多篇，头脑里甚至筋肉里都浸润下那一套架子，那一套腔调，和那一套用字造句的姿态，等你下笔一摇，那些‘骨力’、‘神韵’就自然而然地来了”①，由此自然也就学到了原文作者遣词造句的方法。

根据语言学习迁移理论，在第二语言的习得过程中，学习者的母语学习成功策略会直接影响第二语言习得；不仅如此，那些帮助学习者成功习得语言的一些策略，在学习者成为语言教学工作者时，又会被视为有效策略而推广给更多的语言学习者。诵读是我国语文教育一直沿用的一种公认为行之有效的学习方法，“读书百遍，其义自见”“熟读唐诗三百首，不会作诗也会吟”等格言也早已深入人心。当缺乏母语环境的中国人在学习外语时，诵读便成为一种迁移过来的学习策略。诵读是一种“目视其文，口发其声，耳闻其音，心通其情，意会其理的综合阅读活动”，从文字到语音、语义，从表层意思到深层结构，使人在反复诵读的过程中“潜心涵泳，认知文字，感受声律，体会词语，疏通文脉”②。长此以往，便能获得丰富的感性认识，熟知该种语言的读音、词汇，通晓语法、修辞和句法规律，积累下大量的语言材料，于潜移默化中形成语感。

朱光潜自己在学习外语时便运用了诵读的方法。他通晓英语、法语、德语，50 多岁时又开始自学俄语。他找来多本俄文原版作品，每本书都读过三四遍，每一遍阅读时带着不同的目的，由此逐步掌握了作品的词义、语法、篇章结构和写作风格等，并且还在每本书中找出一些他喜欢的段落反复诵读，直到能熟练背诵的程度。坚持了两年，他便可以在字典的帮助下翻译俄语书了。不仅如此，在朱光潜半个多世纪的外语教学中，诵读一

① 朱光潜：《朱光潜全集》（新编增订版）第 2 卷，北京：中华书局，2012 年，第 113 页。

② 黄姣玲：《背诵在我国大学英语教学中的重新思考与定位》，载《上饶师范学院学报》，2008 年第 5 期，第 106 页。

直是其多年教学过程中采用的一个“法宝”，他要求学生们熟读学过的英文课文直至能背诵。在英文诗歌的讲课过程中，他不仅自己满怀深情地朗诵，还要求学生们有音节、有表情地背诵学过的每一首英文诗歌。

（三）诵读是读书写作的必要途径

书籍是人类精神遗产的宝库，是从古至今各门学科知识、经验与智慧日积月累的记载，读书是求知问学的一种重要途径。然而，面对浩如烟海的图书，究竟应该怎样选择和阅读？培根在《论读书》中提道：一些书只需浅尝辄止，一些书可以囫囵吞下，还有一些书则需要细细地咀嚼消化①。朱熹也曾说过：“大抵观书先须熟读，使其言皆若出于吾之口；继以精思，使其意皆若出于吾之心，然后可以有得尔。”② 在朱光潜看来，读书应该分为两类，一类是为休闲放松获得常识而进行的广泛阅读，一类是为了专业学习而进行的深入阅读，“博学而守约”是做学问者必须养成的读书习惯。读书并不在于贪多，而在于读得精、读得彻底，与其泛泛读十本书，不如用同样的时间去精读一本好书。对于值得深入阅读的书，朱光潜认为，第一遍阅读时可以快读，以便掌握全篇的主旨与特色；第二遍则要慢读，以批判的态度衡量书的内容，融入自己的思考；读完书后可以通过记笔记来加深理解，对于书中精彩段落则可以反复诵读。“好书不厌百回读，熟读深思子自知”，一直以来是朱光潜推崇的一种读书方式。

写作是运用文字的艺术，作品的生命力在于创新，然而创新不是无中生有的，而是推陈出新、是旧材料的新综合。写作者需要广泛汲取前人已有的知识和经验，经过自己的思维加工、消化吸收后才能创作出自己的作品。朱光潜认为，因袭、模仿是文学创作过程中一种简捷有效的方法，也是写作创新必经的途径。在练习写作的初期，写作者可以精心选择模仿范文百篇左右，细心研究每篇文章的字句、段落和谋篇布局，“务求透懂，不放过一字一句，然后把它熟读成诵，玩味其中声音节奏与神理气韵，使它不但沉到心灵里去，还须沉到筋肉里去”③。这一步做到了，再来模仿写作，最初可能是有意的模仿，逐渐便能转变为无意的习惯，练习多了也就成了自然。初次尝试时可以选择不同的风格练习，然后逐渐找到自己最喜欢的风格，再融合各家风格的长处，最终便能形成自己的写作风格。这种通过模仿、诵读、反复练习而培养写作能力的方法是古代文人常用的方

① 培根：《培根散文精选》，周英、刘慧等译，武汉：长江文艺出版社，2013 年，第 149 页。
② 黎靖德：《朱子语类》，北京：中华书局，1986 年，第 168 页。
③ 朱光潜：《朱光潜全集》（新编增订版）第 6 卷，北京：中华书局，2012 年，第 170 页。

法，也是朱光潜眼里练习写作的有效途径。优秀名篇诵读多了、诵读透了，等到自己写作时，范文的框架和神韵自然会出现于下笔的瞬间。

判断作品优劣的方法有很多，或从遣词造句去评判，或从篇章布局、立意构思来分析，朱光潜的方法别具一格：诵读，在诵读中领悟语言文字的声音节奏。他曾担任杂志社的编辑，拿到一篇文章或一首诗后，他一般不求甚解，先是朗诵一遍，看它读起来是否有一种“与众不同的声音节奏”。一般来说，“音节很坚实饱满”的，他便认定是有价值的，而如果读起来“音节空洞零乱”，他便能断定作者的胸中也是很杂乱无章的①。普通人诵读时用耳朵去感受声音和节奏，朱光潜觉得，在诵读时浑身肌肉产生的感觉有时候比听觉更准确：“我读音调铿锵、节奏流畅的文章，周身筋肉仿佛作同样有节奏的运动；紧张，或是舒缓，都产生出极愉快的感觉。”而那些读起来不流畅、音调节奏上有毛病的文章，读后他便有一种“周身筋肉都感觉局促不安，好像听厨子刮锅烟似的”② 感觉，十分难受。所以在他看来，用诵读的方法判断作品的好坏，实在是一个很不错的方法。

（四）诵读是文化传承的重要内容

中华民族有着悠久的文化传统，而作为一种学习民族语言和文化的重要途径，诵读也促成了中华民族优秀文化传统的传承与发扬。朱光潜很喜欢诵读，尤其是诵读诗歌，他将诵诗当作是日常生活中的一种情趣，朋友聚会时喜欢饮酒诵诗，他自己也时常为女儿们和邻居孩子们诵诗。诵读是几千年来中国人读书求学、习字作文的一种重要方法，也是古代文人的一种重要生活方式。然而，从前文人诵读诗书、私塾学子念书，大多采用的是一种千篇一律的呆板调子，不讲究语言节奏和声音的快慢高低，只是一味拖着腔调哼唱，近似于和尚诵经，有口无心。正在诵读的人被突然打断后，一般很难接着诵读下去，往往不得不从头开始。

朱光潜认为，我国传统诵读法有其独到的价值，是中华民族文化传承的重要内容。在朱光潜的出生地桐城，读书和诵读文章都是优良传统。我国古代诵读法经历了先秦之前的诞生、宋元时期的成熟和明清之际的深化发展三个阶段③，到了晚期，随着科举制度的废除和西方近代教育制度的引入，诵读诗书一度成了迂腐的象征，曾在白话文运动中被人们和文言文

---

① 朱光潜：《朱光潜全集》（新编增订版）第5卷，北京：中华书局，2012年，第260页。

② 朱光潜：《朱光潜全集》（新编增订版）第6卷，北京：中华书局，2012年，第221页。

③ 周庆元、于源溟：《诵读法的历时演化与现时解读》，载《中国教育学刊》，2004年第10期，第45—46页。

一起扔进了历史的故纸堆中，诵读法在语文教学中的地位也逐日下降。然而，朱光潜一直提倡诵读法，无论是在母语教学还是在外语习得中。他甚至提出要对英、法等西方国家诵读法进行研究并合理借鉴，这样可以为我国传统诵读法注入新鲜的血液，因此早在 20 世纪 30 年代他就希望学者们能在有关诵读的方法和理论领域多做一些研究，为此公开呼吁要建设一门诵读美学。

无论是作为一种学习方法，还是一种文化人的生活方式，诵读都是中华民族优秀文化传统的有机组成部分。诵读是朱光潜学习古诗词、文言文以及多门外语所采用的一种学习方法，又被他在外语教学实践中一直采用；诵读不仅是朱光潜推崇的欣赏诗歌和文章神韵气势的有效途径，还是他读书求知、评判创作的重要手段。在朱光潜看来，语言是文化的载体，民族的语言承载着民族的精神和文化，中华民族有着悠久的文化传统，诵读法作为一种学习民族语言和文化的重要途径，促成了中华民族优秀文化传统的传承与发扬。所以可以说，朱光潜的诵读观不仅全面、深刻，而且具有前瞻性，对于当今语言学习和文化传承依然不乏重要的启示。

二、对话

在五四一代文人中，没有人比朱光潜更喜欢对话体了。他写于 20 世纪 20 年代的《给青年的十二封信》，和青年们畅谈读书、选课、学业、运动、选择、人生等诸多话题，影响了一代又一代年轻人。虽然当时朱光潜还远在欧洲，但是因为信中的对话谈心，析事明理，平易近人，娓娓道来，情真意切，力透纸背，“实是作者远在海外送给国内青年的很好的礼物”，令其一举成名，也就此奠定了朱光潜在国内读者心中的位置：一个喜欢与青年谈心的“朋友”。朱光潜一直喜欢柏拉图的对话体，多次在文章中提及并推荐，还将英文版《柏拉图文艺对话集》译成汉语，并在译者后记中专门分析柏拉图对话体的特点。朱光潜还撰写了不少对话体文章，例如《诗的实质与形式》《诗与散文》《法郎士和布吕纳介的对话》《苏格拉底在中国——谈中国民族性和中国文化的弱点》等，并在《谈对话体》一文中详细论述对话体对于说理论事的独特价值，比较分析古今中外的对话体文学作品，提倡平等对话思想。

作为一名大学外语教师，师生当面对话，是朱光潜在多年教学中一直沿用的法宝。不仅如此，当他发现自己的作品被冒名出版时，他公开发表《朱光潜给朱光湝——为〈给青年的十三封信〉》，与侵权者公开对话。对话体于朱光潜而言，不仅是一种文学体裁，而且是一种行之有效的教学方法，一种说理论事的手段，更是一种生活方式。一方面，朱光潜对于对话理论的梳理与阐发、翻译与介绍，展现出对话体在其学术与职业生涯中的独特价值；另一方面，朱光潜对于对话思想的论述，也拓展深化了对话体研究。

（一）作为文学体裁的对话

1. 对话的说理性

在《漫谈说理文》中，朱光潜分享了说理文写作方法。他认为，语言与思想都不是静止的，而是在不断生发变化着，“思想训练是写说理文的必有的准备，而写说理文也是整理思想和训练思想的一个很好的途径”。写文章也是一种对话，作者与读者之间不能毫无感情，更不能没有任何情感上的联系；作者和读者之间需要建立起一种关系，这是一种“情感上的联系”，这种情感上的纽带还要能在语言中体现出来，“这样的话才有意义，才能产生它所期待的效果”，这种“有立场有对象有情感有形象，既准确而又鲜明生动的”对话方式①，也才更容易达到说理目的。

几十年的写作训练，朱光潜对于说理文写作是深谙此道、游刃有余。他认为对话体特别适宜于论事说理，在主宾应对中论辩事理，既自由又见功效。传统说理文中，作者往往单刀直入，言之有理，持之有据，如此一番操作就完成了论述。然而在现实中，同一事理往往有许多方面，各人看法有各自道理，并非每种看法都正确或者全部正确；不仅如此，思想总是在动态变化中，作者独抒己见的传统论述，就很难显示出思想的流动生发、变化活动的过程，而“对话的好处就在于它对于同一事理取各种不同的角度去看，把它的正反侧各面都看出来，然后把各面不同的印象平铺在一起，合拢起来就可以现出一幅立体的活动影片”②。

2. 对话的戏剧性

思想的产生是一长串动态变化生成的过程，既有生发流动，也有起伏曲折，往往疑难之中有疑难，错误之中有真知，需要剥茧抽丝、披沙拣金，层层分析与综合，多次反驳与修正，才能去伪存真，逐渐接近于周密且正确的结论。传统独抒己见的文章只能叙述思想的结果，看不到思想动作本身。朱光潜认为，“思想的生发的线索和惨淡经营的甘苦，比已成就的思想还更富于启发性”，因此，对话的好处就在于“反复问答，逐渐鞭

---

① 朱光潜：《朱光潜全集》（新编增订版）第8卷，北京：中华书局，2012年，第290、292页。
② 同上，第203页。

辟入里，辩论在生发也就是思想在生发，次第条理，曲折起伏，都如实呈现，一目了然”[①]。这种动态过程，朱光潜称之为“思想的戏剧”，即：对话者的思想过程都摆在读者眼前，如同舞台上表演，一幕接着一幕，自始至终，层层推进，高潮迭起。在主宾对话中，将事与理的全部面相悉数呈现，展示一个思想由生发到形成到成熟的完整过程。用生物学的术语来说，这不是思想产生的静态“形态学”，而是一种自思想起点至终点的动态“发生学”。因此，对话体犹如一场思想交锋的戏剧，具有戏剧性的生动与起伏。如果是在擅长此类写作的名家好手笔下，还可以在对话过程中流露出个性化的“戏剧性幽默”，从而造就独树一帜的对话风格。

3. 对话体的中西差异

朱光潜认为，对话最盛行的时期，往往就是历史上思想最自由焕发的年代。恰如一幕戏剧，对话中呈现出的是活的思想发展的辩证过程，却也使得每种观点得以崭露头角，在循环往复中将事理论述透彻。对话者共同合作，在你来我往中完成一个主题探讨。虽然最终是以一种文字方式展现，对话体凸显出的却是背后思想的活跃、对话者之间的平等，以及学术的兼容并蓄与百花争艳。在朱光潜看来，古希腊哲学时代、印度大乘经典盛行时期、中国周秦诸子时代，都是历史上对话体繁盛时期。而在这其中，朱光潜认为，对话体写作成就最大的是古希腊的柏拉图，他的大多数哲学著作都用对话体完成，这也使得柏拉图的对话体独具特色。

首先，柏拉图的对话中人物往往有七八位之多，且每个人的观点都能得到充分有力的表现；其次，柏拉图文笔生动，幽默风趣，由浅喻深，擅长通过琐事分析得出哲理，且融哲理于诗意，层层深入，引人入胜，令人读后不忍释手。然而，另一方面，柏拉图对话中的主要人物是他的老师苏格拉底，柏拉图自己很少出现在他的对话中，且对话中经常充满“苏格拉底式的幽默”，即：有时佯装对于谈话内容无知，以引诱对方亮出自己观点，有时在对话中模仿诡辩学派辩论术，为了辩论而辩论。于是，作为后人的读者，“我们很难判断柏拉图究竟有意想描绘历史上的苏格拉底到什么程度，而他想把他的对话录中的那个叫苏格拉底的人仅仅当作他自己意见的传声筒又到什么程度”[②]。甚至在许多对话中，苏格拉底和柏拉图尽量不发表正面意见，以避免犯错误；有时一篇文章中的对话到最后也没有形成统一结论，这便使得读者在阅读过程中很难识别出柏拉图自己的观点，

① 朱光潜：《朱光潜全集》（新编增订版）第 8 卷，北京：中华书局，2012 年，第 204 页。

② 罗素：《西方哲学史》（上卷），何兆武、李约瑟译，北京：商务印书馆，1963 年，第 119 页。

或者明晰其对话的真实意图。尽管如此，在朱光潜看来，柏拉图“树立了这种对话体的典范，后来许多思想家都采用这种形式，但是至今还没有人能赶得上他。柏拉图的对话是对希腊文学一个卓越的贡献”①。

相对于柏拉图的对话体，我国周秦诸子也多在著述中运用对话，且自成一格。首先，周秦诸子的对话大多是一问一答，不作长篇大论，很少有层层推进、对事理进行纵向逻辑分析，从而呈现出的是一种精炼简约、片言百意的表达效果；其次，诸子在对话中大多是自居论主地位，发一通议论，中间夹杂对话，以阐明自己的观点，应答者少有阐述的机会，更没有形成相互辩难，对话者更多起着陪衬和譬喻的作用。在朱光潜看来，之所以出现这种对话风格，是因为中国思想长于直觉而短于分析，长于感悟而短于辩论，“师儒往往本其经验涵养，以寥寥数语答弟子的疑问，听者默契于心，便涣然冰释，无劳繁词释证”。另一方面，无论是说理还是叙事，先秦文章风格总体侧重于横面发展，即主旨确立后，作者极尽能事向四面八方“布局”，尽量渲染；而西方文章风格则是喜好沿纵线发展，在层层生展、不蔓不枝中沿着主要脉络“理线索”。这种差异反映出的是两种思想方式，“中国思想偏向平排横展，西方思想偏向沿线直展”，体现在对话体中，“一个是抱定主旨，反复盘旋；一个是剥茧抽丝，层层深入”②。

（二）作为教学手法的对话

1. 教学中的法宝

对话是朱光潜长期教学中的两大法宝之一。无论是在给中学生还是在给本科生进行英语教学的过程中，回答问题是他课堂上必用的教学手法。学生们上课前必须认真预习，听课时需要全神贯注，以防他的突然提问。在师生之间的问答对话交流中，学生们得以掌握英语语言、文学和文化知识，逐步培养起专注思考、逻辑推理的能力。朱光潜对于学生作业中的错误，一般采用面批对话的方式，当面指出作业中问题所在，同时倾听学生自己的想法或提出的新疑问，再进行现场答疑或追问。在师生如此的问答中对错误的根源进行彻底探讨，从而得以从思想源头上解决问题。这一切恰如朱光潜一直推崇的《学记》中所记载的：“记问之学，不足以为人师，必也听语乎。力不能问，然后语之。语之而不知，虽舍之可也。”③ 由此也可以看出，对话教学是中国传统优秀教学方法在朱光潜外语教学中的沿

① 朱光潜：《朱光潜全集》（新编增订版）第 11 卷，北京：中华书局，2013 年，第 51 页。
② 朱光潜：《朱光潜全集》（新编增订版）第 8 卷，北京：中华书局，2012 年，第 206 页。
③ 傅任敢：《〈学记〉译述》，上海：上海教育出版社，2021 年，第 31—32 页。

用。在对话中，教师可以解释书中经典，师生、生生之间可以产生思维互动，由此能够碰撞出新的思想、新的火花，恰如人类的很多奇思妙想都是源自各种对话过程中一样。

在给研究生进行英语教学过程中，对话更是朱光潜常用的教学手法。除了向学生提出问题，他还经常要求学生提前将自己在阅读过程中产生的疑惑与问题写给他。面谈时，他逐一回答问题，“有的答得详细，有的巧妙地绕开。他事先没有写成文字，连一页简单的提纲都没有。他说的有条不紊，记下来就是一段段干净的文字”[①]。在学生艾珉的回忆中，“朱先生是个循循善诱的好老师，他带学生，从不采取灌输式，也不要求学生与他的看法一致。他总是仿佛于有意无意之间提到某部著作，点出其值得一读之处，让你自己怀着好奇心去找来读。他喜欢听学生谈自己的见解，每次我在他面前谈心得体会或者发议论，他总是兴味盎然地听，偶尔插进几句话，或提几个问题，也都是启发性的”[②]。由此可以看出，朱光潜是非常善于倾听的教师。他自己视野开阔，无书不读，对于很多问题都有自己独到的见解，但是他从不将自己的观点强加给学生，“时观而弗语，存其心也”[③]。在教学中，朱光潜擅长的是在师生对话中启发学生的求知欲，培养他们通过自己的思考去发现问题、寻找答案、形成观点、得出结论的创造能力。

2. 对话教学的实质

教学中的基本关系是师生关系，而师生之间的问答对话和讲解，总是与教学紧密相关。教学原本就是形形色色的对话，“善问者如攻坚木：先其易者而后其节目；及其久也，相说以解。不善问者反此。善待问者如撞钟：叩之以小者则小鸣，叩之以大者则大鸣；待其从容，然后尽其声，不善答问者反此。此皆进学之道也”[④]。中国的孔子和古希腊的苏格拉底都是对话教学的典范，对话不仅仅是运用语言沟通启发，更重要的是促使学生学思结合，在问题提出之后，引导学生自行思索，于语言交流和交锋中分析问题、去伪存真，直至解决问题、形成结论。对话以基本语言问答为外衣，展示的是思维发展的动态过程：有缘起，以渐进的方式展现各种可能性的思维过程；有传承发展、交错渗透，也有借鉴扬弃、辩难驳斥，恰如

① 吴泰昌：《我认识的朱光潜》，上海：上海文艺出版社，2008 年，第 2 页。

② 艾珉：《忆朱光潜先生和我的师生情谊》，载《新文学史料》，2007 年第 2 期，第 80 页。

③ 傅任敢：《〈学记〉译述》，上海：上海教育出版社，2021 年，第 15 页。

④ 同上，第 30—31 页。

戏剧的结局有很多种，对话的结果也是开放的，意义也是处于动态的不断生成中。

对话教学的实质，是教学不再由教师单方面传授知识、提供现成结论，学生一味被动接受；而是教师提出问题、提供契机，引导学生在与教师的对话中自己主动思考、建构知识、自我生成结论。对话中有事物或问题的多方面的逐一展现，也有观点或道理的逐渐领悟的动态过程；对话中有认知与情感的交流，也有共同生成、催化、见证一个活的思维的喜悦与成就；对话中还有仍存疑惑、谁也说服不了谁，问题悬而未决或者出现新思想的萌芽。对话的方法运用于教学中，其核心是通过师生对话进行启发引导，“故君子之教喻也：道而弗牵，强而弗抑，开而弗达。道而弗牵则和，强而弗抑则易，开而弗达则思”，于是达到师生之间“和易以思，可谓善喻矣”①。

3. 对话教学的现代意义

现代教学是合作的艺术，教学过程中的成功，也意味着教师与学生在知识和学问的探求过程中正进行着情感与思维上的对话。思想的产生总是基于一定的基础，即便是错误的观点也有其存在的理由和主客观原因。当对话成为教学原则，就意味着教学从单向知识传授走向师生相向的交流沟通与知识建构。对话过程中，学习也不再只是被动接受，而是发生在对话与交流之中的主动生成；教学内容是在教学过程中动态创造而成，因而教学也具有了创造性质。不仅如此，对话教学过程中，教师不再是主导或者把持着权威地位，而是师生各自思想言论自由、人格上独立、彼此话语尊重，是双方相互敞开精神与情感表达世界的过程，因此在对话交流中体现出了一种民主、平等、宽容和倾听的姿态。

对话教学过程中，师生之间通过交流互动，知识与信息被唤起，新思想不断萌生，新意义持续被阐发，整个过程充满了创造与新发现；学生不再仅仅是知识的接收器，而是知识的生发器，这对于培养学生的创造性思维与自主批判辨析能力大有裨益。不仅如此，对话教学使得教师与学生成为课堂教学的主体，知识与教材成为对话中的“谈资”与话题，由此课堂焕发出新的活力。在这个基础上培养出的，是具有对话理性和沟通交流能力的能动的人。从这个意义上可以说，“对话教学从人性出发，沿着人性的道路，走向人性，从根本上解构了传统的教学”②。

---

① 傅任敢：《〈学记〉译述》，上海：上海教育出版社，2021年，第24页。

② 刘庆昌：《对话教学初论》，载《教育研究》，2001年第11期，第68页。

（三）作为生活方式的对话

1. 孤身海外时与国内青年谈心

留学欧洲时，朱光潜替开明书店的刊物《一般》（即后来的《中学生》）写稿。他以国内的中学生为写作对象，每次采用书信体形式，和他们谈论读书与作文、升学与选课、情与理、动与静、中学生与社会运动、十字街头与多元宇宙、人生与摆脱、在卢佛尔宫所得的感想等 12 个话题。文章陆续刊登后好评如潮，于是夏丏尊将这些文章结集，由开明书店于 1929 年以整本书的形式出版发行。朱光潜后来在提及这些信的写作背景时说道："我那时正在英国读书，他们邀我按月写点文章给青年朋友们看。当时我自己还是一个青年，在外国生活很孤寂，有时不免有一点感想，我没有什么东西可写，因此就说一点心事话。为着要不拘形式地畅所欲言，也为着要和读者保持较亲密的关系，我用了书信的体裁。"[①] 这部后来一再重印出版的书，既是为了交朋友之差，也是他孤身旅居海外时联结国内亲友的情感纽带。

这些信每封都是以"朋友"开始，末尾大多署上"你的朋友：光潜"或者"你的好友光潜"。每封信根据开篇话题，叙述作者对此的观点或意见。然而，通读完所有 12 篇之后，便可以发现作者所有信件有一个一以贯之的出发点，即如夏丏尊所说的，"劝青年眼光要深沉，要从根本上做功夫，要顾到自己，勿随了世俗图近利。作者用了这态度谈读书，谈作文，谈社会运动，谈爱恋，谈升学选科等等。无论在哪一封信上，字里行间，都可看出这忠告来"[②]。这 12 封信中，篇首假设"朋友"当下所处某种困难境地或面临某种问题，继而以对话方式提出作者对该困境或问题的分析、忠告与建议。例如，《谈读书》中首先提到"中学课程很多，你自然没有许多时间去读课外书。但是你试抚心自问：你每天真抽不出一点钟或半点钟的功夫么?"《谈动》的开篇是"从屡次来信看，你的心境近来似乎很不宁静。烦恼究竟是一种暮气，是一种病态，你还是一个十八九岁的青年，就这样颓唐沮丧，我实在替你担忧。"而《谈十字街头》的开篇是"岁暮天寒，得暇便围炉嘘烟遐想。"《谈升学与选课》的开篇为"你快要在中学毕业，此时升学问题自然常在脑中盘旋。这一着也是人生一大关键，所以，值得你慎而又慎。"这样的开篇方式，设身处地，真挚诚恳，

---

① 朱光潜：《朱光潜全集》（第 9 卷），合肥：安徽教育出版社，1993 年，第 311—312 页。

② 朱光潜：《朱光潜全集》（新编增订版）第 1 卷，北京：中华书局，2012 年，第 4 页。

不仅迅速拉近了作者与读者之间的关系，为下文说理叙事做了很好铺垫，而且为“朋友”解决当时正面临的难题提供了切实可行的建议。

在谈完所有事理后，每封信末，作者的问候祝福语也直抵读者心底，且各具特色。例如，《谈读书》的信末是：“你嫌这封信太冗长了罢？下次谈别的问题，我当力求简短。再会！”《谈动》信末：“就在此祝你谈谈笑笑，跑跑跳跳！”《谈静》信末则是“眠食诸希珍重！”《谈十字街头》的为“朋友，让我们一齐努力罢！”《谈多元宇宙》的是“意长纸短，你大概已经懂得我的主张了罢？”《谈升学与选课》在分析完各种利弊后，作者在信末不忘加上“同时，我也很愿听听你自己的意见。”《谈情与理》的结尾是：“我对于这个问题还有许多的话，在这封信里只能言不尽意，待将来再说。”在《谈摆脱》的最后，作者觉得道理还没彻底说透，于是“我只谈到粗浅处，细微处让你自己暇时细心体会。”在最后一封信《谈人生与我》的末尾，作者写道：“朋友，我感谢你费去宝贵的时光读我的这十二封信，如果你不厌倦，将来我也许常常和你通信闲谈，现在让我暂时告别罢！”这些信末问候祝福语，贴合该篇书信内容，不仅起到了很好的结束对话作用，传达出作者对读者的祝福问候，而且成功传递出该篇话题暂且告一段落，但纸短情长、友谊感情常在，待将来时机成熟，作者愿意再续前缘、继续畅谈的殷切期许。

《给青年的十二封信》自出版以后，影响了一代又一代青年，被誉为是“青年之指南针”“青年坦途之灯塔”，是“一部值得青年人手一卷的宝物”，而朱光潜也在当时被很多人称为“青年们的导师”。之所以受到如此多人的欢迎，除了信中所谈论的话题是当时青年们所关注或正在经历的事件之外，很重要的原因是朱光潜采用了书信体的写作方式。和朱光潜同时期留学法国的陈占元曾经指出，朱光潜这 12 封信中，许多实际上是写给当时还在国内读书的奚今吾的[①]。无论是写给恋人还是同龄人，作为一种对话方式，书信体这种感情真挚、娓娓道来的说话方式，令人产生出可以静下来听听写信者说话的念头，因而即便是在近百年后的今天，当又一代青年读者在读这些文章时，也能立即感受到一种扑面而来的亲切，令人一卷在手便不忍释手。

2. 有感而发时与公众交流

朱光潜在不同年代根据当时的社会现实有感而发的文章，很多都是采用直接对话的方式，向公众尤其是青年袒露自己的看法。在《一番语重心

---

① 陈占元：《陈占元晚年文集》，北京：人民文学出版社，2006 年，第 348 页。

长的话——给现代中国青年》一文中，他对青年们表达了殷切期望：国家文化和学术事业需要每个人在社会中成为有力的建设者，青年们只有在德行和学问上经过艰苦努力，民族和国家才有出路。1936 年，应《申报周刊》编辑之邀，朱光潜发表了系列文章，和青年读者谈论他的“三此主义”人生信条，谈论在混乱中创造秩序的重要性，谈论民族的生命力、游戏与娱乐、理想与事实，谈论敬的重要性等 6 个话题。1948 年，朱光潜署名“一个近于爱管闲事的人”发表了《给不管闲事的人们》一封信，讽刺了当时许多人遇事明哲保身的态度，在分析这种怕管闲事心态的原因之后，指出这种为人处世态度可能造成的可怕后果。在《给苦闷的青年朋友们》信件中，朱光潜分析了青年们苦闷的原因以及解决的办法。而在《我要向青年说的》一文中，他和青年交流如何在当时的社会现实环境中承担责任、履行使命、寻找出路，“第一要有宗教家的悲悯心肠，其次要养成科学家的冷静的客观的缜密的头脑”①。

长期以来，独白式话语模式占据了国内学界的主流位置。从话语言说方式来看，一种言说方式往往代表了一种思维方式、一种交流态度、一种文化模式。从某种意义上可以说，一种话语言说方式，往往也能说明一个作者的文化与学术态度。朱光潜对于对话体的热衷与喜爱，体现了他尝试打破传统一言堂式说理论事方式的努力。事实与道理只有真正为公众所接受，才能打破学术话语与大众话语的壁垒，使学术与见解不至于脱离人们的日常生活，使言说者的观点和思想能被更多的读者所了解，进而产生某种现实的作用或影响。在不同年代，朱光潜总是喜欢选择与公众对话的交流模式，这不仅是一种沟通策略，更是一种言说方式，而采用这种不同于传统模式的交流方法，可以说是他对学术界单一话语模式的挑战和弥补。这种补充与跨越，将传统学术话语与日常对话沟通结合起来，使得叙事说理不再是遥不可及、远离日常生活的教条，也不是象牙塔内自说自话、脱离现实的夫子自道，反映了作者始终尝试对公众敞开心扉、交流思想、传递感情的姿态，体现了作者与读者之间的平等对话，从而也能营造出平实言语与高深道理之间的平等交流，凸显了学界不同思想与观点之间的争鸣。

3. 权益被侵犯时与侵权者理论

朱光潜的《给青年的十二封信》出版后风靡一时，以至于有冒牌效仿者出版了《给青年的十三封信》，借机蹭热度，该冒牌者还取名“朱光

① 朱光潜：《朱光潜全集》（新编增订版）第 1 卷，北京：中华书局，2012 年，第 321 页。

潸”，读者不仔细辨认会以为是“朱光潜”。对于这位侵权的冒牌者，朱光潜没有谩骂或指责，而是选择了公开写信与其对话。信件开篇为“光潸先生”，信末落款为“几乎和你同姓名的朋友：朱光潜”，幽默中透着辛辣讽刺。信中写道：“光潸先生，我不认识你，但是你的面貌、言动、姿态、性格等等，……引动了我的很大的好奇心。我心里现在想像揣摩你像什么样的一个人。许多事都是不戳穿的好，所以我希望你在我心里永远保存这一点含有问题的神秘性。但是我也想把心里话说给你听。”对于给一个不认识的人写信的唐突，朱光潜解释道：“请你记得我是你的一个读者”，如果这个理由还不够，“那只能怪你姓朱名光潸，而又写《给青年的十三封信》了！”

朱光潜在给朱光潸的信中首先“向其忏悔”，坦诚分享自《给青年的十二封信》出版后，自己被人誉为“教导青年”的惭愧与不安，借机说明朱光潸文章中大量教育青年人的主题与话语不可能出自朱光潜的笔下。其次，朱光潜“钦佩其自信”：一方面在文章中提倡作品不十分健全之前，还是不发表为好；另一方面，却急于发表自己对于文学的许多不成熟看法，还模仿别人的行文风格、取用与别人相仿的名字和书名。他用朱光潸自相矛盾的语言与行为揭露其可笑之处：“先生，你写这几句话的时候，曾经较量一番没有？你给青年的教训有许多很有趣味，最难得的是走到难关，你轻轻地就溜过去了。”从朱光潸文中找出这种写作中故作深沉、故弄玄虚、事实乏力的例证后，朱光潜写道：“我看到这些地方时，第一个冲动是想说一句‘挖苦话’，但是我缺乏‘幽默风趣’。”接着，他引用朱光潸书中的原文指出，文坛以文学去换饭吃在当时非常流行，成了“严重的病态”，暗指朱光潸所作所为也是一种文坛病态。面对这种病态，“怎么办呢？我本也想对于这种‘严重的病态’发一点议论，继而想起这事也非‘口舌之争’所可了事，所以把笔放下，虽然心里还有些怅惘，不能把这事轻轻地放下”[①]。在幽默风趣的论述中，朱光潜模仿朱光潸的行文风格，以彼之矛攻彼之盾，讽刺朱光潸模仿别人写出没有思想的无病呻吟文章之滑稽可笑，同时也表明自己虽已知情，但不打算继续深究的态度。

（四）朱光潜之于对话体

“对话”之于朱光潜而言，是一种思想观点与学术交流的态度。朱光潜的对话思想中会通了中西思想渊源，既有古希腊柏拉图对话思想、印度

① 朱光潜：《朱光潜全集》（新编增订版）第1卷，北京：中华书局，2012年，第82—84页。

大乘经典对话理论，又有先秦诸子对话体论述的影响。对话体之于朱光潜，是说理方式、教学法宝、一种生活方式；朱光潜之于对话体，是自觉秉承三大古老文明黄金时代的对话思想，将潜心研习古希腊哲学、美学思想之所得付诸笔端的尝试，是对中国传统学术和对话思想交流方式的振兴与发展，也是与其性相近的一种言说方式。

1. 对话的对象

朱光潜对于对话体的探索与研究方式，是从当时的阐释视角出发，从人类智慧的源头处寻找思想与真理表达的理想方式，“意在向中国学术界、思想界注入一种对话精神”[①]。考察朱光潜对话的对象不难发现，既有同窗好友、师生同侪，也有不同见解者甚至论敌、侵权者。在他研读古今中外各种经典，学习道理、领略辞藻的过程中，同样也在进行着一场与作者的密切对话。柏拉图与孔子，华兹华斯与陶潜，歌德与朱熹，都曾是朱光潜对话的对象。不仅如此，除了人，他对话的对象还可以是永恒的真理，抑或是其他东西。于是，这已不再是王阳明与弟子的对话，不再是朱熹与弟子的对话，抑或不再是与赫胥黎、康德、尼采、叔本华、黑格尔等人思想的交流与对话，朱光潜的对话俨然突破了时间、空间的限制，随时随地将古往今来的人物、事件、哲理汇聚一堂。这种精神交流的结果渗透着、影响着朱光潜的思想、教学、写作，进而影响他的人生理念与日常生活，于是对话思想频频出现于他创作时的笔端。

正是在与各种经典人物或著作的密切对话过程中，朱光潜可以不断地“生发出”自己所感兴趣问题的新意义。“我从许多哲人和诗人方面借得一副眼镜看世界，有时能学屈原、杜甫的执着，有时能学庄周、列御寇的徜徉凌虚，莎士比亚教会我在悲剧中见出庄严，莫里哀教会我在乖讹丑陋中见出隽妙，陶潜和华兹华斯引我到自然的胜境，近代小说家引我到人心的曲径幽室。”而经典之所以历久不衰，往往就是能够跨越时空，提供对话与创造的丰富资源，“我能感伤也能冷静，能认真也能超脱，能应俗随时，也能潜藏非尘世的丘壑”[②]。这番心灵对话之后，无论是照着经典说，还是接着经典讲，最后都是“要敲开门，唤出其中的人来，此人即是你自己”[③]。

---

① 姚爱斌：《对话体：朱光潜与巴赫金》，载《广西大学学报》（哲学社会科学版），2003 年第 4 期，第 66 页。

② 朱光潜：《朱光潜全集》（新编增订版）第 6 卷，北京：中华书局，2012 年，第 119 页。

③ 王汎森：《天才为何成群地来》，北京：社会科学文献出版社，2019 年，第 18 页。

2. 对话的目的

朱光潜和学生们交流接触多了，对话的话题也就不仅限于学术，有时“话题相当广泛，但很少论及政治。尤其国策方面的问题，他从来不予点评，不像以前的北大学子，动辄指点江山”①。对于他而言，对话是一种“人与人中间所应有的友谊的态度”，恰如“酒逢知己饮，诗向会人吟”。在朱光潜看来，“我们心中有极切己的忧喜，极不可为俗人言的秘密，隐藏着是痛苦，于是找知心的朋友去倾泻，我们肯向一个人说心事话，就看得起他这位朋友，知道在他那方面可以得到了解与同情”。这是一种“人同此心，心同此理”的基本交流原则，“这种心灵感通之中不容有骄矜，也不容有虚伪的谦逊，彼此须平面相视，赤心相对，不装腔作势，也不吞吐含混，这样人与人可以结成真挚的友谊，作者与读者也可以成立最理想的默契”②。诚恳亲切，在朱光潜眼里是人与人交往对话的无上美德，也是作者对于读者所应采取的最好态度。

对话是情感与信息交流的途径，也是思想与智慧的一种重要来源。对话者的洞察力和真诚一样深刻，不同对话者在观念和思想论争中享受着在思想交锋意义上生成的智慧结晶所带来的冲击，也体验着真诚和一种相互感染、彼此分享的愉悦。当哲学、宗教、文学和历史等诸多领域兼具广度和深度的知识，在对话中糅合到真诚、慷慨、开放的态度之中时，当不同视角在对话中竞相呈现时，对话者们都可以从讨论交流中获得有益的启发，体验思想撞击与升华的精神盛宴。

3. 对话的效果

朱光潜对于对话的倡导，始于教学与文章而止于思想和态度。对话是教学中求学问知，以及师生间求真、向善、问道、达美的有效沟通途径；对话也是哲学中常用的思想表述方式。在对话中错误得以被刨根问底，真理则逐渐浮出水面，对话过程展示出君子之德与成人之道，于是这体验与收获便可以通过文章写作中的对话方式，进而推进到人的生存层面和哲学高度。朱光潜认为：“近代思想派别比以前更多，各派入主出奴的风气也更甚，如果多用对话体写说理文，同时也多用对话体的思路去权衡各派不同的见解，也许思想和文章都可望再达到一个高潮。”③

任何理性对话的开始，必然要以差异与宽容为前提，差异使得对话在

① 艾珉：《忆朱光潜先生和我的师生情谊》，载《新文学史料》，2007年第2期，第82页。
② 朱光潜：《朱光潜全集》（新编增订版）第6卷，北京：中华书局，2012年，第256—257页。
③ 朱光潜：《朱光潜全集》（新编增订版）第8卷，北京：中华书局，2012年，第210页。

思想交锋中跌宕展开，而宽容则保证对话不会走向恶意或偏斜。不同对话者之间，围绕一些问题以一种自然渐进的方式呈现不同观点，进而论证、反驳、批评、诘问或答辩，激发各自对不同视角观点的比较与检验，在对话中做出思考与判断，加深对于问题的认识，增进对于不同观点的了解。对话过程中，对话者从各自所代表的思想倾向和思考角度出发，进行着解释、碰撞、辩驳、交流与渗透，在他们思想交锋的过程中，既有唇枪舌剑、你来我往，也有轻松机智、幽默善意。重要的不仅是对话的结果，而且是对话的态度和方式，以及彼此愿意交流与倾听的相向姿态。对话者之间民主、平等的自由交流，是对话的灵魂，而这原本也就是人类作为一个群体生活的意义所在。

第四节　朱光潜外语教育思想

朱光潜一生的大部分时间从事的都是大学外语教学工作。对于外语学习的方法，对于外语学习中听、说、读、写“四会”能力的培养，对于文学在外语学习中的作用，对于语言与思想的一致问题以及外语教师的职责等方面，朱光潜都曾做过深刻的反思与探讨。他在《如何学习英文》《外语学习：活的方法和死的方法》《学外语要防暗病》《思想就是使用语言》等文章以及许多采访讲座中，都曾谈到过自己的外语教育理念，例如1957年6月，在《西方语文》（即现今的《外语教学与研究》）创刊的首期杂志上，就发表了朱光潜撰写的《关于外语教学的一些杂感》。几十年教育生涯中，朱光潜系统教授的课程众多。他学识渊博，上课形式灵活，自成风格，给学生们留下了深刻印象。朱光潜外语教育思想不仅有着广博的社会和思想渊源，而且内容丰富，是我国优秀外语教育思想宝库中的宝贵财富。

一、朱光潜外语教育思想渊源

（一）社会渊源

朱光潜的外语教育生涯开始于五四新文化运动之后。在“科学”“民主”大旗引领之下，胸怀壮志的学者文人们希望以教育来改造社会、建设国家、振兴中华。1923年从香港大学毕业后，朱光潜先在上海吴淞中国公学中学部担任英文教员，一年后前往浙江春晖中学短暂教过英语，后来又返回上海在新筹建的立达学园继续教授中学英语，其间还曾在上海几所高校兼职教授英语。1925 年秋，他考取官费留学，进入英国爱丁堡大学学习。在欧洲留学 8 年后，于 1933 年返回北京大学被聘为西语系教授。1937 年全面抗战爆发后，他先是在四川大学短暂执教，后前往迁于乐山的武汉大学任教。抗战胜利后朱光潜重返北大，担任西语系主任，在西语系任教直至 1960 年转入北大新成立的哲学系美学教研室。

几十年外语教育生涯中，虽然“学海三航，教坛三换”[①]，但作为一名外语教师，他始终希望通过外语教育提高学生们的外语水平与能力，从而能够为建设国家培养更好的人才。在上海教书时，顺应当时国内“教育救国”的潮流，他和一群志同道合的朋友们创办立达学园，以实施他们的教育理想。在 1922 年发表的《怎样改造学术界?》一文中，他指出，过渡时代翻译事业非常重要，这需要培养合格的外语人才，熟练掌握外语之后，应有计划地翻译高质量的文学、哲学、自然科学等各科专门书籍，同时还要选送具有一定外文基础的学生去外国留学，这些人才回来后就能很好地从事外语教育，培养更多的人改造社会、建设国家。

朱光潜提出，学好外语可以更好地从事研究工作。在 1948 年发表的《如何学习英文》中，他开篇即指出：“我们今天谈到如何学习英文，便需首先明了为什么学习英文。无论学习任何学科，首先都要顾及到它的用处。一般说来，学习英文，大都是为了阅读。在今天的社会里，不管学习什么，如果不懂得外国文字，都不会有什么大的发展的。我们学习英文，是要以英文做工具，以备研究更高深的学问。”[②] 在朱光潜看来，社会的发展需要各科学问，而要研究学问必须要掌握好外语。1957 年在《关于外语教学的一些杂感》一文中，朱光潜再次指出，不是所有学外语的人都要以外语为专业，但是，“对于多数科学工作者来说，外语只是一个阅读的工具”[③]，只要经过有计划的系统学习，便可以掌握这门语言工具，从而能更好地从事研究工作。

（二）学术渊源

朱光潜有着 20 多年的中西教育经历，这使得他的外语教育思想具有会通中西的特点，东西方教育思想和文化传统都能在他的教学实践与教育理念中得以体现。从 6 岁到 14 岁，朱光潜接受了近 10 年的私塾教育，接着

① 周流溪：《平凡的工作　高远的追求——朱光潜的历程》（上），载《外语与外语教学》，1998 年第 2 期，第 29 页。

② 朱光潜：《朱光潜全集》（第 9 卷），合肥：安徽教育出版社，1993 年，第 345 页。

③ 朱光潜：《朱光潜全集》（第 10 卷），合肥：安徽教育出版社，1993 年，第 90 页。

在桐城中学接受了中国传统文化熏陶；后来在香港大学和欧洲多所大学留学 13 年。在 10 多年的私塾教育和中国传统文化学习过程中，朱光潜背诵了大量经典书目，早年读经的教育对他的影响是巨大的，“不仅使其潜移默化地接受了中国儒家传统文化的熏陶和滋养，而且对其思维方式、写作方式、价值观、审美观等都产生了重大影响，成为其一生的宝贵财富”[①]。私塾或者传统经典学习过程中，背诵是一种重要的步骤，这种熟读成诵的教育方式，使得儿童在理解语言传达的意义之前，通过朗朗上口的语音能感受到语言的韵律之美，不仅能加深记忆，而且能在将来的回味中增添新的领悟。而 10 多年策论经义的论文写作训练，极大地提高了他的说理思辨能力，为他后来的论述文写作打下了扎实的根基。现实中，即便别人很难说清的道理，他都能用通俗易懂的语言表达得明白晓畅。

香港大学被朱光潜称为精神上的“慈母”，5 年的求学过程中，港大学识渊博、各具特色的教师，为朱光潜打开了学习西方文学与哲学思想的大门。教授英国文学的辛博森教授，被朱光潜视为“精神上的乳母”，在他的课堂上朱光潜学会了如何欣赏英文诗歌，那些读起来枯燥无味甚至有点离奇可笑的英文诗歌，经过辛博森教授一番评析之后，它们的“音节和意象是多么美妙，前后穿插安排是多么妥帖！一个艺术家才能把一个平凡的世界点染成为一个美妙的世界，一个有教书艺术的教授才能揭开表面平凡的世界，让蕴藏着美妙的世界呈现出来”。在朱光潜心里种下爱好哲学种子的是奥牧教授，虽然朱光潜没能坚持跟随他学会希腊文，但是由于奥牧教授的启蒙与启发，朱光潜 20 多年来“时常在希腊文艺与哲学中吸取新鲜的源泉来支持生命”。不仅如此，在自己成为英语教师后，朱光潜还会效仿奥牧教授，“想尽我一点微薄的力量，设法使我的学生们珍视精神的价值”。还有教授英文写作和默写的庞孙倍芬先生，他会把每一个错词都写在黑板上讲一遍，他的仁慈和耐心给朱光潜留下了深刻印象[②]。香港大学风格迥异、博学多才的老师们，不仅将朱光潜领入知识的殿堂，而且为他树立了为人师表的极好榜样。

留学欧洲的 8 年中，在爱丁堡大学、伦敦大学学院、巴黎大学、斯特拉斯堡大学的学习经历，使朱光潜养成了一边读书一边写作的习惯，而与各门课程老师课后的交流则能给他以更多启发，他顺着老师们指点的方向，在探索阅读上不断向前。朱光潜将大多数时间花在图书馆里读书、翻

---

① 江飞、黄晶晶：《朱光潜尽性全人教育思想》，太原：山西人民出版社，2018 年，第 3 页。

② 朱光潜：《朱光潜全集》（新编增订版）第 10 卷，北京：中华书局，2012 年，第 111—112 页。

译与写作，阅读过程中产生的灵感成为他创作的新契机，而写作又能加深他对于学科知识的系统了解与掌握。于是，与教授及朋友们的交流，以及坚持不懈的读书和写作，在朱光潜的学术历程中形成了一个相互促进的良性循环，不仅帮助他顺利完成了学业，而且也成为他日后走上讲台用来指导学生的良方。

二、朱光潜外语教育思想内容

（一）语言思想须一致

20世纪50年代，国内外语教学中非常推崇苏联的“四会并重”教学经验。关于外语听、说、读、写“四会”能力的培养，朱光潜认为，这四种能力不一定要达到同样水平，并且这一要求也不适合所有人。外语“四会”能力的养成，可以借鉴儿童学习母语的方法，分阶段来实施，即：听说领先，阅读紧随其后，在阅读中培养写作能力。具体来说，可以在大学一、二年级多采用直接法开展听说训练，三年级系统学习语法，并加强阅读训练，在循序渐进中开始原著的阅读，三、四年级在熟练掌握语言的基础上，开始写作能力的培养。在他看来，语言与文学是分不开的，一个民族最好的语言运用方式常常出现在它的文学作品中，因此，通过文学作品来学习语言不仅是一种有效方式，而且可以培养学生对于文学的兴趣，使他们掌握所学语言的文化背景，从而获得美的熏陶。

朱光潜主张，在培养各种语言能力的过程中，语言与思想的一致，是所有学外语和教外语的人都必须牢记的一个基本原则。“要学好语言，必须学习怎样运用思想。语文的训练必定同时是思想的训练。脱离具体的思想情境与逻辑线索，而专从字面上去揣摩语言现象，这恰是以往外语教学的基本错误。”[①] 那种逐字逐句分析的阅读教学法，恰恰容易导致学生在写作和翻译中频繁出现各种错误。他从自己多年的写作和外语教学的经验中得出一个结论：凡是语言有毛病的地方一定有思想的毛病。为了克服这个语言学习的障碍，他认为，学习者要在学习中克服惰性，养成“求甚解”的习惯；要勤于向字典、向师友、向工具书发问请教，在坚实的精读训练基础上，通过大量广泛的阅读来增加对所学语言的接触和熟悉度；还要通过不断的经验总结与科学研究，将对外语学习的感性认识上升到理性认识，在不断积累不断接触中训练自己的外语思维方式。

① 朱光潜：《关于外语教学的一些杂感》，载《西方语文》，1957年第1期，第9页。

（二）独特的外语学习方法

1. 活的方法学语言

在朱光潜看来，无论是母语还是外语，语言都是交流思想的工具，学习者应该用活的方法，结合客观现实生活和主观思想感情去学习语言，只有这样才能培养对所学语言的语感，体会到语言的生命力所在。朱光潜认为，语法是一种语言中根据实际运用语言的经验总结出来的规律，每个人都要运用这些规律来使用语言，每个人也都会有意或无意地在语言使用中做一些总结，死做语法练习是在用一种“死的方法”学语言，不仅效率低下，也很容易出错。只有结合自己运用所学语言的实际，不断总结经验、不断学习，才是“活的方法”，也才能真正掌握语言。

1948 年，朱光潜在北平《益世报》上发表《如何学习英文》一文。他提出，不能把英文当成死文字看，“其实语言是活的东西，我们应该把它当作活的东西来用才好。我们要练习多听、多读、多写，尤其要紧的是，要用英文思想”[①]。当然，直接用英文思考只是英文程度较高的人才能做到的，在此之前，“熟读”“常想”“默写”都是基本功夫。除此之外，“翻译”也是提高英文水平的一种好方法。

朱光潜特别反感通过死记生词的方法来学习外语。在他看来，一词多义是语言中的常见现象，只有结合词汇出现的上下文，才能决定它在具体场合的确切意义。他还指出，英语词汇词根与词头词尾的搭配是有规律可循的，掌握构词法的基本规律去分析所遇到的生词，有助于理解它的确切意义。学习者学习词汇可以通过多翻字典，多研究上下文的关联，多动脑筋，才能认识它、记住它，从而掌握这个生词在不同场合的具体意义。关于词汇的学习，他打了一个形象的比喻：生词的学习如同是设法记住一个陌生人，光是死盯着别人的脸看是不行的；人是活的，也得要用活的办法去记忆：需要观察他的各种特征，熟悉他的生活，了解他的饮食起居，知道他的言谈举止，最好还能清楚他的特殊癖好，这样才能深入了解他，也才能真正熟悉掌握他。外语的学习绝不等同于埋头死记词典里的单词，词典中收集的语言都是“从活的语文（话语和文章）中宰割下来的，失去了它们在活的语文中与其它字义的关系，也就失去了生命”[②]。在朱光潜看来，这些单词是散落在词典里没有血肉的枯骸，死记下来不仅费时费力，

① 转引自宛小平：《朱光潜年谱长编》，合肥：安徽大学出版社，2019 年，第 212 页。

② 朱光潜：《朱光潜全集》（新编增订版）第 10 卷，北京：中华书局，2012 年，第 116 页。

而且在脑子里也不容易“活”。

2. “攀亲结友”与“预防暗病”

朱光潜认为，外语语言的学习同其他一切知识的学习一样，都是有机体的生长，需要系统化、条理化，需要“攀亲结友”：“一种新来的知识好比一位新客走进一个社会，里面熟人愈多，关系愈复杂，牵涉愈广，他的地位也就愈稳固。如果他进去之后，不能同任何人发生关系，他就变成众所同弃的人，决不能久安其位，或是尽量发挥他的能力，有所作为。”① 这就要求学习者不能孤立地学习语言的词汇、语法等知识，而是需要结合语言实际运用来学习。不仅如此，新的语言知识也需要与已经掌握的知识联系起来，加入并丰富原有知识网络，只有这样，新旧知识才会共同构筑成学习者某个阶段所掌握的外语语言知识体系。

在朱光潜看来，语言的学习要像结识朋友一样，只有通过广泛了解、经常使用，才能在不断的接触中掌握并熟练运用。在缺乏母语环境的情况下，他提倡通过多读原文作品来学习外语语言，因为最好的语言运用都是在原文作品中。朱光潜自己在学习英文时就是从不断阅读中掌握了语言，也获得了极大的乐趣：“英文和中文完全两样，读英文是另入一个境地了，譬如一个人住在内地觉得平淡，一到上海便觉得稀奇，再一到外国更觉得有趣，这和读惯中国文的人去读英文一样，读英语的确是有趣的。”② 但是，他反对当时课堂教学中一些简化原文作品来进行语言教学的做法，“这种简化与孤立语言的办法就像不吃饭而专靠维他命去维持营养”③。语言学习的最终目的在于实际运用，也只有在不断运用中，学习者才能真正掌握所学语言，“由记忆生思想，由因袭生创造，犹如吸收食物加以消化之后变为生命的动力”④。只有吸收到原汁原味的作品，学习者才能领悟、掌握其真正内涵，进而为自己灵活运用。

朱光潜提醒大家，在语言学习过程中要提防各种潜在的错误：“不发现，或是发现了而不及时治疗，或是治疗了由于病人不合作而没有收到疗效，病就还留在那里，越过越深沉，越积累越多，结果就造成外语学习方面夹生饭或半瓶子醋的现象。”⑤ 这些语言学习中出现的潜在错误，朱光潜用了一个独一无二的譬喻词“暗病”来形容，希望学习者要警惕小心，及时消除。

---

① 朱光潜：《朱光潜全集》（新编增订版）第 10 卷，北京：中华书局，2012 年，第 115 页。
② 朱光潜等：《为学与做人》，成都：天地出版社，2012 年，第 209 页。
③ 朱光潜：《关于外语教学的一些杂感》，载《西方语文》，1957 年第 1 期，第 8 页。
④ 朱光潜：《朱光潜全集》（新编增订版）第 1 卷，北京：中华书局，2012 年，第 170 页。
⑤ 转引自刘世沐：《怎样学英语》，北京：北京出版社，1979 年，第 8 页。

3. 注入与表出

朱光潜从多年的教学实践中观察到，很多学生在语言学习过程中只管抱着课本教材下死功夫，却不重视口语练习和写作练习，这种学习方法明显是不得法的。为此，他运用学习心理的相关知识进行了解释：语言学习的刺激沿感觉神经抵达中枢神经，而后形成感觉，只有神经流再沿着运动神经发出反应动作，这种方法形成的感觉才容易记忆牢固；否则，神经流到了中枢神经就半途而废，也不会继续发展为反应动作，这种感觉当然不能在头脑里留下深刻印象，也容易过眼即忘，“所以无论学何科目，注入（impression）和表出（expression）应该同样注重”[①]。除此之外，他还运用图示来解释语言学习的脑神经刺激过程，从而形象化地展示了在语言学习过程中如果只求输入而不注重表达，其结果往往是学习在半途就停止了工作，食而不化也就是必然之结果。

在谈到语言的输入时，朱光潜强调了可理解性输入的重要性。他对现实外语教学中许多贪求一味读高深读物而不讲求实际效果的做法进行了批评，指出学生读这些艰深书籍时，需要频繁翻阅字典，把每个生词的中文意义都注在下面，往往费很长时间，才能看完一页书，而所读懂的仍然是模糊恍惚，“读书既如此其难，如何能发生兴味？”[②] 不仅如此，这些高深读物中的字句都不是学生日常可以用到的，现实交流中实际使用到的字句也与书中的表述不尽相同，这样的语言输入方式费时劳力，学生即便强行记住了，等在现实交流中实际运用时，又会犯下种种令人啼笑皆非的错误。

对于语言的输出，朱光潜特别强调了英语写作和口语的训练。他不仅经常布置写作任务，自己进行面批或课堂相互批阅，还鼓励学生多用英语，尝试各种体裁的写作。口语的练习，除了学习过程中的诵读，他特别注重辩论演讲。朱光潜曾提出，我们应规定学生们每日至少有一小时的辩论或演讲。古代希腊和我国春秋战国时期的学术之所以特别兴盛，就是因为人人喜欢辩论，“辩论的好处在发现己见的错误，和旁人的新见解，因而批郤入微，达于真理”[③]。除此之外，他还组织英文写作比赛，带领学生排演英文话剧等。

---

① 朱光潜：《朱光潜全集》（第 8 卷），合肥：安徽教育出版社，1993 年，第 122 页。

② 同上，第 123 页。

③ 同上，第 114 页。

4. 通过阅读文学作品提高外语能力

朱光潜认为，阅读对于外语学习起着重要作用。无论是小说、戏剧、散文、诗歌、传记等，还是那些文笔好、表现力强、感染力强、可读性强的哲学、美学、历史、地理等方面著作，这些内容丰富的作品中凝聚着一个民族语言的精华，具有持久的趣味性，且能启迪人的智慧，自然也是语言学习的极好材料。在《外语学习：活的方法和死的方法》中，朱光潜指出：英语文章有其内在规律，一篇有生命的文章或者篇章首先会有"谋篇"，就是布置好全篇的脉络气势和轻重分寸，然后才逐段造句遣词。掌握这个篇章规律来学习英语，就会懂得英语文章全篇决定了部分，而部分也会影响到全篇的道理，这样也就能领悟到英语文章的生命所在，体会到英语中上下呼应的好处。这就是一般所谓的"上下文关联的感觉"（sense of context），是英语中语言感（sense of language）的主要组成部分。除此之外，英语发音也有音调节奏的感觉，特别是在诗歌里。学习者如果不顾文章全篇或段落，只是孤立地学习字义语法，那就是"死的学习方法"，这种方法过去曾经坑害过许多学习外语的青年人，使他们浪费了大量时间[①]。

阅读的重要意义不仅在于对学生外语语感的培养，而且关系到外语学习的全局。大量阅读不仅有助于培养学生对于所学语言的感觉，而且能够使他们从中领会语言的艺术，进而提高自己的语言输入与输出能力，恰如中国古代就有的"读书破万卷，下笔如有神"的说法。朱光潜认为，外语学习与文学修养关系密切，文学就是语言的艺术。没有哪个名副其实的文学家不曾在语言上下过长久刻苦的功夫，任何一国真正好的语言大半都要从最好的文学作品中去找。不仅如此，语言和文学从来就不能分门别户，各自独立。文学是语言的最高艺术形式，要学好语言，就必须多读优秀的文学作品。只有这样，说话或写作才能有风采，有自己的风格，输出的语言也才不会索然无味。

朱光潜指出，"最好的语言运用是在文学作品里，我们必须通过广泛阅读文学作品，来扩大语言的接触面，来培养对于语言的敏感和爱好，这样才能打好语言的结实基础"[②]。文学作品的感染力、艺术形象的塑造和艺术境界的产生，凭借的都是语言。文学语言是语言里的精品，文学作品是语言对于思想的描绘，用凝练的语言传递出充沛的情感，丰富的形象塑造

① 刘世沐：《怎样学英语》，北京：北京出版社，1979年，第13页。
② 朱光潜：《朱光潜全集》（第10卷），合肥：安徽教育出版社，1993年，第92页。

中夹杂着情节的跌宕起伏，语言中展示着悲欢离合的交替、喜怒哀乐的震撼，使文学作品读后引人入胜。学习者在通过文学作品学习外语时，容易进入欣赏的角色，而一旦进入欣赏的角色，也就自然熟悉了语言的用法。不仅如此，语言的使用伴随着文学作品的思想感情、内容和艺术形式，直接留在学习者的脑海里，这样习得的英语不仅记得牢，而且用得好。

文学也是文化，学习者的交际能力、综合素养都是以文化为背景的，因此文化素养与能力也可以通过阅读文学作品得以提高。语言、言语、话语，语用，语言与文化等，都是与文学紧密相关的。朱光潜提议，在大学本科三年级以上的教学中，语言与文学不宜分家，“要通过文学作品来学习语言，不要为文学而文学。通过文学作品来学习语言，同时也就培养起文学的兴趣以及初步的研究文学的能力”[①]。由此可见，通过文学作品的阅读来学习外语，其实质就是用“活”的方法学习“活”的语言的“活”的使用，这样做既学习了外语，又学习了文学，从而提高了学生的文化素养，增强了他们从事文学研究的能力。

（三）外语教学方法

1. 传统法与直接法

早在 20 世纪 20 年代于上海和浙江的 3 年中学英语教学实践中，朱光潜就已经尝试了“道尔顿制”教学法和直接教学法，积累了初步的英语教学经验，还对当时中学普遍采用的传统教学法进行了反思，并将自己的研究心得撰文《中学校英文教学法示例》，发表于 1925 年的《教育杂志》上。在他看来，传统中学英文教学法主要存在 4 个方面的缺点：第一，教师缺乏充分的英文训练，不能说流利的英语，上课时只将英文一字一句地翻译成中文，讲给学生听，学生既不能全听懂，又不能自己说；第二，读本、文法、作文、会话在具体教学中，各自分离独立；第三，在日常学习中，明明读、听、说、写四样功夫都同样要紧，学生却只抱着书本做词汇和语法练习；第四，明明是一种活文字，却把它当作死文字教，教学中只偏重读书，只采用课本学习语言。

在列举了种种弊端之后，朱光潜指出，中英文的字义、语法都相差甚远，以中文解释英文，只能得其模糊隐约，使学生头脑中装满了许多错误观念和联想，学生偶尔尝试运用英文时，其语气、语句中也尽是一些非驴非马的中国式英语。因此，应该采用直接法对传统教学法进行改善，即：

---

① 朱光潜：《朱光潜全集》（第 10 卷），合肥：安徽教育出版社，1993 年，第 93 页。

在具体教学中要多用英文进行直接教学，在课堂教学环节中，要重视听说能力的培养，采用实物教授、讨论交流、演述故事等方法，让学生在接近母语学习的环境下学说英语。与此同时，还应该摒弃死做语法练习的教法，提倡实用文法教学，通过频繁的语言接触来自然习得英语文法。这种直接教学法在20世纪二三十年代的中学英语教学中尚属新派，外语教育家林汉达、林语堂等人也都曾撰文论述过。

2. *灌输法与启发式*

每一种语言中都包含着一种独特的世界观，“学会一种外语就意味着在业已形成的世界观的领域里赢得一个新的立足点”。人类创造出语言，但也把自己束缚在语言之中；每一种语言都在使用它的民族周围设下一道樊篱，一个人只有跨过另一种语言的樊篱进入其内，才有可能摆脱母语樊篱的约束。“因为每一种语言都包含着属于某个人类全体的概念和想象方式的完整体系。掌握外语的成就之所以没有被清楚地意识到，完全是因为人们或多或少总是把自己原有的世界观，甚至原有的语言观，带进了一种陌生的语言。”[①] 基于此，语言的学习尤其是外语的学习，需要学习者持之以恒地探索完成，教师或者他人一厢情愿地灌输，不仅累人累己，而且收效甚微。

多年做学生和当教师的经历使朱光潜意识到，大多数外语教师凭着高度的热忱在进行教学工作，倾其所能想要将所有的知识和盘托出，塞进学生的脑子里，然而这种灌输式教学法不仅费时费力，其实际效果往往也很差。通过自己的课堂教学实践，朱光潜举例具体说明了如何在课前、课中和课后实施启发式教学法。在他看来，只有采用启发式教育，通过提问，引导学生主动学习，独立思考，才能让他们在不断学习、思考、实践中真正掌握所学语言，课堂气氛也会因此而变得更加活跃，教与学都会变得更加愉快。

朱光潜指出，教师不仅是知识的传授者，更重要的是学生学习道路上的引路人。教育之原义为“抽引出来”，教师的功用就在于采用各种有效的方法将学生的潜在能力“抽引出来”，使其得到全面充分的发展。因此，“一个教师如果能让自己做尽量少的工作，让学生做尽量多的工作，如果他能把学生的潜能‘抽引’出来，‘催生’出来，达到完满的发展，他就

① 威廉·冯·洪堡特：《论人类语言结构的差异及其对人类精神发展的影响》，姚小平译，北京：商务印书馆，2009年，第72、73页。

是一个最好的教师，就算尽了他的神圣的职责。”[①] 这是朱光潜一直信奉的教育理念，也贯穿于他的外语教学实践中。

三、价值与启示

纵观朱光潜学习外语、运用外语、教授外语所成就的不凡人生，不难发现，他在从民国开始到新中国成立后的半个多世纪的外语教学实践中，将中西方文化与教育思想融会贯通，逐渐形成了自己的外语教育方法与理念，且在不断的教学反思与实践中使其日臻完善，其中颇多见解独到的观点：他主张要用活的方法学习语言，反对死记词汇和语法条例；他提倡“听说领先”的直接法学习语言，通过阅读文学原著，在阅读中尝试写作，逐步培养语言的综合能力；他提醒学外语和教外语的人，语言与思想须保持一致，要提防语言学习中各种形式的“暗病”；他反对逐字逐句解释的灌输式教学法，倡导启发式教育，引领学生独立思考，在师生问答中营造一种探究知识的课堂氛围；他还提倡在语言教学的同时实施人格化教育，在师生互动中创造一种善学乐教的教学氛围。朱光潜从毕生教育实践与探索反思中总结出的种种真知灼见，其中有许多即便是在今天看来也是先进的，对于我国现阶段的外语教学与改革极具启示与借鉴价值。

朱光潜学贯中西，会通古今，既有深厚的国学根基，又是驾驭英、法、德、俄多种外语的高手。曾在武汉大学外文系和他共事 7 年的戴镏龄认为，朱光潜的外语教育成就为美学家的盛名所掩盖：“他大半生从事外语教学，对英语写说的运用，体会尤深，教学上要求极严，对时流及同事这方面的长短也有独特的评述。可惜他作为外语教育家，为美学家盛名所掩盖了，最多他只是被说成懂得几国外文，长于翻译而已。”[②] 诚然，在许多研究家的眼里，朱光潜对于外语教育理论的贡献可能不及他在美学与文艺评论领域的成就，然而，他一生沉埋于外语教育事业中，学习、著述、教学、翻译，“焚膏油以继晷，恒兀兀以穷年”，知行合一，言传身教，用自己半个多世纪的教育实践与不懈追求，践行了一个教育者对教育事业的满腔热情与无私奉献。

---

① 朱光潜：《关于外语教学的一些杂感》，载《西方语文》，1957 年第 1 期，第 11 页。

② 戴镏龄：《忆朱光潜先生》，见《朱光潜纪念集》，合肥：安徽教育出版社，1987 年，第 41 页。

第五节 朱光潜的教师观

除了美学家、文艺理论家、翻译家等诸多身份，朱光潜还是一位颇具影响力的教育家。朱光潜一生从事文化教育工作长达半个多世纪，他几乎亲历或见证了20世纪中国社会变革和文化教育转型的整个过程。除了担任小学教员、中学教员和大学教授，在学校讲台上直接授课外，他还在不同时期发表过《给青年的十二封信》《有志青年要做中小学教师》《中学校英文教学法示例》《论大学授课方式的机械化》《怎样改造学术界》《教育的质与量》《改善大学入学考试的建议》《如何学习英文》《文学院学生的出路》《学业·职业·事业》《说校风》《对当前教育改革的一些想法》等与教育相关的文章，发表了诸多真知灼见，在课堂之外继续从事教育与教学的研究工作。

半个多世纪里，朱光潜不仅身体力行地专注于学校教育和人才培养工作，而且对于国家教育事业的进步和文化事业的发展，始终以极大的热情进行深度思考，建言献策，因此可以说他是个名副其实的教育家。朱光潜对于教育以及教师的众多看法与论述，是基于他对当时社会所做的分析之上的，当然这也与其看待教育始终如一的独特视角——治学与做人——密不可分。朱光潜的教师观，不但充满了立足实践、古今中外对比、批判继承的理性精神和生命活力，而且由于其涉及现代教育中的一系列基本问题、基本关系和领域，因而具有内在的系统性和完整性，是对中国现代教师理论的总结、发展和创新，充满了智慧的光芒，具有现实的借鉴意义。

一、教师的神圣使命

（一）培养学生的责任感与公众心

朱光潜认为，中华民族的建设发展和繁荣富强需要通过教育来培养“好的人民”，因为身处20世纪上半叶的“中国要想廓清旧习积弊，恢复元气，能在世界上立得脚住，必定要组织好政府。好政府必建设在民主主义之上，所以要好人民才能实现。要想好人民，惟有从教育入手”[①]。其原因

① 朱光潜：《朱光潜全集》（第8卷），合肥：安徽教育出版社，1993年，第117页。

在于，一方面，人生而具有享受教育的权利，教育是社会的义务，人人都应该有机会通过接受教育而尽量发展天赋，不能因教育的缺失或缺陷使某个人成为社会发展的障碍；另一方面，人的先天禀赋大部分是可以通过教育于潜移默化中发挥作用的，而一个社会的健全与发展需要包括政治家、哲学家、商贩、农夫等在内的各行各业人的贡献，每个人都可以在社会发展和国家建设中发挥其重要作用。在这一过程中，教师是为国家培养人才的园丁，因此教师在培养学生时需要注重他们对于国家的高度责任感的养成。在朱光潜看来，“中国各种社会事业之改进，其程序一定自下而上，由部分而整体，由凌乱而秩序，由人民而政府”[①]。而如果想以教育来改造社会，同时又想收效迅速，则必须先培养一班领袖人物，因为这些具有高度责任感的人物既以改造社会为目的，自身就要去除民族劣根性，战胜环境恶势力，将来他们走向社会才可以做一番事业，也才可以领着群众向光明处走。

朱光潜还通过对当时社会种种弊端的观察指出，组织力薄弱是一种民族性缺点，而组织力薄弱很多时候都是由于许多人自私心太重，“文化的衰颓和政治的腐败，祸根都伏在这里。我们知道从前一切伟大的事业和伟大的思想大半都是由牺牲的精神中产出；我们更坚信来日光明之出现，也必定借牺牲的精神引导”[②]。所以理想的教育要极力培养牺牲的精神、为国为民的公众心和责任感，能够抛弃一己私念，舍己为群，为人群谋幸福。《学记》里在论述“教之所由兴”的缘由时，其中最重要的一点是“相观而善之谓摩”，这句话就把学校生活的要义都包括进来了：有可观便是风格、风气和风范，相观便是风行，相观而善便是风化。朱光潜认为，个人精神是个人的生命，集体精神也就是集体的生命。学校教育为国家的未来建设培养人才，因此要有为国为民的公众心。而培养公众心，学校需要成为一个有共同的精神和有生命的集体，“师生全体必定有一种公同的认识，公同的情绪，和公同的意志，大家在别的方向尽管不同，而向完成学校的崇高的传播学术文化的一个使命努力迈进，则属一致”[③]。

（二）提升民族文化素养，推进民族文化事业发展

朱光潜认为，“大学教育是全国文化命脉所系”[④]。大学的任务不仅在

① 朱光潜：《朱光潜全集》（第 8 卷），合肥：安徽教育出版社，1993 年，第 117 页。

② 同上，第 171 页。

③ 朱光潜：《朱光潜全集》（第 9 卷），合肥：安徽教育出版社，1993 年，第 66 页。

④ 朱光潜：《朱光潜全集》（第 8 卷），合肥：安徽教育出版社，1993 年，第 471 页。

于培养专门人才，还要为全国培养“信仰学术、提升全民文化素养的风气”。大学是全国年轻人思想发育生长的地方，大学生也处于人生中思维最活跃的阶段，大学如果不能盛行自由研究的风气，学生们的思想便不能发育生长，“文化的低落是必然的结果”①。为此他指出，很多大学集中精力于职业培养和专业训练，却放弃了促进文化发展这个首要目的，这是很可惜的，这个倾向不是我们中国所特有的，在欧美许多大学也曾出现过。实际上文化促进与职业预备的两重目的，在大学人才培养中有并行不悖的可能，全面提升大学生文化素养，促进民族文化传播和发展，是大学教育应当承载的职责；反之，如果从事大学教育的人没有这种促进文化发展的理想，大学教授只是教书，大学生只是在听讲预备考试，大学教育也就会变成“批发死板陈腐知识”的场所，不仅谈不上自由研究，更不必谈民族文化事业的发展。

大学除了培养专门人才，还有推进全国学术文化发展的崇高使命，“大学的最高的目的不在一时的实用，而在长久的文化大计。它必定有高远的眼光，伟大的理想，和无所为而为的精神”。在朱光潜看来，“为学问而学问的精神是我们的文化中的一个优点，值得我们保存”，因此无论是大学教师还是学生，进了大学，“就应不忘记推进学术文化一个神圣的使命”②。朱光潜指出，无论是我国古代的经师制或书院制，还是近代欧美先进国家的学校制度，一个国家文化与教育的推动者往往都是那些品学俱优的大师宿儒，他们彼此观摩砥砺，交流切磋，逐渐养成学界乃至全国范围内一种健康兴旺的学风，民族文化与教育也就在这种风气中生根开花结果。当今大学教育工作中所最需要的，不是制度方法上的新花样，而是良心与自省，“是彻底地认清自己在文化与教育上所站的地位，而忠实地果决地向前迈进，求完成自己所担负的神圣使命”③。在自己所耕耘的这块园地上，大学教育工作者只有担负起自己的责任，努力耕耘，才能为文化与教育的前途打下扎实的根基；虚伪，苟且，敷衍，则无法促进文化与教育事业的长足进展。

（三）培养具有独立创造与批判精神的全人

好奇与求知是人类天性，如果要对于学术有所贡献，培养独立创造能力是必不可少的。朱光潜指出，中华民族占世界人口四分之一，在独立创

① 朱光潜：《朱光潜全集》（第8卷），合肥：安徽教育出版社，1993年，第469—470页。
② 朱光潜：《朱光潜全集》（第9卷），合肥：安徽教育出版社，1993年，第69页。
③ 朱光潜：《朱光潜全集》（第8卷），合肥：安徽教育出版社，1993年，第60页。

造方面“责任比别的民族都较大些”，然而两千年来我国因袭模仿的思想根深蒂固，“如果只能守成，没有新创造，将来环境变迁，我们没有新知识和能力去适应，定会淘汰的”[①]。教师的力量不仅在于教学模式的运用，更“在于能唤醒我们的内心去认识真理，一种多年后回想起导师对我们人生的影响时仍可再次感悟的真理”[②]。独立创造的精神是学术进化的驱遣者，独立创造的精神也是民族前进的原动力。朱光潜指出，模仿味太重已经成为学术界一大危机，如果学术不能均衡发展，独立创造精神也会逐渐被侵蚀，为此他赞成采用借鉴学习，但这只能当作是手段，不应成为最终目的，真正的目的是需要通过模仿进而去自主创造。

批判思维的目的是帮助人们理解自己为什么会这样思维，“理解知识的社会建构如何决定了人们相信何物为真以及他们如何解释周围世界”[③]。学校培养的人才要具有批判精神，不要武断也不要盲从，批判要根据科学方法，要有理由和事例，不要凭空放箭，不要离题攻击。批判精神允许自由表达观点，从而得以展开深层次对话。批判思维不再是被动地吸收知识或者文化，而是想象自己或他人观点的理由和可能结果，使思维具备积极、主动的批判力和独创精神，从而可以更好地胜任未来复杂世界的种种挑战，毕竟教育的要义就在于能够培养出“推陈出新、开创我们从未预见过的事业的机会”的人才，不仅如此，教育还要能够“提前为他们重建一个共同世界的任务做准备”[④]。

朱光潜认为，教育的重要使命在于培养“全人”，而不仅仅是灌输知识。教育要求多方面的、全面的发展，使学生养成一个完全的人格；畸轻畸重的习气最容易使各科教材的分量不相称、内容不连贯，使学生所得的知识都是零零碎碎，不能组成一个完全经验。学校教育不仅在于培养专门人才，注重学问的习得，还要注重人才“养成宏毅豁达的胸襟气宇”[⑤]，这种胸襟气宇的教育也是我国教育历来所注重的。

---

① 朱光潜：《朱光潜全集》(第 8 卷)，合肥：安徽教育出版社，1993 年，第 29 页。

② 帕克·帕尔默：《教学勇气：漫步教师心灵》(20 周年纪念版)，方彤译，上海：华东师范大学出版社，2020 年，第 59 页。

③ 乔尔·斯普林格：《脑中之轮：教育哲学导论》，贾晨阳译，北京：北京大学出版社，2005 年，第 26 页。

④ 汉娜·阿伦特：《过去与未来之间》，王寅丽、张立立译，南京：译林出版社，2011 年，第 182 页。

⑤ 朱光潜：《朱光潜全集》(第 8 卷)，合肥：安徽教育出版社，1993 年，第 70 页。

二、教师的光荣职责

“教育犹如人类自古有之的一种舞蹈，教师和学生历来就是这场舞蹈中不可或缺的共舞舞伴”，在这种世代相传的两全其美的教学之舞中，教师与学生“共同塑造着休戚与共的人类社会”①。教育中人与人之间的关系、个人与集体之间的关系是朱光潜始终关注的问题，他认为，教师对于学生的成长和民族人才的培养发挥着重要的作用和影响。“乐群，亲师，敬友”，几千年的中国教育理想都有这种尊师敬友的优良传统，非常看重学校里师生关系的培养。在学生的求学成人路途中，教师应是他们情感上的陪伴者、人格上的熏陶者、学业上的启发者和科学研究中的引路人。

（一）教师是学生情感上的陪伴者

朱光潜指出，教育是人才培养的事业，教育发挥作用的基本条件就是“施教者与受教者之中有彻底的了解与同情，施教者对于受教者有父兄对于子弟的热忱，受教者对于施教者有子弟对于父兄的信仰与尊敬”②。我国古代书院中的大师与其门徒之间也大多具有这种亲密的精神和情感联系，而这也是古代文化事业得以薪火相传的秘诀。朱光潜多次批判当时很多学校的现状：师生见面根据课程表规定的时间和地点，大家闻铃上课，闻铃下课，师生之间不能发生亲切的关系，而在规定时间和地点之内，“彼此又在敷衍公事，没有一点人性的温热的接触”。课堂之外，师生彼此更是相视如路人。不仅如此，“学生对于教员，无论有无敬仰，总得要去上他的课；教员对于学生，无论有无情谊，也总得去教他们的课。教课受课，形同买卖。教员如同佣工，在薪水以外，不能得到情感上的温慰，久之自不免对于自己的职业感觉乏味，发生厌倦。学生读书等于贩货，师友间无所谓人格的熏陶！就是简单的友谊也不存在，整年的光阴都费在读讲义，忙考试，甚至于其它更无意义的勾当方面，学校生活自然显得非常干枯沉闷”③。教师与学生闻铃下课，彼此在课堂中每周打过数小时的照面之外，即各过各的生活，老死不相往来。教师与学生的关系，犹如生意的买卖，而真正教育又恰巧是一件非卖品，需要以情谊为基础。在朱光潜看来，学校到了这种情形，便只是知识贩卖的场所，德育、美育、体育等等就都被

① 帕克·帕尔默：《教学勇气：漫步教师心灵》（20周年纪念版），方彤译，上海：华东师范大学出版社，2020年，第65页。

② 朱光潜：《朱光潜全集》（第9卷）：合肥：安徽教育出版社，1993年，第54页。

③ 朱光潜：《朱光潜全集》（第8卷），合肥：安徽教育出版社，1993年，第468、469页。

丢在了九霄云外。

朱光潜认为，学校要有师生间的敬爱精神，才可以培养、造就出真正的人才。具体而言，教师从教应该以教育兴趣为基础，学生就学也不纯粹是以金钱换取学历，因为“师生间无了解所以无敬爱，无敬爱所以无人格感化”。学校要由“同志的教师，信仰的学生组成。一方面要有社会的组织和互助的精神，一方面要充满了家庭的亲爱”[①]。教室以外还有观摩切磋的机会，课本以外另有启发学习的场所，在这种情形下，学校里的师生在情感上都应欣合无间，极力求得由敬爱而发生人格感化，教育自然也就能在陪伴中成就人才。

我国古代私塾与书院中，学生择师而就教，师生之间容易有情谊关系；而在现行制度中，学生择校而就学，教员应学校聘用而授课，与教员和学生有直接关系的是一个空空洞洞的学校，教员与学生在一般情形之下，不容易结成有很深情谊的关系。“教育是一种人性的接触，没有情谊做基础，无论制度如何完密，设备如何周到，决难收完美的效果。现在学校制度最大的毛病就在缺乏情谊的基础与人格的熏陶。”[②] 师生之间因无感情，所以无了解，无了解所以多误会。在这种情形之下，教员既以教育事业为苦事，索然寡兴；学生也觉得学校是囚笼，是地狱，学校教育无活泼进取的气象与活力，长此以往，必然会导致“士风的窳败，极端自私性的发展，敷衍苟且的恶习的酿成，学殖的落后”[③]。

（二）教师是学生人格上的熏陶者

19 世纪末的欧美盛行人格教育，20 世纪初中国的一些教育家也提倡人格教育，蔡元培就曾提出：“教育是帮助受教育的人，给他能发展自己的能力，完善他们的人格。”[④] 在几十年教育生涯中，朱光潜一直倡导人格教育。他在《私人创校计划》中提出，学校里的师生讲学应带有古时希腊学园及我国书院的风气。教员志同道合，于是集合而成学校。学生对于教员人格学问都有信仰，于是请求入学。学校风气首在以品格气节相砥砺。教员学生饮食起居工作，均注重共同生活。彼此相视如父子兄弟，以至诚相感，但天真烂漫中寓有相当礼仪。这样在教学中便可以营造出一种契合无间、你敬我爱的关系，也才能实现人格的感化和熏陶。既是感化，就不

① 朱光潜：《朱光潜全集》（第 8 卷），合肥：安徽教育出版社，1993 年，第 171 页。

② 同上，第 471 页。

③ 同上，第 469 页。

④ 蔡元培：《蔡元培全集》（第 4 卷），北京：中华书局，1984 年，第 177 页。

是使用权威或者强行灌输；因是熏陶，就不止于一时一地，不仅“听其言”、更要“观其行”。人格教育发生时，教师提倡且自身具有的那些美好品质，在耳濡目染中，使学生因敬仰喜爱而沿袭模仿，继而内化成为自己的特质；教育过程中，有真情流露、浑然一体，是心悦诚服、欣然效仿，一切皆在自然中。大学教师的作用在于“以自己的人格魅力激发学生的热情，并给学生追求更广博的知识和更坚定的目标创造条件”①。

朱光潜认为，诚实是人格教育的第一要素，社会上有许多罪恶都出自待人不诚或者待己不诚，所以学校师生之间要以诚相见。诚实也是中国传统思想文化中道德人格的核心，《礼记·中庸》中就有“惟天下之至诚，为能尽其性”，“诚实”俨然是儒家标榜的最高道德境界“至诚”的基石。朱光潜指出，社会上的许多罪恶都源自虚伪，学校里很多形式主义和敷衍手段都是“培养虚伪的祸根”②。许多学者在学术上“发表热太狂”，不下真功夫，不够诚实，不知以为知；道听途说，以讹传讹，甚至剽窃他人成果；待人不诚也待己不诚，“自欺欺人就是自误误人”③。这些不诚的风气有违师德，败坏学术界，影响社会风气，处于这种情形下的高校人才培养事业自然也难成正果。朱光潜提倡，学校要破除这种习气，教师要“努力做忠实的功夫”④，全校师生都“极力求以至诚相见”⑤，砥砺学问道德，使虚伪无迹可寻。学校里这种人格教育是为学生未来学业和生活所做的最好准备，大学教育持久且最富成效的结果，“应该是对一个人的人性本质的训练”⑥。

人格教育需要克服和改造人类本性中的自私自利，在朱光潜看来，组织力薄弱是民族性、劣根性的表现，而组织力薄弱往往都是由于自私心太重，这是文化衰颓和政治腐败的祸根，“一切伟大的事业和伟大的思想大半都是由牺牲的精神中产出”，因此培养舍己为公的牺牲精神和为人群谋幸福的精神是人格教育的重要内容。人格教育还需要培养刻苦耐劳的意志力，朱光潜认为，“人类最高贵的一点灵光就是排除一切障碍而求实现理

① 阿尔弗雷德·诺思·怀特海：《教育的目的》（全译本），赵晓晴、张鑫毅译，上海：上海人民出版社，2018年，第48页。

② 朱光潜：《朱光潜全集》（第8卷），合肥：安徽教育出版社，1993年，第171页。

③ 同上，第27页。

④ 同上，第28页。

⑤ 同上，第171页。

⑥ 杜威：《杜威全集·早期著作（1882—1898）第三卷（1889—1892）》，吴新文、邵强进等译，上海：华东师范大学出版社，2010年，第44页。

想的一种意力”[1]。这种“意力”不仅使人能战胜困难，独立生活，精神不易为物质欲所屈服，而且还能领略创造的快乐，因此是学生未来人生中必不可少的一种品格。

真正好的师生关系应该是两个独立自我之间的关系。“好的教育者不应以驯服学生或让学生听话为目的”[2]，教师和学生各自保持住自我是建立良好师生关系的基础和前提。在培养人才的道路上，教师鼓励学生保持自己的个性和人格，同时教师也应保持自己的个性和自我。朱光潜不仅提出了人格教育，而且在几十年职业生涯中身体力行，在不断变化着的环境中始终努力提高并完善自己，以自己的人格魅力影响不同时期的学生。不仅如此，他还提出，理想的人格教育，需要一批具有舍己为群、艰苦奋斗的意志力和科学精神的“领袖人物”，他坚信意志能够征服一切，“我国民族是能够以少数转移多数的，改变风气，不是一回难事”。这样，“横在我们的前面有一个极庄严灿烂的世界”[3]。

（三）教师是学生学业上的启发者

教师是人类历史上一种古老的职业，从词源上看，“教育”这个名词在拉丁文中为 education，原文为“抽引出来”。顾名思义，教师的功用就在于把学生潜在的能力，包括知、情、意等各方面的能力，都“抽引出来”，使得这些能力能得到充分的发展[4]。教学是一种“神而明之，在乎其人”的工作，不同的教师有不同的教学理念和方法，但是教师如果不能认识清楚自己在学生学业上的作用，就会产生适得其反的影响。朱光潜认为，青年教师往往以高度热忱代替了明确认知，在教课时往往想把自己所有的知识都和盘托出，塞到学生脑子里去，而不管他们能不能消化。这种全盘灌输式的教学方法，不仅费力不讨好，而且错会了教育的真正内涵，在实际教学中也收效甚微。教学不是一厢情愿地灌输知识，而应是锲而不舍地启发引导学生，培养他们“独立工作、独立思考和从事创造发明的能力”[5]。

朱光潜在几十年的教学实践中始终坚持启发式教学，在他看来这也是课堂教学唯一的好方法。采用启发式教学是一件既费时间又费精力的事，但是坚持下来会取得真正效果，因此教师要始终不懈地坚持启发的原则，要不惜时间、不惜精力，克服急躁的毛病。朱光潜提出，无论教什么功

---

① 朱光潜：《朱光潜全集》（第 8 卷），合肥：安徽教育出版社，1993 年，第 171 页。
② 徐瑞：《尼采》，北京：北京师范大学出版社，2012 年，第 172 页。
③ 朱光潜：《朱光潜全集》（第 8 卷），合肥：安徽教育出版社，1993 年，第 171 页。
④ 朱光潜：《关于外语教学的一些杂感》，载《西方语文》，1957 年第 1 期，第 11 页。
⑤ 朱光潜：《朱光潜全集》（第 10 卷），合肥：安徽教育出版社，1993 年，第 459 页。

课，首先要使学生自己意识到学习的必要性，要使他们立定目标去主动学习，把训练学生有问必答作为教学的重要目标之一。启发式教学关键在于，教学开始养成习惯，使师生问答成为教学的主要方式，坚持下去学生就自然会养成热爱讨论、有问必答的良好习惯。这个习惯养成了，独立学习的能力自然就会逐渐提高，开动脑筋去钻研的风气也就会逐渐形成。如此一来，课堂的气氛就会活跃起来，教与学都会成为愉快的工作了①。

在教师启发教学的过程中，"因材施教"的基本原则需要兼顾，"既谈教育，每个人的个性与特长就不能不顾到"②，因为人在禀赋、兴趣上有种种个别差异，教师需要顾及不同学生的不同状况，在教学问答中留有余地，让每个人顺着自己的特长去发展。教师有培养学生个性和促进其天赋自由发展的责任，正是这些个性和天赋，"把每个人和其他人区别开来的独特性（uniqueness），这些特质使他不再只是来到世界上的一个陌生人，而是成为世界上从未有过的那么一个人"③。但教育的发展现状让朱光潜认识到，现代教育普遍化之后，升大学者日渐增多，以少数教师负责教育成百上千学生，势必走上工业上所谓"大批制造"（mass production）的路径，这种条件之下的教育就是系统化或机械化的教育，学习者的个别差异很难被兼顾到。

朱光潜认为，"教育的要旨在使学生应付新环境，能知道怎样在世界上生活，只在脑筋里储藏许多死事实，不能推理，这种人决不能随机应变，决不能享完善的生活"④。因此，在进行教学设计时，首先需要培养学生能推理决疑，不专恃记忆来求呆板的知识；在教学过程中要经常把学生放在疑难的境遇，使他有解决问题的需要，在学校里既能常用推理以解决问题，那么在实际生活中他再适应新环境也就不难了。其次，学生所学习的知识要能影响他们自己的操行，而不只是为知识而求知识；如果只是为知识而求知识，知和行便截然分成两件事。教学的主旨在使学生能够由行而知，于不知不觉中养成一种知行合一的心理习惯。行要成功，知要彻底，换句话说，就是经验要完全。再次，学习要利用自然的境遇（natural setting）。一件事情在实际生活中我们怎样去做，在学校也应怎样去做，

---

① 朱光潜：《关于外语教学的一些杂感》，载《西方语文》，1957年第1期，第12页。

② 朱光潜：《朱光潜全集》（第8卷），合肥：安徽教育出版社，1993年，第469页。

③ 汉娜·阿伦特：《过去与未来之间》，王寅丽、张立立译，南京：译林出版社，2011年，第176页。

④ 朱光潜：《朱光潜全集》（第8卷），合肥：安徽教育出版社，1993年，第75—76页。

"学校的功能是告诉学生这个世界是怎么样的，而不是教他们谋生的技能"[①]，教师则可以把他关于世界的知识传授给学生。总而言之，学校教育不能完全脱离实际生活。教师可以设计疑难境遇，让学生自己想办法去解决；一个问题解决或一个计划成功了，学生自然能发现原理。这不仅合乎科学方法，而且能满足学习者的心理需求。朱光潜反对教学中的机械授课，教师年复一年敷衍，学生漫不经心应付，培养出的人才"在知识方面仅有一知半解，在为人处世方面则毫无正确的训练"[②]，自然无法担当起未来建设国家的艰难重任。

（四）教师是学生科学研究中的引路人

朱光潜认为，近代科学发展赋予了人们最新的知识和方法，对于学生的科学训练也是教学中必不可少的。教师在古希腊时代被称为"引路人"，在探求学问的道路上，教师引着学生走，而不是背着学生走，学生本来长着脚，自己可以走。教师在这个世界里早走了一些日子，多走了一些地方，可以指点年轻的初出门者，说路应该朝哪里走，怎么走。如果我们培养的学生只有热心，只有良好的品格，却没有接受过科学训练，就很难在将来的事业中获得成功。在朱光潜看来，中国人向来长于综合而短于分析、长于演绎而短于归纳，这种思维特性导致学问没有体系。"混之流弊乃至于乱，乱之流弊乃至于妄"[③]，要斩除这种缺点，唯有借助科学教育。所以我们在人才培养中必须要坚持科学训练，注重采纳科学发展的最新成果和方法，培养学生具有清醒的头脑和真知灼见，在紊乱状态中能看破原委线索而筹划对付方法，遇到困难能按部就班而寸步不乱。

为了提高学生的研究能力和批判精神，朱光潜提议大学应该尽量减少授课时间，增加师生个别讨论的时间。如果学生的精力整日疲于上课，自然无暇做课外阅读或演讲活动，他坚信，"如果我国教育想要彻底改善，从小学到大学课程的数目都要尽量减少，每科的效率都要尽量提高；在大学里，自由研究的时间至少要比上课的时间多两倍"[④]。学生自己可以看懂的书和可以完成的工作，就由学生自己去完成，没有必要再占用课堂时间细讲，教师最大的任务在于"观察学生个别的兴趣与需要，替他们介绍应读书籍，指示当走的门径，说明研究的方法"。同时，教师也应该"有充

① 汉娜·阿伦特：《过去与未来之间》，王寅丽、张立立译，南京：译林出版社，2011 年，第 181 页。

② 朱光潜：《朱光潜全集》（第 8 卷），合肥：安徽教育出版社，1993 年，第 473 页。

③ 同上，第 113 页。

④ 朱光潜：《朱光潜全集》（第 9 卷），合肥：安徽教育出版社，1993 年，第 58 页。

分的时间自己作赓续研究的工作，尽他对于促进文化的责任”①。如此，则整个学校也就有了浓厚的研究学术的风气。

当时有人提出，本科阶段学生的主要任务是吸收知识，科学研究不仅没有必要而且会妨碍学习，朱光潜对这一观点进行了批判，并以语言学习为例说明大学生要学好语言，“就得学会运用思考，就得把它作为科学研究对象去学习”。他指出，教师在这方面应起示范作用，让学生知道研究所学对象的正确路径和方法。以课堂上的语言学习为例，在复习总结阶段，可以就某一个中心问题，例如文章的布局、分词的用法、某些习惯动词所跟的前置词之类等，去检查以往阅读材料以及自己过去在这方面所犯的错误，加以排列分类，进行分析，找出规律或道理来，写成一篇总结。“这就是把感性认识提高到理性认识，从现象到规律，从知其然到知其所以然，这也就是科学研究。”② 教师一旦引导学生建立起了学习中的研究习惯以后，他就会发现许多问题都可以由学生自己去解决，教学也就日渐轻松而愉快了。

在课堂之外，朱光潜对于学生们的科学研究也一直是积极引导，鼓励他们自由研究、勇于尝试。朱光潜还根据自己在大学里10多年的听课经验指出，课堂教学的影响其实是有限的，但是他从与老师们的私人谈话中得出了一些教益：老师们了解学生的具体情况，提出了一些问题，推荐某门课程必读经典著作；老师们指出了学生需要特别注意的地方，以及他们目前学习欠缺的所在；等等。学生如果能顺着老师所指点的方向，自己去读书、去钻研问题，自然会逐渐培养起独立从事科学研究的能力。朱光潜根据自己的体会得出一个坚定信念：教师如果能放弃全盘灌入的想法，培养学生自主学习和独立研究的能力，让自己少一点大包大揽，让学生多一些主动积极探究，“如果他能把学生的潜能‘抽引’出来，‘催生’出来，达到完满的发展，他就是一个最好的教师，就算尽了他的神圣的职责”③。

三、教师的终身治学

朱光潜认为，教师无论是来自师范学校还是非师范学校，都应该“抱有为教育而教育的决心”④，一旦从事教育这个职业，就要热爱教育并致力于终身治学。现实中，很多人从事教育工作完全是为了饭碗，是不得已而

---

① 朱光潜：《朱光潜全集》（第8卷），合肥：安徽教育出版社，1993年，第472页。
② 朱光潜：《关于外语教学的一些杂感》，载《西方语文》，1957年第1期，第12页。
③ 同上，第11页。
④ 朱光潜：《朱光潜全集》（第8卷），合肥：安徽教育出版社，1993年，第107页。

为之的选择，许多学工程、法律、农学的学生毕业时没有好工作可做，便去当教员。在朱光潜看来，教育界已经变成一个“藏垢纳污”的地方了。因此，教师与学校之间的关系都带着“营业”性质，教师与教师之间没有志同道合发展教育事业的理想，同事之间彼此无深入了解与同情，貌合神离。虽然打着神圣的教育招牌步入这个行业，实际只不过是上课拿钱、下课吃香烟打麻雀，对于教育文化事业和人才培养也没有深厚的情感。在朱光潜看来，教师的全身心投入是教育为国为民培养人才的重要前提，不仅如此，教师在步入这个行业后，还要继续做研究、留学进修等以树立终身治学的理念。

（一）教师的学术研究

朱光潜指出，国内学术界长期缺乏人才，根本原因在于，一方面，许多人在任职之前准备时间太短，没有踏踏实实下过功夫，也没能培养出解决问题的真知灼见和能力；另一方面，许多人在走上岗位之后往往安于现状，忽略了教学研究事业。以高校教师而言，很多教师一旦获得职位，一份东拉西扯的讲义编成后，一直沿用很多年，固守己见，从不研究教学，这种“无源之泉，供之有限，用之怎能不竭？”[①]

朱光潜认为，大学教育阶段除了知识积累，更为重要的还是师生能够自由进行学术研究；大学教师要做研究，不仅要研究教学理论、教学方法和教学对象，而且自己也要肩负起以研究促进教学和文化传播的职责。教师研究各种教学理论，尤其是关注最新教学理论，可以更好地指导现实教学。在朱光潜看来，教学方法本身并无国界，合理学习借鉴别国或者他人的教学方法，可以更好地提升自己的教学效果。他在长期教学中总是将国外新的教学方法与国内教学实际有机结合，反对教学方法上的形式主义，提倡教师要对教学方法进行深入研究，随机应变地灵活运用各种教学方法，去解决实际存在的种种教学问题。朱光潜还多次指出，对于教学对象的研究可以更好地实施“因材施教”，使课堂授课与课下师生个别讨论交流相结合，从而能达到更好的教学效果。

朱光潜一直提倡，大学教师应该充分利用课余时间从事自己的研究工作，教学与研究是相辅相成的，他自己便“在从事英语教学的时候就探究英语教学的方式方法等问题，在从事美学研究和教学的时候就探究美育的意义和对塑造人格的重要性，在从事文学研究和教学的时候就反思文学教

① 朱光潜：《朱光潜全集》（第 8 卷），合肥：安徽教育出版社，1993 年，第 36—37 页。

育的意义和对提升人格修养的作用等”①。朱光潜将其一生都奉献给了民族教育事业，他的学术研究事业和教育事业始终是合二为一、融会贯通的。他始终认为，“一个大学不仅能造就学生，同时须能造就教授；一个大学教授的职责不仅在教书，尤重在对于他的专门学问能作赓续不断的研究，使它逐日进步。教授与学生并非两个界限划然的阶级，对于所研究的专科学问应该有时是同力合作者”②。教师和学生共同进行研究，共同营造出大学里自由研究的风气，如此也就促进了国家文化事业的发展。

（二）教师的留学进修

早在 20 世纪 20 年代，在谈论出国留学问题时，朱光潜就创造性地提出，除了选派学生之外，在留学人员的选送中要选取在学术上已经有一定基础的大学教授。在他看来，年龄太小的学生出国，往往因为语言、文化、生活等种种困难而难有大收获，但选送学问和实际生活经验都很丰富的大学教授或者大学生出国留学进修，他们能够很快适应环境，因而能以较少经费收获较大的留学效果；另一方面，他们已经了解、掌握了国内种种困难和问题，出国留学时便可以带着问题进行研究，也可以在留学进修时对于那些能解决国内问题和困难的诸多方法特别留心注意，这亦符合科学方法上“实验观察要有原理目的”之原则。

朱光潜还提出，留学进修的政策需要长期实施。他指出，即便是有一定基础的留学生第一次出国时，如果只是走马观花，往往也不会有很大收益。当今科学技术日新月异，而各科学问之间往往有着密切关联，因此在学术研究过程中，只有对于各种学问都有了很稳固的基础，才能去对于某种学术进行深入研究，恰如世界上大哲学家、大科学家很多都是先学几种学术做基础，再去专攻一门学术。这个过程往往需要经过长时期的、多个大学的联合熏陶培养，他们的学术事业才容易取得成就，而我国学术界也极需要这样的人才，因此朱光潜大声疾呼：“今后当采取长期留学制，使我们的学者多和世界著名学者接触接触。”③ 这对于促进我国学术文化事业的发展大有裨益。

（三）教师的终身提高

“教育质量高低，大半取决于教师质量高低。”为了更好地教书育人，

---

① 江飞、黄晶晶：《朱光潜尽性全人教育思想》，太原：山西人民出版社，2018 年，第 87 页。
② 朱光潜：《朱光潜全集》（第 8 卷），合肥：安徽教育出版社，1993 年，第 470 页。
③ 同上，第 38 页。

“教育者自己也要受教育”[①]。朱光潜认为，学生需要学习提高，教师在职业生涯中也需要不断学习提高，“如果学生的高度要同教员的高度成正比例，我国一般执教鞭的先生们是否已经高到无限大，不必再高呢？这个问题最好还待他们自己解决”[②]。在他看来，有的教师多年沿用一份陈旧讲义，教学时临时抱佛脚，自然不能很好地履行自己作为教师的神圣职责。教师如果想在学术和人才培养中有所作为，必须要保持终身学习的能力，不断提高完善自己，即便是很有成就的大学教授，如果能“百尺竿头，再进一步”，于人于己都不是坏事，还可以充分发挥学界领袖人物的作用。

在朱光潜看来，各国教育都是适应各自国情的，需求不同，教育也因之而异。大学是全国学生思想发育生长的地方，也是从事研究和培养科学研究精神的极好场所，“真正研究的工作还是在当大学教授或是在工厂服务之后才起始。他们把学问当作终身事业，所以各科学问进步才如此之快”[③]。很多中国人以为一种学问在三五年之内就可以学成，把打根基的学生时代误认为是研究时期，把真正的研究时期理解为是应坐享其成的阶段，所以一旦获得稳定的大学职位，成为“饱学之士”以后，就什么事都完成了，彻底丧失了研究热忱。他指出，无论是学成归国的留学生、本国大学的毕业生，还是教授，“在任事时期不做研究事业，就是根底很深，也会没有进步，就连已有的也不免荒落”。许多人在研究刚取得成果时也曾轰轰烈烈一番，然而不过几年，就无声无息地变成“学术界之落伍者”，其重要原因之一是因为太自满或者太懒怠，“求学问是终身的事业，那有终局的时候?”因此，他希望将来各大学都设有研究院，并希望大学教师都能“川流不息的做研究事业”[④]。

四、价值与启示

历经了中国传统私塾、近代新式学堂和西方学校教育制度的不同与熏陶，可以说，朱光潜对于教师的看法是其长达半个多世纪的教学经验和现实观察的总结，也与其一直秉持的大学教育应担负社会功能和神圣使命的理念分不开。作为国家的高等学府，大学的风气可以直接影响全社会，由此可见大学教师的责任重大。朱光潜提倡在可能的范围内可以采取中国古代书院制和西方发达国家的大学教育导师制，由学生选择自己所敬仰的教

---

① 朱光潜：《朱光潜全集》(第10卷)，合肥：安徽教育出版社，1993年，第458页。

② 朱光潜：《朱光潜全集》(第8卷)，合肥：安徽教育出版社，1993年，第35页。

③ 同上，第344页。

④ 同上，第38页。

师做导师，由他们来指导自己治学和做人，而且“大学不应该只是一种高等知识贩卖所，大学教育应该包含人格熏陶在内，应该有情谊做基础”①。

朱光潜不仅直接培养了许多文学、美学、翻译、外语教育等领域的优秀人才，而且还鼓舞并影响了一代又一代热爱教育的人士坚守三尺讲台。他的教师观既是对中国传统优秀教师观的继承，又有对西方发达国家教师观的合理借鉴，是现代中国教师发展理论宝库中的宝贵财富。朱光潜从自身的教育实践中总结出来的教师观，具有民族文化特色和时代前瞻性，对于当下教育事业的发展，仍然具有现实的启示意义。

（一）培养良师益友与砥砺同行的师生关系

师生关系自古以来就是与教学相生相伴的一个焦点问题。首先，朱光潜认为，仁爱是教育发生的先决条件，师生之间情谊犹如父兄子弟，没有这种情谊做基础，一切教育的外在设施条件都很难收到良好的教育效果；体现出尊师爱生的温情和强烈人文关怀的师生关系，也是中国传统教师文化中师道与孝亲的统一。其次，对于教师在育人过程中的作用，朱光潜始终坚持的是将其定位成人格上的熏陶者。熏陶是实施人格教育的主要方式，育人始终是朱光潜教师理论中的首要任务，这种对于人的道德的培养，表现在教师于潜移默化中对学生的人格熏陶，没有高压、专制或说教，这就要求教师自己在人格修养上要能成为学生为人做事的模范、表率和示范者，体现出了一种言传身教的使命感和社会责任意识。再次，朱光潜认为，师生是学业和科学研究中的同路人，教师只不过比学生早生了几年、多走了一些路，知识不仅是通过传授获得的，而且是要启发引导出学习者内心固有的能力。因此，教师可以成为学生的启发者、指引者，真正的学习和研究还需要学生自己主动完成。不仅如此，教师和学生可以共同探究学习，以品格气节相互砥砺，共同前行，共同培养优良学风，以促进民族文化事业的发展。这种体现出民主平等特色的师生关系，使教学成为师生之间不断进步、充满乐趣的创造过程，也是我国传统教师观在内容和思想上的深化与拓展，对于纠正当下教师文化中过于追求现代教育技术的运用等问题，不乏启示意义。

（二）树立传承文化与终身提高的教师发展目标

无论是民国时期，还是在新中国成立后，朱光潜始终提倡教师要为改造社会、国家建设和民族文化事业发展培养优秀人才。文化是民族的根基

---

① 朱光潜：《朱光潜全集》（第8卷），合肥：安徽教育出版社，1993年，第38页。

与血脉，青年是民族文化的传人。教师有责任提升全民文化素养，促进民族文化事业发展。教师不仅要培养出有责任感和公众心的优秀青年，更要培养出热爱真理、具有独立创造和批评精神的全人，这样便是完成了教师应尽的神圣职责。为此，教师需要抱着“为教育而教育”的理想，教师的教学必须要与自身的不断学习和研究结合起来，具备高尚的人格魅力，保持终身学习提高的意识，“乐于长期从事教育工作，精心培育人才，体现了古人敬业、乐业的职业道德精神”①。

半个多世纪前的朱光潜教师发展理论，虽然有理想主义色彩，但其中有许多内容在今天依然有生命力，有的仍然是广大教师努力的方向，其凸显出的是朱光潜在教师发展思考中，始终将个人发展与国家和民族文化事业的前途紧密结合起来的宽广胸襟。言教身教，朱光潜的教师观是其长达半个多世纪的教学实践和思考的结晶；为人师表，命运浮沉中的教学坚守和毕生探索是朱光潜所倡导的教师理念的最好注解。可以说，朱光潜的大学教师观既包含了中国传统教师观中为人师表、言传身教等优良传统，又有着借鉴现代科学技术发展成果和西方大学教育中宝贵经验的理路，体现出理论的科学性和实践性，对于当今师德师风建设和教师职业发展仍然具有现实指导意义。

① 施克灿：《传统教师观的历史沿变及意义》，载《教师发展研究》，2018 年第 2 期，第 92 页。

第四章　非凡译笔写春秋：朱光潜翻译教学与实践

翻译是搭建在母语与外语之间的桥梁，学习外语离不开翻译，翻译亦是外语教学的主要内容之一。朱光潜的翻译生涯比他课堂教学的生涯更为长久，在长期的外语教学实践中，他的翻译实践与课堂教学相得益彰，使他在翻译教学方面形成了自己的特色，课堂教学成效突出。此外，朱光潜在西方文论翻译、文学翻译等方面的成就，以及融入其中的翻译思想，一直以来为我国外语翻译教学与研究人员学习与借鉴。

第一节　朱光潜的翻译教学

朱光潜是创作与翻译并举的学术大师，翻译既是其学术研究的重要领域，也是他多年从事外语教学的主要内容之一。早在抗战时期，于武汉大学授课的朱光潜就开设了英语专业高年级的翻译课程，战后重回北京大学担任西语系主任和教授期间，他的翻译课一直开设了下来。新中国成立后，朱光潜在北大还是担任翻译课的教学工作，直至1960年他转入北大新成立的哲学系后才停止授课。在几十年的翻译课程教学过程中，朱光潜为国家的翻译事业培养了众多人才，同时也形成了自己独特的教学方法，而这对于当今的翻译教学和研究仍然不乏启示意义。

一、翻译教学要求

（一）翻译课上的严格教师

国内以英语语法研究而著名的章振邦教授，1940—1944年曾在武汉大学外文系英语专业学习，毕业后又在武汉大学外文系任教两年。据他回忆，当时武汉大学外文系主要是文学课程，又以英国文学为主。就英诗而言，他学习了朱光潜教的普通英诗选读，后来又有方重教的英语长诗。戏剧方面，他“学习了近代戏剧、希腊悲剧、希腊神话、莎士比亚”等课程，当时学的都是专业文学方面知识。据章振邦回忆：

武汉大学，那时候叫国立武汉大学。当时武汉大学外文系很强。……比如我的导师就是朱光潜，非常严格的。我们读他的《英诗》，叫背就得背，不背在课堂上愣着就很尴尬。还有一个，比如他教我们翻译，比如Charles Lamb一篇什么文章，他的东西都是比较深的。一篇文章，大家都要翻，他自己也翻，然后上课的时候，反正班上人也不多，就那么十几个人，这一句你怎么翻的，第一段你怎么翻的，你要念出来，然后你又怎么翻的，大家念。然后，他自己也念他是怎么翻的。这样教的，很严格。所以当时我们在武汉大学学的几年，还是受了一些很严格的训练。①

章振邦毕业后留在武汉大学做助教，承担一年级的英文基础课程教学工作。当时朱光潜还在那里教书，每逢朱光潜上课，他都会去听，包括朱光潜给三四年级同学教翻译课程，他也会去旁听。不仅如此，章振邦每两个星期还要到朱光潜家里去一趟，每次都要向老师汇报两个星期里读了什么书，再听听老师提醒他需要注意的地方等。这些课堂内外的耳提面命，对他之后的教学和研究工作影响很大，令他终生难忘。

（二）忠实朴素的翻译原则

新中国第一代女性文学批评家、把中国文学作品翻译介绍给英语世界的翻译家朱虹，20世纪50年代曾在北京大学西语系读书，多年后她还能清晰地记起大二时上朱光潜先生翻译课的情形，这也是她当时最用心的一门课。在她的记忆中，朱先生的翻译课一周布置中译英，下一周则布置英译中，他选的文章都是有一定难度的，一篇文章，大家翻译，他自己也翻译，上课时讲解同学们各种译法的优劣，师生之间共同学习。他主张，长句翻译时要找到最主要的部分，纲举目张，分成短句，这样就不会损伤原文。无论多忙，他总是认真批改学生的每一篇作业。对于作业中的错误，有些地方他会直接修改，有的地方他只是画线指出来，让学生自己思考解决的办法。他不喜欢学生只听老师讲，而自己不思考问题。朱光潜认为，多数问题，只要认真思考，都会自行解决的。不动脑筋思考，就会被朱先生当面批评，且毫不留情面。“他精心备好课，从无一句赘言。我们交的作业，他总是仔细看过。然后，他把大家关于某一词语的不同译法一一列出，择其最佳者，再解释原由。能得到他的肯定，是我们同学最珍惜的一

① 葛忆翔：《师者，仁者、智者——章振邦教授访谈录》，见上海外国语大学文明创建网，2012－04－19。

种荣誉。他又是铁面无私的公正，以同样不偏不倚的态度指出我们的错误。”

有一次，朱光潜在课堂上要求同学们翻译一篇题为《与冰的斗争》的关于志愿军的报道，朱虹套用了斯坦贝克的小说*Of Mice and Men*（《人鼠之间》）的名称，颇为得意地将其译为*Of Ice and Men*（《人冰之间》），并且感觉这样翻译比较顺畅。朱光潜在点评她的译法时指出，她能借用斯坦贝克的小说标题来使自己的题目更为醒目，体现了她对英文的敏感，这很好；但是她的译文添加了一种原文中不存在的联想用词，又不能表达出原标题中的“斗争”一词的意义，因此尽管表面上很贴切，实际上并不达意。朱光潜语重心长地指出，翻译应当遵循忠实原文、朴素无华、直截了当的原则，这令朱虹受用终身。后来她一直从事文化翻译工作，视翻译为一种乐趣，并一直牢记朱先生的教诲，在琢磨译文忠实顺畅的同时，不忘力求“达意”的境界。“朴素无华、直截了当，这就是先生的风格，这也是他的人品，是他留给我们这些学生的宝贵遗产之一。”①

（三）良苦用心的翻译教学

国内研究英美诗歌、诗歌格律和英语语音的著名学者、北京大学英语系王式仁教授，多年后对于朱光潜教授的翻译课仍然记忆深刻：

我上五年级的时候，正赶上朱光潜先生教我们翻译课，他还给我们上过短暂的精读课。后来他就开始专门做美学及翻译研究了。朱先生的教课特色就是既严格又随和，思路十分清晰。学生犯了错，他就会严厉批评，不留情面。当时，有个别同学学习不爱动脑筋思考问题，曾受到过朱先生的批评。记得当时为了对外宣传，有关方面需要把中国人民大学何干之主编的《中国现代革命史》翻译成英语，于是我们学校就接下了这个翻译任务。我们四十多名同学分成ABCD四个组，我分在了A组，由朱先生负责我们这一组。其他三组分别由俞大絪、赵诏熊和殷宝书老师批改作业。各小组把自己负担的那一部分翻译完后，再汇集到朱先生那里，由朱先生作总结讲评。

记得有位同学在其翻译中表述“《人民日报》指出……认为……”等句子时，就在主语“人民日报”后面用了“points out…，thinking”这样的动词。朱先生在总结的时候说：“难道《人民日报》也会思考吗？我不

① 朱虹：《我的老师朱光潜先生》，见《朱光潜纪念集》，合肥：安徽教育出版社，1987年，第150—151页。

知你翻译这句话的时候，当时的思想是一种什么状态。”朱先生就叫这位同学把自己的这句翻译抄写在黑板上供大家分析，并作了详细解释，他认为这位同学把 thinking 放在主语“人民日报”之后，纯属粗枝大叶。几十年后，我们同学聚会时，有的同学还模仿先生的这一训斥口吻，可见这事给我们的印象之深。朱先生对这一位同学的纠正也是对大家的一种帮助，大家也深深体会到了严师的良苦用心。还有的同学不看上下文，不看场合，好用大字，借以显示自己的英语水平之高。比如乱用 bestow 这个字，而不用 give 这个常用词，这也受到了先生的直言批评。

“大跃进”时期，朱先生年龄较大，为了照顾他，我们都到他家中上课，听朱先生讲评我们的译作。朱先生在批改我们的翻译作业时，对有些地方进行了修改，但有的地方他只是给我们划线指出来，让我们自己思考解决办法。当时朱先生住在燕东园，先生为人比较随和，每次上课他都要给我们准备烟和糖，男生抽烟，女生吃糖，当然男生也可以吃糖。我们坐在沙发上听他给我们上翻译课，每次我们去，他都会先让我们一个一个地提出自己对翻译作业的修改意见，思考自己为何做错了。如果谁对自己的问题回答不上了，朱先生就叫他/她到旁边去思考一番。他不喜欢学生只听老师讲，而自己不思考问题。朱先生认为，多数问题，只要认真思考，同学们都会自行解决的。每次批评之后，他又会招呼我们抽烟吃糖。现在这样亲切的老师恐怕不多见了，这样严格要求学生的老师可能就更少了。现在的学生对严格的老师多有怨言，可能体会不到老师的良苦用心。总体上，也可能我很主观，我感觉现在的老师对学生还不够严格。[1]

包括王式仁在内的很多学生的回忆文章中，都提到朱光潜在翻译教学过程中的严格，这既表现出他对于翻译须忠实达意的标准的严格要求，也体现出他对于学生在翻译过程中的错误进行纠正的一丝不苟的态度，以及对于犯下错误同学不留情面的批评。然而，教学上的严格对于学生纠正错误、发现问题、掌握翻译标准、提高翻译水平又是终身受益的，因此对于朱光潜在教学中的良苦用心，他的学生即使在多年之后也充分表达出自己的感激之情。

二、翻译教学方法

（一）课堂教学和课外自学相结合

朱光潜在多年的翻译教学中，一直非常重视课堂教学，关注、研究提

---

① 孙继成、沈弘：《“师”歌中的韵律——北京大学英语系王式仁教授访谈》，载《国外文学》，2007 年第 2 期，第 30—31 页。

高翻译教学的各种方法，并注重充分结合课堂内外进行教学，以培养出合格的翻译人才。他指出："中国人学西文必须熟悉文法，常作分析句子的练习，使一字一句在文法上都有着落，意义就自然醒豁了。"[①] 在课堂上，他带着学生一起分析英文词汇的多重意义，研究中英文句子结构的差异，了解英文复合句、被动句等复杂句式的翻译策略，以及翻译中虚词省略与添加等问题。通过长期仔细认真的训练，学生们培养了正确的翻译观，逐步掌握了运用中英文语言准确地获取信息和表达信息的方法，从而提高了翻译业务能力。

翻译能力的培养不是一蹴而就的，需要在不断的翻译实践过程中逐步提高。朱光潜指出，课堂上学的东西总是有限的，即便是扎扎实实念 4 年大学，知识也不会终生够用，因此还需要在今后的语言学习和翻译工作中边做边学。学习是终身的事情，主要是依靠自己坚持不懈，抓紧一切可利用的时间充实自己，这样才能有所前进。"学习主要不是靠上课，读书、思考和写作才是提高的主要途径。"[②] 朱光潜在课下还经常与学生交流翻译问题，让一些学生进行自主翻译后将译文送给他批改。他以自己在国外读书时大部分时间都是泡在图书馆里自学为例，来说明课外自主学习的重要性。他认为只有勤奋努力、刻苦钻研，才能真正熟练地掌握中外语言的知识，也才能提高自己的翻译能力。

（二）多样化翻译材料选择

在多年的教学实践中，朱光潜大力提倡学校教育不能与社会生活脱节，学生在学校接受了很好的翻译训练，毕业后走上工作岗位，自然很快就能适应各种现实翻译工作的需求。因此在教学中，朱光潜特别强调独立思考，鼓励学生畅所欲言。无论是在抗战时期还是在新中国成立后的翻译教学中，他在翻译材料的选择上都颇费心思，有的是文学经典名作，有的是哲学名篇，有的是报刊时政报道，体裁多样，风格迥异。无论是哪种文体，都有一定的难度，他都鼓励学生独立思考、全力以赴地去完成翻译工作。

新中国成立后我国现代化建设快速发展，急需合格的翻译人才和优秀的翻译作品。朱光潜在翻译人才培养中，注重培养学生树立端正的翻译态度，提醒学生须严肃认真对待翻译，不能养成冒昧敷衍苟且的风气。在课

---

① 朱光潜：《朱光潜全集》（新编增订版）第 6 卷，北京：中华书局，2012 年，第 291 页。
② 转引自艾珉：《忆朱光潜先生和我的师生情谊》，载《新文学史料》，2007 年第 2 期，第 80 页。

堂教学中，他注重结合当时社会实际，选取一些大家关注的社会事件的报道作为学生们的翻译材料，全方位地培养学生的翻译能力：课前，他总是精心选择课堂翻译的材料，不仅让学生翻译，而且自己亲自翻译。在课堂上，他逐词逐句和学生们一起讨论推敲，比较优劣；在学生们翻译实践基础上，他倾力传授翻译技巧和方法，通过对多种译文的对比，积极引导学生们了解并掌握语言、语法、文化等中外差异，以此来判断译文高下；针对重难点句子和学生翻译中普遍存在的问题，他还进行有针对性的重点讲解。总之，他的课堂上选用的翻译材料全面而多样，能给学生以充分的翻译训练，使他们在较短的时间里迅速提高了翻译能力和水平，许多学生在毕业后都能在翻译岗位上很快进入角色并能独当一面。

（三）启发式翻译教学

朱光潜在课堂教学中认真负责，从无一句赘言，对于作业和教学结果的评价非常严格。但在教学过程中，他非常民主，从不采取灌输的方式将自己的观点强加给别人，也不要求学生与他的看法一致。他总是喜欢兴味盎然地听学生谈自己的见解和心得，偶尔插进几句话，或提几个问题，也都是启发性的。他在课堂翻译教学中，还常常和学生一起分析评判一些已经出版的译作，指出其中的优劣或者可以提高之处。他总是擅长发现问题，进行总结，寻求解决的办法，据北大德语系严宝瑜教授回忆：“当时英语系的翻译课是朱光潜先生上的，于是我又一次去做学徒，听朱先生的课。朱先生实在是了不起，能够把很多东西总结到一个新的高度上。我的很多方法都是跟朱先生学的，我让学生翻译了很多作品，既有文学的，也有哲学的，内容都比较难。”①

朱光潜自己读书翻译，视野广阔，涉猎广泛，但他从不要求别人去读什么，在与学生交谈时，常常是于有意无意之间提到某部著作，点出其值得一读之处，那么感兴趣的同学自然会怀着好奇心去找来读。朱光潜经常说：“做学问必须实事求是，来不得半点虚假，尤其不能人云亦云。研究学术、从事科学的人，首先得是个老实人，说老实话，做老实事，别人说得有理的可以接受，说得无理的尽可不予理会。”② 无论是课堂上还是平日谈话中，朱光潜对学生翻译能力的培养，主要不是靠传授知识，而是注重引导学生自己去猎取知识；面对复杂难翻的句段，他常和学生们各自翻

① 马剑、梁晶晶：《以歌德和贝多芬的精神不懈奋斗——北京大学德语系严宝瑜教授访谈》，载《国外文学》，2007 年第 2 期，第 20 页。

② 艾珉：《忆朱光潜先生和我的师生情谊》，载《新文学史料》，2007 年第 2 期，第 80 页。

译，然后再一起比较各自翻译的文字是否正确、顺畅，是否传达出原文意思，是否保留了原文风味等。他从不会提供所谓正确的翻译答案，而是启发学生通过自己的思考形成自己的翻译风格。他只教方法，不教结论。

三、翻译教学理念

（一）翻译是学好英语的重要途径

朱光潜自己熟练掌握了多种外语，又长期从事外语教学工作，在他看来，翻译也是学习英语的好方法之一。他指出，学习英语首先不能把它当成死文字来看待，语言是活的东西，我们在学习过程中也应当把它当作是活的东西来用，这样才能学好。一般中国人学习英语，只用眼睛，费时费力；我们要练习多听、多读、多写，尤其重要的是要用英文来思想。“熟读”“常想”“默写”是学习英文的基本功，“翻译”也是学好英语的重要途径，“翻译是学习外国文的一个最有效的方法。它可以训练我们细心，增加我们对于语文的敏感，使我们透彻地了解原文”[①]。一篇好的英文文章，自己熟读后揣摩其中的意思，理解准确后，再采取说话的方式把它翻译出来；或者自己把一篇汉语文章准确理解后，用英语说出来，这个过程相当于用英语写文章，对于英语的学习和熟练掌握非常有帮助。朱光潜还指出，当时国内的英语专业到了高年级才开设翻译课程，这说明翻译的不易，但是这一做法也不尽合理。他认为，初学英文时就应该学习翻译[②]。

朱光潜的学生艾珉当时的专业是文学，翻译不是她的主攻方向，但是朱光潜并没有忽视对于她翻译能力的训练，不时地让艾珉做些翻译练习并且亲自批改。他说，翻译是提高外语水平的好办法，很多时候，学习者自以为理解了的东西，一落到文字上，却常常暴露出并未透彻理解，于是还要在钻研原文上多下功夫，“翻译的第一要领是吃透原文。只有尚不理解的，没有不可翻译的。你若觉得某些句子难以言传，或译出来别扭，首先要考虑是否把原文吃透了。每本书都有它的难点，遇到这种地方，千万不能连猜带蒙地混过去，你硬着头皮把它攻下了，水平就提高了”。他还强调：“扎实的外语基础仅仅是从事文学翻译的前提条件，而功力的深浅却与知识水平、文化修养、生活阅历、感受能力，乃至感情的细腻程度密切相关。每个外文字都认识不一定能理解，字面上理解不等于理解了其内

---

① 朱光潜：《朱光潜全集》（新编增订版）第6卷，北京：中华书局，2012年，第286页。
② 朱光潜：《如何学习英文》，载《益世报》，1948年1月第29期。

涵，只有全面地理解了作者，才能吃准他每一个词、每一句话的潜在含义。"[①] 由此可见，在朱光潜的眼里，扎实的外语能力是从事翻译工作的基础，而翻译也是提高外语水平的重要途径。

（二）翻译应该忠实原文

朱光潜主张翻译应该忠实原文。为了达到忠实标准，在翻译方法上朱光潜既反对直译，也反对意译，主张采取直译与意译二者取中的方法。在翻译黑格尔《美学》时，为了通俗起见，他起初打算抛开黑格尔的哲学术语和艰涩的表达方式，用自己理解之后的明白晓畅汉语来表达，即"意译"的方法。但是，他觉得这就是对原作者的不忠实了，毕竟译者很难对作者的每一句原文能有最准确的把握。于是，最终朱光潜采用了直译再加必要注释的方法，力求译文明白畅达，忠实原文。朱光潜翻译用词不喜欢文字花哨，而是强调译文的清晰易懂，他认为清晰本身就是一种美，因此朱光潜的译文给人的突出印象就是忠实、达意、清晰。有专家评论，像黑格尔《美学》这样的作品，很难能有人比朱光潜译得更为清晰畅达，不仅如此，译著出版后，有读者在读黑格尔原著时有一些没看懂的地方，却在读朱光潜的译文时"反向"理解了黑格尔的原文。

朱光潜对于当时翻译作品中频繁出现的误译非常关注，在和学生丁枫交流时他就指出，在马克思的《经济学—哲学手稿》的中译本里存在各种翻译不准确的地方，比如有一句译文便没有把原文中的 Selbstgenuss 译出，"是太不忠实原文了"[②]；他还曾对《经济学—哲学手稿》中把"眼睛"译成"理论家"的译法表示难以理解，"眼睛怎么是'理论家'呢？"[③] 朱光潜对于翻译作品中的误译问题，还敢于公开指出："我举一个例子，《经济学—哲学手稿》，何思敬第一个翻译过来，看不懂。如果外文好一点，就会译得好一点。我曾对胡乔木谈过。他把我的意见对王惠德讲了。他们又重译出来，可是并不比原来的译本好。"[④] 在他看来，为了忠实于原作，译者的外文水平就必须足够好，同时也要坚持学术上实事求是的作风，在翻译工作中不能有肤浅应付的学风，对此他解释说："我用心是好的，我是

① 转引自艾珉：《忆朱光潜先生和我的师生情谊》，载《新文学史料》，2007 年第 2 期，第 80—81 页。

② 丁枫：《长歌当哭——纪念朱光潜先生逝世一周年》，见《朱光潜纪念集》，合肥：安徽教育出版社，1987 年，第 231 页。

③ 转引自李翔德：《两个春天的回忆》，见《朱光潜纪念集》，合肥：安徽教育出版社，1987 年，第 109 页。

④ 转引自费芑：《美学老人朱光潜》，载《新闻战线》，1980 年第 11 期，第 42 页。

希望我们的学术走上正轨，大家老老实实地下功夫，说真话，把过去的一些毛病能够改掉。”[①]

（三）翻译者应该具备的基本素养

翻译是用语言架起文化传播与交流的桥梁。朱光潜指出，中国自古就有翻译，佛经的翻译经过六朝及唐宋若干年的工作，对我国的社会发展产生了极大影响。但是我国历史上的翻译一直缺乏系统性，许多翻译作品也未能与人民群众的日常生活接近；翻译家也毫无组织，有的是以翻译为职业，有的是为了练习文字，还有一些是业余翻译爱好者。在朱光潜看来，五四以后国内的欧洲文学翻译有几个缺点：一是对欧洲文化缺少系统了解；二是译文粗制滥造，闹了不少笑话。其原因在于，一方面，从事翻译的人不是外文了解得不够，就是中文表现力不够；另一方面，翻译者无组织、无计划，全凭个人兴趣取舍翻译材料，“东打一拳，西踢一脚，以至选择不精，零乱无系统”[②]。

在《“五四”以后的翻译文学》一文中，朱光潜指出，翻译者需要具备三个条件：“一是对外国文精通；一是对本国文精通；一是有文学修养。”[③] 而在当时，同时具备这三个条件的人还很少，因此翻译者首先应该把外国文和本国文学好。除了专业素养，翻译者的态度对于译作的质量也起着重要作用。朱光潜强调，一个翻译工作者首先要有认真负责的态度，既要对原作者负责，也要对读者负责。要做到这一点，译者除了需要精通原文和译文两种语言，还要对原文所涉及的专业知识和学问有充分了解，而要想“这些条件具备于一身，在任何时代都是不易得的”[④]，由此可见对翻译者基本素质的要求之高。

第二节　朱光潜的翻译实践

朱光潜是一位译作等身的翻译家，他的学术研究生涯自翻译始，也以翻译终结。他最早的译作发表于 1923 年，到了 1986 年，在他生命的最后时刻，他依然在翻译校对维柯的《新科学》。60 多年里，他翻译了许多经

① 朱光潜：《朱光潜全集》（第 10 卷），合肥：安徽教育出版社，1993 年，第 670 页。
② 朱光潜：《朱光潜全集》（第 9 卷），合肥：安徽教育出版社，1993 年，第 329 页。
③ 同上，第 237 页。
④ 朱光潜：《朱光潜全集》（第 10 卷），合肥：安徽教育出版社，1993 年，第 449 页。

典著作，如克罗齐的《美学原理》、柏拉图的《文艺对话集》、莱辛的《拉奥孔》、黑格尔的《美学》（第一、二、三卷）、爱克曼的《歌德谈话录》、维柯的《新科学》等。这些厚重博大的译作，“构成了中国现代翻译史上的不朽丰碑”①。更为可贵的是，在长期的翻译实践中，他对自己的翻译经验进行了系统总结，归纳出了宝贵的翻译思想和观点，还发表了多篇文章专门探讨翻译问题。可以说，朱光潜的翻译实践和理论，是中西文化交融的产物，不仅对于我国翻译事业的发展和翻译理论的研究具有重要的指导意义，而且对于当今翻译教学与英语学科建设依然具有重要的现实借鉴价值。

在朱光潜已经出版的700多万字作品中，译著占据了一半。朱光潜的译作又清晰地以1949年新中国的成立为界，分为前后两个时期。

一、前期的主要译作及简析

按照朱光潜译作的出版时间顺序，可以将他在1949年之前发表的主要译作的相关情况列表如下：

出版时间	译作名称	原作者	发表的刊物或出版社
1923年7月	《各国对于心理学之贡献》	（英国）竺莱佛	《时事新报·学灯》
1930年	《歌德评〈最后的晚餐〉》	（德国）歌德	《中学生》1930年第3期
1930年	《愁斯丹和绮瑟》	（法国）柏地耶	开明书店
1935年6月	《艺术是什么》	（意大利）克罗齐	《文学季刊》1935年第2卷第2期
1937年1月	《歌德与白蒂娜》	（法国）圣伯夫	《东方杂志》1937年第34卷第1号
1937年6月	《露西》	（英国）华兹华斯	《中央日报·诗刊》1937年第12期
1943年7月	《最后的说书人》	（爱尔兰）叶芝	《时与潮文艺》1943年第1卷第3期
1944年3月	《叶芝诗选》	（爱尔兰）叶芝	《时与潮文艺》1944年第3卷第1期

① 侯敏：《朱光潜译介西方文论的三大特色》，载《天中学刊》，2005年第4期，第97页。

（续表）

出版时间	译作名称	原作者	发表的刊物或出版社
1946年9月26日	《梦中小儿女——一个幻想》	（英国）兰姆	《经世日报》
1946年10月13日	《古瓷》	（英国）兰姆	《经世日报》
1947年6月	《人生与艺术的简语》	（美国）克里斯陀夫·冒莱	《大公报·星期文艺》1947年第37期
1947年11月	《美学原理》	（意大利）克罗齐	上海正中书局
1948年7月4日	《传统与个人的资禀》	（英国）艾略特	《平明日报》

通过对上表中朱光潜于新中国成立之前发表的各类译作的考察可以发现，《愁斯丹和绮瑟》和《美学原理》两部是专著，前者是小说，后者是美学理论著作。其他为文章，从体裁上看，有诗歌、小说、散文、文学评论、研究成果介绍等，这些译作一方面与朱光潜当时的学习和研究内容密不可分，例如1923年时朱光潜正在香港大学学习教育学和心理学，因此将心理学方面国际研究成果翻译介绍给国人是顺理成章的事情。另一方面，译作也与他当时的生活经历不无关系，他曾多次提到，留学时期穷学生的身份对他的学术生涯颇有影响，“这就是因为我穷，不得不‘自力更生’，挣点稿费来吃饭过活”[①]。因此在留学这个阶段，他的翻译与研究相结合的学术道路才刚刚开始，译作更多的是他在广泛阅读后兴之所至的产物，尚缺乏系统性。但是，朱光潜在许多作品的翻译过程中，都有译作介绍、“译后语”、“附注”以及“译者附识”等，着重介绍译作的原作者、作品的翻译价值、自己的译本选择依据或者选用的翻译方法等，颇有学术参考价值。其中尤其值得一提的是，在翻译克罗齐《美学原理》的“译者序”中，朱光潜开篇写道：“我起念要译克罗齐的《美学》，远在十五六年前，因为翻译事难，一直没有敢动手。这十五六年中我却写过几篇介绍克罗齐学说的文章，事后每发见自己有误解处，恐怕道听途说，以讹传讹，对不

① 朱光潜：《朱光潜全集》（第10卷），合肥：安徽教育出版社，1993年，第570页。

起作者，于是决定把《美学》翻译出来，让读者自己去看作者的真面目。”① 这既是对自己翻译该作品原因的交代，同时也暗含了他之后翻译诸多大部头美学与哲学著作的思想基础，即：作为一名合格译者，应尽量努力把原著忠实翻译出来，让读者自行研读判断。

早在欧洲留学时，朱光潜一年中的上课时间一般只有四五个月，其余时间都自由安排，由此养成了他个性化的学习习惯，即“边阅读，边思考，边写作，一年中总要写出十几万字”②。这种勤奋与努力是他能长期从事创作和翻译的基础，而对于学术研究的虔诚与敬畏的态度，则是他一直坚持“研究和翻译并重”学术路径的内在驱动力。在不断的实践摸索过程中，朱光潜逐渐体会到这种独特学术路径的魅力，即译介的过程也是整理思考原作者思想并转化为自己的精神营养的过程，“做学问光读不写不行。写就要读得更认真一点，要把所读的在自己头脑里整理一番，思索一番，就会懂得较透些，使作者的思想经过消化，变成自己的精神营养”③。这种翻译与研究并重的学术路径对于译者的研究能力有较高要求，任何学识的欠缺或者态度的懈怠都会导致误读与误译。正是由于在长期治学的过程中一直持有严谨虔诚的学术态度，又积累了对于中西方语言文化的丰厚知识，这才使朱光潜在翻译与研究中取得了令人瞩目的成果。

二、后期的主要译作及简析

如果说新中国成立前朱光潜的翻译工作尚处于兴之所至阶段，那么他在 1949 年之后的翻译实践，则走上了有计划、有系统的学术攀登之旅。1949—1986 年，30 多年中朱光潜锲而不舍、孜孜以求，生命不止、翻译不辍，其翻译的作品涉及从古希腊文艺理论到 20 世纪初西方美学经典等一系列学术领域，取得了令人叹为观止的成就，“他以一人之力留下的美学和文艺理论译著，其数量之丰，质量之高，影响之大，堪称中国学术史上的奇观”④。朱光潜于 1949 年之后发表的主要译作的基本信息按出版时间顺序列表如下：

---

① 朱光潜：《朱光潜全集》（第 11 卷），合肥：安徽教育出版社，1989 年，第 129 页。
② 朱光潜：《朱光潜全集》（第 10 卷），合肥：安徽教育出版社，1993 年，第 564 页。
③ 同上，第 570—571 页。
④ 钱念孙：《朱光潜出世的精神与入世的事业》，北京：文津出版社，2005 年，第 242 页。

出版时间	译作名称	原作者	发表的刊物或出版社
1951 年 10 月	《艺术的社会根源》	（美国） 路易·哈拉普	上海新文艺出版社
1954 年 5 月	《文艺对话集》	（古希腊）柏拉图	上海文艺联合出版社
1956 年 11 月	《文艺对话集》（新版）	（古希腊）柏拉图	上海新文艺出版社
1956 年 12 月	《英国佬的另一个岛》	（英国）萧伯纳	人民文学出版社《萧伯纳戏剧集》第 2 卷［1963 年 9 月，人民文学出版社以《萧伯纳戏剧三种》再版］
1957 年 2 月	《论艺术》	（美国）爱默生	《译文》1957 年第 2 期
1957 年	《苏联大百科全书·德国》中“德国的语言学、文学、造型艺术与建筑”		生活·读书·新知三联书店
1958 年 2 月	《美学原理》（修订版）	（意大利）克罗齐	作家出版社
1958 年 5 月	《论美——对资产阶级美学的研究》	（英国）考德威尔	《译文》1958 年第 5 期
1958 年 10 月	《十九世纪外国文学史》（第 1 卷）“德国文学”	（苏联）伊瓦肖娃	人民文学出版社
1958 年 12 月	《美学》（第 1 卷）	（德国）黑格尔	人民文学出版社
1959 年 5 月 27 日	《彭斯诗三首》	（英国）彭斯	《光明日报》
1959 年 7 月	《歌德和爱克曼的谈话录》（摘译）	（德国） 约翰·爱克曼	《世界文学》1959 年第 7 期
1960 年 12 月	《拉奥孔——论绘画与诗的界限》	（德国）莱辛	《世界文学》1960 年第 12 期
1961 年 9 月	《悲喜混杂剧体诗的纲领》	（意大利）瓜里尼	《世界文学》1961 年第 8 期、第 9 期合刊
1962 年 2 月	《狄德罗文艺论文辑译》	（法国）狄德罗	《世界文学》（Z1）期（该年第 1 期、第 2 期合刊）

（续表）

出版时间	译作名称	原作者	发表的刊物或出版社
1963 年 9 月	《文艺对话集》（增订版）	（古希腊）柏拉图	人民文学出版社
1964 年 1 月	《论移情作用》	（德国）里普斯	人民文学出版社《古典文艺理论译丛》第八册
1971 年 11 月	《从文艺复兴到19 世纪资产阶级文学家艺术家有关人道主义人性论言论选辑》		商务印书馆
1978 年 9 月	《歌德谈话录》	（德国）爱克曼辑录	人民文学出版社
1979 年 1 月	《美学》（第 1、第 2 卷）	（德国）黑格尔	商务印书馆
1979 年 8 月	《拉奥孔》	（德国）莱辛	人民文学出版社
1979 年 11 月	《美学》（第 3 卷上册）	（德国）黑格尔	商务印书馆
1980 年 7 月	《经济学—哲学手稿》（节译）	（德国）马克思	《美学》1980 年第 2 期
1981 年 7 月	《美学》（第 3 卷下册）	（德国）黑格尔	商务印书馆
1986 年 5 月	《敏·考茨基和她的创作》	（德国）切西利亚·弗里德里希	载入文化艺术出版社《旧人与新人》（张荣昌、潘子立译）
1986 年 5 月	《新科学》	（意大利）维柯	人民文学出版社
1989 年 8 月	《政治经济学的方法》	（德国）马克思	《复旦学报》（社会科学版）1989 年第 4 期

1949 年新中国成立之后，朱光潜除了一如既往地继续从事西方美学经典著作的翻译工作外，还将主要精力转入马克思主义文艺理论翻译等方面，这与他之后的学术研究方向基本一致。对于马克思主义理论著作的翻译注释，就朱光潜自己而言，不仅是一种学术工作，更是追求思想进步的

一种方式，反映了他学习马克思主义的认真态度和钻研精神①。不仅如此，他还能自觉地以马克思主义为指导，使自己的译作符合时代发展的要求。例如，50 年代初在翻译《艺术的社会根源》时，朱光潜认为这本书对于新时代学习马克思主义文艺理论很有参考价值，他在“译后记”中写道：“译者译这部书，觉得这是一个愉快的工作，不但从此对马列主义的文艺理论，有较深一点的了解，而且拿作者的问题和看法，来对照我们自己的当前一些文艺问题，也随时得到许多启发。”② 朱光潜非常重视对于马克思主义理论的学习，他后来无论是自己翻译马克思等经典作家的作品，还是对于其他译者翻译马恩原著的校改、纠错、译法商榷、点评阐释等活动，可以说都是他长期学习马克思主义理论的结果。正是基于这样的思想转变，新中国成立后他在美学等领域的学术研究也渐入佳境，实现了自己思想转变后的巨大心愿，并且他“试图由这些经典著作做钥匙，开启一些全世界学术界都在关心和争论的课题的大门”③。

三、本节小结

对于朱光潜而言，翻译与研究紧密结合，贯穿于他整个学术生涯，这既反映了时代特色，又体现出独具魅力的个人风格。在朱光潜的前期学术生涯中，翻译主要是为自己的研究服务，是他获取和吸收外来学术资源的重要途径；而在其后期的学术生涯中，他能顺应时代发展变化的需要，自觉地以马克思主义为指导，翻译了许多马克思主义理论著作。同时，在繁重的教学等工作之余，他还始终竭尽全力于西方美学、文艺理论等方面著作的翻译和美学思想的研究等工作，取得了令人叹为观止的成就，这些译作和研究成果对于当时的学术界而言不仅是迫切需要的，也是非常重要的。

从总体上说，翻译工作对于朱光潜而言，不仅是一种学术研究活动，也是他保持学术活力、与世界连接的一种学者生活方式。在他看来，翻译既是两种语言以及文化、思想之间的转换，亦是学术研究的手段和结果，它能为更多的研究提供更加坚实的材料基础。季羡林曾高度评价朱光潜的学术成就：“他译完了黑格尔的美学，又翻译维柯的著作。这些著作内容

---

① 钱念孙：《朱光潜出世的精神与入世的事业》，北京：文津出版社，2005 年，第 245 页。
② 朱光潜：《朱光潜全集》（第 11 卷），合肥：安徽教育出版社，1989 年，第 514 页。
③ 高金岭：《朱光潜西方美学翻译思想研究》，济南：山东大学出版社，2008 年，第 50 页。

深奥，号称难治，能承担这种翻译工作的，并世没有第二人。”① 从柏拉图到克罗齐，再到黑格尔、维柯，朱光潜翻译了那么多西方经典著作，为中国诸多学科的建设和发展做出了重要贡献，仅以美学为例，可以说“中国现代美学历史固然并不取决于朱先生，而朱先生的功劳，尤其在翻译方面的贡献，在相当原则的意义上，影响了中国现代美学的历史面貌”②。

第三节　朱光潜的西方文论翻译

20 世纪上半叶是中西文化交流异常活跃的时期，时代风云变幻中，一大批中国近现代史上的先驱以惊人的精力和创造力为后人留下了丰厚的精神财富。他们或者著书立说以陈己见，或者译介西方思想文化以启民智，“这一时代所造就的学界巨子不仅有着不可遏制的再现自我的言说意识，即如在传达他人之言方面也表现出了难以压抑的强烈欲望”③。朱光潜正是在这一时代背景下成长起来的大家，他早年曾系统地接受过中国传统文化的熏陶，海外求学多年又熟稔多种西方语言，接受过西方现代科学与思想文化教育。在多年治学过程中，他博览群书、笔耕不辍，并最终走上了著述与译介相结合的学术和人生道路，将大半生岁月和精力无私奉献给了自己所钟爱的译介西方学术文化事业。正如他自己所说，“西方文化的东流，是中国文学复苏的一个好机会”④。因此，像他同时代的许多文坛巨匠一样，他虽“不曾想到中国文化处处不如人，不过确曾想过西方文化在某些方面是比我们强。我的一个野心就是要把它搬一些到中国来”⑤。翻译与介绍就是他实现理想的主要途径。

朱光潜的西方文论翻译，既为他的学术研究服务，又自成体系。在朱光潜学术生涯的前期，是著述多于翻译，而后期则主要工作是埋首于翻译之中，这也与当时的时代背景和生活环境密切相关。就西方文论而言，1949 年之前朱光潜翻译的西方作品主要是克罗齐的《美学原理》，这部译

---

① 季羡林：《回忆中国学人及文化问题新思考》，北京：新世界出版社，2017 年，第 18 页。

② 朱式蓉、许道明：《朱光潜——从迷途到通径》，上海：复旦大学出版社，1991 年，第 262—263 页。

③ 刘全福：《筚路蓝缕　以启山林——美学翻译家朱光潜论》，载《东南大学学报》（哲学社会科学版），2005 年第 2 期，第 70 页。

④ 朱光潜：《朱光潜全集》（第 3 卷），合肥：安徽教育出版社，1987 年，第 448 页。

⑤ 朱光潜：《最近学习中的几点检讨》，载《人民日报》，1951 年 11 月 26 日。

作后来又多次修订充实再版。新中国建立后，他翻译的西方文艺理论著作主要有哈拉普的《艺术的社会根源》、柏拉图的《文艺对话集》，爱克曼的《歌德谈话录》、莱辛的《拉奥孔》、黑格尔的《美学》和维柯的《新科学》等。这些著作对于学术研究和中外文化方面交流的重要性不言而喻。因此，对于朱光潜西方文论翻译方法和过程的探究，不仅可以了解他熟练驾驭多种语言的能力和高超的中文表达方式，也可以管中窥豹，一探他在新中国成立后近40年翻译生涯中所取得的成就，从而让人更加感叹于他为我国翻译理论和实践作出的卓越贡献。

一、克罗齐《美学原理》的翻译

早在欧洲留学时，朱光潜就为克罗齐哲学和美学观点所折服，开始撰文介绍其学说。然而，真正着手翻译克罗齐《美学原理》还是在抗战期间任职于武汉大学时，正如朱光潜自己所说，译作可以让读者自己看清克罗齐的真面目。克罗齐的哲学自成体系，《美学原理》这部书含有他的全部哲学思想雏形。在新中国成立后的修订版序言中，朱光潜阐述了克罗齐与康德派的渊源，指出克罗齐的错误在于"主观唯心主义"，但是克罗齐的美学并非一无是处：在"立"的方面，克罗齐突出阐明了形象思维与抽象思维的区别，强调了艺术的整一性、艺术与语言的统一；在"破"的方面，克罗齐否定了美学上的快感主义、联想主义等一系列对立说，这些方面的理论都是值得借鉴的。

朱光潜翻译时依据的是1922年伦敦麦美伦书店出版的昂斯利(Douglas Anslie)的英译本，并参照了他在欧洲留学时所买的1922年第5版克罗齐《美学》意大利原文本。1947年2月书稿译出后，由上海正中书局于该年11月出版。新中国成立后，经由朱光潜进行一番文字上修改并增加了一个新序，于1958年由作家出版社再版。之后，国内多家出版社又多次修订再版，可见该书的生命力长青。

克罗齐的原作包括美学原理与历史两个部分，朱光潜只译了原理部分，他在解释选译的理由时说，原作的历史部分不能当作一般美学史来看，对于中国的美学初学者而言没有太大用处，因此没有翻译成汉语。为了更真实准确地译介克罗齐，朱光潜在翻译时仔细对照英文和意大利文两个版本，他发现英译本有较多与原文不一致之处，其原因在于：一方面，英译本根据的是1909年出版的意大利文第4版，而克罗齐在1922年第5版中对该书又做了一些更正；另一方面，朱光潜认为英译本译者昂斯利的哲学素养不够，没有能够很好地把握作者的原意和美学概念，对于克罗齐的理解有不当甚至错误之处，使得译文中存在着上下文难以自圆其说的现象。因此，朱光潜自己在着手翻译时，每当阅读英译本遇到读不通，或者英文表达不符合他对于克罗齐思想的理解时，他便参阅克罗齐原著，这样做往往能够收到“柳暗花明”的效果，译文自然也能表达得准确而顺畅。也正是因为这个原因，朱光潜认为该译本是根据自己对于原文的理解译出的，与昂斯利的英译本有较大出入。

朱光潜翻译的目标简单地说有两个，一是不违背原作者的意思，二是要能使读者在用心阅读时能够顺畅理解。具体就克罗齐原著的翻译而言，原著逻辑严谨，语言表达简洁，有时过于简略，不讲究辞藻的修饰，且行文较随意，又多处援引了中国读者不熟悉的学说或典故。因此在翻译时，朱光潜尽心揣摩原著，在力求忠实的基础上，竭力追求译文晓畅易懂，对于一些难懂的典故等，朱光潜在翻译中还附加了简明注释。对于翻译的方法，朱光潜说他起稿了两次，第一次是全部按照原文直译，第二次誊清后丢开原文，按照汉语表达习惯，尽量把文字改得顺畅，使读者更容易理解原著。正是基于这种专注、细致的工作，最终完成的译稿实现了他最初确立的两个目标。

在翻译这部书时，朱光潜还在武汉大学任教，当时武大外文系人才济济，每逢翻译遇到有困惑不解之处时，朱光潜便常常请教他的同事缪朗山教授和田德望教授，这也让他获益匪浅，既少走了不少弯路，又加深了对于克罗齐的了解和认识，使译文更加完善。1947 年，书稿出版后，朱光潜并没有结束对于克罗齐的研究，而是根据自己在翻译过程中的心得，另写了一部关于克罗齐哲学的专著《克罗齐哲学述评》。该书对于克罗齐哲学思想的介绍系统而深入，说理透彻，辨析精微，“不仅实现了他对克罗齐理解中的自我超越，也可以说完成了他学术方式的自我超越，为此后的学术发展，构筑了更高的平台，也代表着他在介绍西方哲学家方面所达到的深度和成就”①。

二、哈拉普《艺术的社会根源》的翻译

1950 年，朱光潜辗转获得一本纽约国际出版社新近出版的路易·哈拉普（Louis Harap）的《艺术的社会根源》，作者是美籍犹太学者，主要学术领域是以马克思主义理论为指导研究艺术理论和艺术史。朱光潜认为他是苏联以外的一位重要的马列主义文艺批评家，因此翻译该书可以加深国

① 王攸欣：《朱光潜传》，北京：人民出版社，2011 年，第 285 页。

内学术界对于马克思主义文艺理论的了解。

因为是直接由英文翻译成中文，故朱光潜翻译得很快，译成后交给上海新文艺出版社于1951年10月出版。中译本附有朱光潜拟的各章提纲与引文书目，以及“译后记”与两段“补记”。朱光潜觉得这本著作的翻译是“一个愉快的工作”，不仅加深了自己对于马克思主义文艺理论的了解，而且学到了用作者的视角看待当时的文艺问题的方法，这令他很受启发。

对于该书的翻译方法，朱光潜做了说明：一方面，要尽量对原文忠实；另一方面，要考虑到中文阅读的习惯，避免生吞活剥，使读者阅读时费力。在实际翻译时，他虽然对文字进行了反复推敲、校改，但仍然发现译文中有一些牵强的译词和生硬的表达方式。在他看来，思想内容与表现形式是分不开的，既然思想内容是新的，那么表现形式就不能完全是旧的、熟悉的；译文中不忠实不通顺的部分，应当由译者负责；既忠实又通顺，但是读起来仍然有一点生硬拖沓，那就是原文的问题，需要读者费一番心思去阅读。在朱光潜看来，如果仅仅为了让读者阅读时不费脑筋，在译文选词用句时太流滑随意，则既是对原作者的不忠，也是译者翻译时的一种缺陷。

这部译著在学界的影响深远，在朱光潜个人的思想认识转变与发展方面也是不同于一般的重要标志，正如美学家郭因所说，“从朱光潜的翻译这部书以及所写的译后记与两则补记来看，朱光潜服膺马克思主义拥护中国共产党和热爱社会主义祖国，紧跟时代步伐，都是很真诚的”①。

三、柏拉图《文艺对话集》的翻译

柏拉图是朱光潜素来敬仰的思想家，他的美学思想在西方产生过深远影响，俄国有美学家甚至说，与亚里士多德相比，柏拉图的著作具有更多真正伟大思想；对于模仿说，柏拉图也比亚里士多德发挥阐释得更深刻、更多面。朱光潜认为，新中国成立后我们对于柏拉图的研究才刚刚开始，对于他的美学思想需做出恰当的评判和总结，而“（柏拉图的）《会饮篇》是我生平最爱读的一部书，少年爱它的文章美妙，中年爱它综合了柏拉图的中心思想，精深博大，现在稍窥辩证唯物论，从这个观点去看它，觉得它含有辩证唯物论的萌芽”②。因此，他觉得不能仅仅将柏拉图归为“唯心主义的祖师和雅典贵族反动统治的辩护者”予以全盘否定。在对于柏拉图

① 郭因：《郭因美学选集》（第二卷），合肥：黄山书社，2014年，第135页。

② 转引自宛小平：《朱光潜年谱长编》，合肥：安徽大学出版社，2019年，第246页。

作品进行翻译时，朱光潜试图用马克思主义的观点，从阶级论、唯物唯心的分别、文艺与现实的关系等角度作系统的介绍和批判。从这就可以看出，他是努力以马克思主义哲学观来批判和吸收西方美学经典的。

柏拉图写过近40篇对话，其中直接或间接涉及文艺的有很多篇，但是并没有一本专门谈美学和文艺问题的书。1953年，朱光潜在通览全书的基础上，精心挑选柏拉图8篇有代表性的对话合成《文艺对话集》进行翻译，包括《伊安篇》《斐德若篇》《会饮篇》及《理想国》等。在翻译时，朱光潜主要依据的是法国布德学会印行的《柏拉图全集》法译本，并参照了纠微特（Jowett）及“勒布古典丛书”等英译本。此外，朱光潜还参考了林德塞译的《理想国》、诗人雪莱译的《伊安篇》、莱意特（G. Write）译的《斐德若篇》及慕尼页（Meunier）译的《会饮篇》法译本。这部《文艺对话集》参考的原本来源多样，对于这些原本，朱光潜有的是原文全译，有的是删去一些无关段落的选译，有的是有关文艺、文艺教育或者美感内容的摘译。无论是全译、选译还是摘译，朱光潜的标准是挑选最能代表柏拉图文艺思想的部分译成中文，从而使读者可以从这部《文艺对话集》中了解柏拉图文艺思想的大致轮廓和主要观点。初稿译出后，朱光潜还请古希腊文学专家罗念生根据柏拉图对话集的希腊文版本进行了审校，最大程度地保证了译文的准确。

在《文艺对话集》译后记中，朱光潜谈到自己翻译该作品时遵循了两个标准：一是对原文忠实；一是替读者着想，译文尽量用流畅可读的口语。朱光潜在译作中对每一篇对话添加的注释主要分为两种：一种是书末的每篇题解，说明各篇要义以及了解全篇所必需的一些知识；一种是正文注解，说明典故、援引的书籍、译文中有待解释的地方，以及长篇中的分段大意。对原作进行如此这般的选择、整理、加写副标题、作各篇题解等深度翻译工作①，需要花费译者很多的精力和心思，更需要译者有深厚的学术根底，而“当时有能力根据法文译本翻译柏拉图的学者本就不多，能够……如此专心致力于柏拉图的翻译，更可谓绝无仅有，这部《柏拉图文艺对话集》的译和注可以看作朱光潜在1950年代前期最重要的学术贡献”②。

① 所谓深度翻译（Thick Translation），是美国文化学者阿皮亚根据自己在将非洲谚语翻译为英语的过程中的经验和体会而提出的翻译策略，主张在翻译过程中利用注释和说明，将翻译文本置于丰富的文化和语言语境之中，其目的在于使目的语读者能更深入地了解源语的语言和文化。参见 Appiah，K. A. *Thick Translation*，in Callaloo，1993（4）：817。

② 王攸欣：《朱光潜传》，北京：人民出版社，2011年，第340—341页。

1954 年 5 月，《文艺对话集》由上海文艺联合出版社出版，之后又由多家出版社多次再版重印，朱光潜的译本已成为国内介绍柏拉图思想与学说的经典译本。

四、爱克曼《歌德谈话录》的翻译

歌德在西方美学史研究中并不是最有影响力的作家，但歌德是朱光潜在自己所撰写的《西方美学史》中给予评价最高的人物之一。朱光潜对歌德有如此高度的评价，其原因是朱光潜认为，歌德在典型中的特殊和一般关系问题上有着超越前人的论述，体现了辩证统一，符合马克思主义的基本原理。这也符合 20 世纪 50 年代以来中国学术界主导话语的判断。同时，歌德还以历史发展观来看待民族文学与世界文学，这预示着文学未来发展的方向。有鉴于此，1976 年 3 月，朱光潜决定着手翻译《歌德谈话录》。

《歌德谈话录》是歌德的秘书爱克曼辑录的歌德晚年与他的谈话，内容涉及文艺、美学、哲学、自然科学、政治、宗教等各方面。朱光潜在翻译时主要依据两种德文文本：一种是 1918 年汉斯·克洛伯（Hans T. Kroeber）编辑的两册本，内附有插图、正编和补编；一种是佛朗茨·达伯尔（Franz Deibel）编辑的单册本，内有正编和补编，并附有详细索引，阅读起来较为方便，因此该本是朱光潜翻译时主要依据的版本。在翻译时，朱光潜还参考了 1850 年约翰·奥克森福德（John Oxenford）的英译本和简·舒兹威尔（Jean Chuzevill）的法译本。原书有 40 万字左右，朱光潜选译的主要是关于哲学、美学、文艺创作和文艺理论、当时欧洲重要的文化动态介绍等内容，篇幅不到全书的一半。朱光潜选译的标准，是所选部分要有助于读者了解歌德其人的精神面貌，内容比较健康且易为一般中国读者理解、参考和借鉴。

在实际的翻译过程中，朱光潜主要面临两方面困难：一方面歌德学识渊博，有丰富的社会活动，思想上充满很多矛盾，原书中有许多文艺理论、文化动态、应酬游览、家常琐事等内容，涵盖了歌德思想生活的方方面面，朱光潜在翻译时经常感到自己知识阅历有限，很难完全理解原文原义；另一方面，因为是当事人实际谈话的记录，虽然已经经过爱克曼的后期润色，但还是保留了很多口语表达，而朱光潜的德语掌握程度还不足以令他能游刃有余地解读原文。因此，在选译过程中，朱光潜在每则谈话前添加了概括性的标题，起到了提纲挈领、删繁就简、钩玄提要的作用。正如他自己所说，“译者个人的知识和见解在选择中也起了作用”，他是在

"把这项翻译工作当作自己的一种学习和研究"来做的[①]。朱光潜还在正文中添加了一些注释，有的是对原文的解释，有的是译者对歌德某些意见或倾向的个人看法。在"译后记"中，朱光潜对歌德生活时代的德国文化背景、歌德谈话中的主题思想以及歌德其人世界观和文艺观等均进行了简要介绍。虽然翻译工作很艰苦，但苦中有乐，朱光潜在给儿子朱陈的信中提到翻译《歌德谈话录》的进展和心得时说："此书颇有意思，译起来是一种工作，也是一种消遣。"[②]

1978 年 8 月，人民文学出版社出版了该书。朱光潜广博的知识和明白晓畅的翻译语言使得此书一经问世便广受欢迎，遂成为该部著作的经典节译本。有读者曾说道："前两天看《歌德谈话录》，看到十多页，忍不住回头看译者是谁，朱光潜，嗯，不服不行。没有一字不直白，但像饱熟不坠的果子，重得很。……说的人，译的人，都平实而深永。"[③]

五、莱辛《拉奥孔》的翻译

莱辛《拉奥孔》的翻译是朱光潜在 19 世纪 60 年代编写《西方美学史》时拟选译的资料附编之一。对于《拉奥孔》这部美学著作，朱光潜认为，它不但是德国古典美学发展史上的一座纪念碑，而且是启蒙运动中反封建、反教会斗争的一个强有力武器；表面上看，它似乎只在讨论诗与画的界限，实际上已经涉及当时德国文化界一系列争论激烈的根本性问题。

在翻译这部作品时，朱光潜依据的版本是彼得生（G. Peterson）等所编的《莱辛全集》25 卷本中的第 4 卷、包恩穆勒（F. Bornmuller）所编的《莱辛选集》5 卷本中的第 3 卷，二者都载有遗稿附录。此外，朱光潜还参考了 1952 年出版的瓦尔特·霍约（Walter Hoyer）所编的《莱辛选集》3 卷本，以及威廉·斯蒂尔（W. A. Steel）、比斯勒（E. C. Beasley）和斐利莫（R. Phillimore）的 3 种英译本，同时还参考了 1957 年苏联国家文学出版社出版的俄译本。在最终的译作中，其内容包括莱辛 1766 年发表的《拉奥孔》第一部分共 29 章，以及遗稿中两份《提纲》和笔记中一些重要段落。对于莱辛原书中的附注，朱光潜只译出有助于读者了解原文的部分，而原文中有关考古学和语言学方面的一些烦琐过时的考证并未译出。在"译后记"中，朱光潜详尽地介绍了此书创作的历史背景、基本意图、成

① 朱光潜：《朱光潜全集》(第 17 卷)，合肥：安徽教育出版社，1989 年，第 538 页。

② 转引自宛小平：《朱光潜年谱长编》，合肥：安徽大学出版社，2019 年，第 348 页。

③ 柴静：《朱光潜的座右铭》，载《光明日报》，2012 年 2 月 24 日。

就以及局限。1965 年，译作书稿完成并排印出清样，但因种种原因最终于 1979 年 8 月由人民文学出版社出版。

六、黑格尔《美学》的翻译

朱光潜认为，马克思主义诞生以前，真正有价值且影响深远的西方美学和文艺理论只有两部：古希腊亚里士多德的《诗学》和 19 世纪初期黑格尔的《美学》。《美学》原本是 19 世纪二三十年代黑格尔在海德堡大学和柏林大学授课的讲义，在他去世后，由他的门徒根据他写的提纲和几个听课者的笔记整理编辑而成。

《美学》原书有 3 卷，1958 年初，朱光潜开始翻译时主要根据的是 1955 年柏林出版的由巴森格重编的新版本，该版将 3 卷合订成一厚册。除了德文版，朱光潜还参照了英、法、俄等语译本，并按照这 3 种译本将全书分为 4 卷，其中第 3 卷又分为上、下两册。在翻译《美学》的过程中，朱光潜可谓遇到了重重困难。原书是根据黑格尔的讲课提纲和笔记整理而成，而他个人的语言风格又比较抽象、晦涩、艰深，因此原书的行文逻辑缺乏连贯性，书中的遗漏、重复和错误之处在所难免。在实际翻译过程中，每当有看不懂之处时，朱光潜便会参照英、法、德、俄 4 种版本，希望能准确理解黑格尔原文的真正意义。然而这些不同版本的译文不但和原作都有出入，且对于原文的艰涩之处，不同版译文的文字表达也颇为悬殊。每逢遇到这种情形，朱光潜只得自己去摸索原文的真实意思。不仅如此，黑格尔这部著作是从作者的客观唯心主义哲学体系及其辩证法出发的，这套理论体系非常抽象艰深，且存在许多矛盾和漏洞之处，读起来就很不容易，更别说翻译时遇到的困难了。为了大多数读者能够理解，朱光潜在翻译时添加了 3 种注释：词汇和典故的简介，较难章节的释义和提要，如何从马克思主义理论视角理解文中观点。实践证明，朱光潜的翻译方法是成功的，一些懂德文的读者反馈，读原文版《美学》没有看懂的地方，读朱光潜的译作反而看懂了。这种译法也实现了朱光潜自己的初衷，即他希望《美学》的翻译对于当时国人深入学习马克思主义理论能提供必要的帮助。

1958 年年底，人民文学出版社出版了《美学》第 1 卷。此后搁置了 10 余年，1970 年冬朱光潜又继续翻译，直至 1975 年全部译出，他还为译作附加了“译后记”及“黑格尔生平和著作年表”。1978 年，朱光潜又校改了一遍。1979 年，《美学》转由商务印书馆出版；至 1981 年，共 3 卷 4 册的《美学》全部出齐。

七、维柯《新科学》的翻译

早在 20 世纪 20 年代留学欧洲时，朱光潜就阅读过克罗齐和他的老师维柯的著作，然而直到 1980 年，已经 84 岁高龄的朱光潜才下定决心翻译维柯的这本书。朱光潜认为，《新科学》讨论的是人类怎样从野蛮动物逐渐演变成为文明社会的人的问题，其中涉及神话、宗教、家族和社会、阶级斗争观点、历史发展观点、美学与语言学等，其影响无异于达尔文的《物种起源》，因而这部作品的翻译无疑会为后人的研究开辟一条道路。不仅如此，马克思还曾经赞扬过维柯关于罗马法精神的看法，所以这部作品的翻译，对于国人更好地理解马克思主义基本观点也有很大的帮助。

朱光潜的翻译主要是根据 1975 年美国康奈尔大学出版社出版的伯尔金（T. G. Bergin）和菲什（M. H. Fisch）的英译本，但是他自己坦言，翻译《新科学》难度远远超过了 50 年代翻译黑格尔的《美学》3 卷作品。朱光潜不懂意大利文和拉丁文，《新科学》的原著是意大利文，维柯的语言风格艰涩拖沓，英译本文字同样不够简洁流利，因此他需要经常参考其他语种的译本。朱光潜也不太了解罗马法，对于西方古代史和罗马法知识的储备不足，于是在翻译过程中，他有机会便向人请教，例如有一次在出席会议时，他便向沈从文请教有关古代社会的问题。不仅如此，已届耄耋之年的朱光潜体衰多病，杂务应接不暇，很难专心致力于翻译，“他的工作很累，外文原著的字很小，老了眼花，只能用放大镜一个字母、一个单词看。有时，半个时辰才能写下一行，工作进度很慢”[①]。正是靠着惊人的毅力，在生命的最后日子里，朱光潜不仅完成了 40 万字《新科学》的翻译、修改、注释和校对，还发表演讲、撰写文章介绍维柯和《新科学》。就在去世前 3 天，病倒在床的朱光潜趁家人不在，硬爬向楼上书房，当摔倒在地被家人扶起时，他说《新科学》清样上还有一条注释需要修改[②]。自 1980 年动笔，到 1986 年他去世后两个月，凝聚了朱光潜晚年全部心血的《新科学》由人民文学出版社正式出版。

八、本节小结

1947 年，《自由文摘》上发表了朱光潜的《谈心》，在这篇自述中，已

---

① 朱墨：《朱光潜翻译维柯〈新科学〉的原因、过程与收获》，载《学术界》，2014 年第 6 期，第 207 页。

② 李醒尘：《朱光潜传略》，载《新文学史料》，1988 年第 3 期，第 136 页。

经50岁的朱光潜回顾了以往的人生，也谈到了自己老年兴趣转向哲学以及今后将致力于西方思想文论翻译的打算：

……论职业，我是教英国文学底，文学本是我的主要底嗜好，将来或许不致完全放弃，但是也许因为年龄的增长，我近来对於哲学底兴趣似比较浓厚。理比较一切似都实在，耐人探索玩味，我打算以剩下来底大部分时光，翻译几部真正重要底哲学著作，翻译可以集中注意力，帮助彻底了解，同时我心里也还有一个实用的念头。我相信支配世界动向的终於是思想，要想中国一切入正轨，中国人必须在思想上作更切实的努力。多翻译几部好书，也许就是多下几粒思想的种子，目前虫飞轰轰，声气虽然不小，恐怕那都是浮的，假的，无补於长久大计，我认定在我的能力范围之内，对于现在社会所能给的最大贡献是翻译，所以发愿就从这方面努力，放弃从前爱做零星文字底习惯，在最近几年内我预料先把克罗齐，康德，赫格尔（即一般翻译成的黑格尔——编者）三人的美学著作译成，以后再译我最心爱的柏拉图，我的翻译标准是自己透懂原文，把它译为充实而流畅底中文，使不懂西文而肯用心底读者读起来不太觉难涩。[①]

朱光潜在文中提到的“打算”，在随后的岁月里逐渐变成了现实，而他的“发愿”也终于实现。朱光潜在翻译西方文论著作中所遵循的标准和使用的方法，如严格选择版本、多语种版本参照、注疏整理、解释阐发等，在今天的翻译工作中依然是行之有效的，也是后辈译者学习的榜样。他在翻译时不仅尽量忠实于原作，而且为了兼顾国内读者的顺畅阅读，又同步做了许多注释、解读、整理、阐释等深度翻译研究工作，展示了其深厚的学术功底，也体现出了翻译过程中的译者主体性。这种翻译与研究相结合的学术路径，使他的译作经受住了时间的考验而成为经典。特别是他将个人荣辱得失抛掷身外，始终不渝要为后人“多种下几粒思想的种子”的拳拳之心，更是在岁月的深流中熠熠生辉，感人至深。

20世纪中国美学和文艺理论研究发展的一个重要标志，就是翻译引进了国外众多的理论研究成果。时代需要翻译，翻译也需要与特定时代的要求、水平和研究状况相结合。从抗战胜利一直到去世之前，朱光潜在40年的时间里翻译出版了大量西方美学和文艺理论方面的名著，其涵盖范围之广，涉猎内容之丰，时间跨度之长，令人叹为观止。这些厚重而博大的翻译作品，构筑了中国现代美学史和翻译史上的不朽丰碑。有学者这样评

① 转引自宛小平：《朱光潜年谱长编》，合肥：安徽大学出版社，2019年，第189—190页。

价："他几十年如一日不知疲倦地辛勤劳动，为我们留下了七百多万字宝贵的文化财富。美学作为一门科学，能够在中国得到发展和普及，柏拉图、莱辛、维柯、歌德、黑格尔、克罗齐这些美学大师的著作能够在中国广泛流传，都和他的名字分不开。他的每一部著作都和我们民族的历史、文化和艺术生活的发展息息相关。他的成就代表美学在中国发展的一个新阶段，他是美学在中国以科学形态得以发展的最重要最有成效的开拓者。"[①] 诚哉斯言。

第四节　朱光潜的戏剧翻译

1956 年，为了纪念英国戏剧家萧伯纳 100 周年诞辰，文化部门组织了座谈会、专题研讨、戏剧演出等活动，报纸杂志上也刊登了一系列研究和评述萧伯纳及其戏剧艺术的文章。人民文学出版社从萧伯纳 40 多部戏剧中精选出 11 部，组织了黄锺、潘家洵、陈瘦竹、杨宪益、朱光潜、林浩庄、张谷若、俞大缜、老舍、方安等 10 位知名翻译家进行翻译[②]，出版了 3 卷本的《萧伯纳戏剧集》，这是国内最早、同时也是迄今为止收录萧伯纳作品最多的戏剧集。1963 年，人民文学出版社又选取了其中的《华伦夫人的职业》（潘家洵译）、《英国佬的另一个岛》（朱光潜译）和《巴巴娜少校》（林浩庄译）3 部戏剧，请王佐良先生写了一篇详尽的"译本序"，结集为《萧伯纳戏剧三种》，作为"外国文学名著丛书"之一出版。

《英国佬的另一个岛》是萧伯纳以爱尔兰为背景创作的一部 4 幕讽刺喜剧，剧本以来自伦敦的劳伦斯和博饶本到爱尔兰罗斯库伦进行土地开拓事件为主线，以博饶本、劳伦斯和娜拉三角关系的动态发展为辅线，生动刻画出英国人和爱尔兰人不同的性格特征。这部萧伯纳经典喜剧在中文世界里的影响力不能不归功于朱光潜的翻译。

戏剧翻译是文学翻译中一个特殊的领域，翻译时既要考虑到文学性和艺术性，又要兼顾舞台表演时的口语化、易演说性和易理解性的特征。朱光潜在《英国佬的另一个岛》初稿译出后，对于自己的译文语言是否口语化没有把握，便由当时人民文学出版社副社长楼适夷从中联系，请老舍先生校改指正。朱光潜在书稿后附了一封给老舍的信，其中写道："承你应

① 熊自健：《"文革"后朱光潜的美学风范及其成就》，载《鹅湖月刊》，1990 年第 4 期。

② 杨宪益翻译了其中的两部戏剧，其他译者各译了一部。

允替我校改萧剧译文，我十分感激。你是很忙的人，我原先所以要请求你校改，因为我一向钦佩你的中文口语的简练。还希望你丝毫不要客气，尽量替我修改。”① 老舍细读译文后对朱光潜译文的总体评价是“译得好极”，在回复楼适夷的信中给出了“光潜译笔正确，全文无大错误”的评语②，但同时也指出了译文中一些语句枝冗琐碎的问题，并提出了修改意见供朱光潜参考。后来老舍翻译完同样选入《萧伯纳戏剧集》的《苹果车》后，也请朱光潜校看自己的译稿，朱光潜亦开诚布公地指出了译文中的一些问题，从而成就了中国翻译史上的一段佳话。他们以各自的忠实求真、精益求精，共同构筑了中国译者的翻译精神③。

时至今日，朱光潜翻译的《英国佬的另一个岛》依然是中文世界萧伯纳该部戏剧的经典译本，而这也是朱光潜翻译的唯一一部戏剧文学作品。本节便以这部作品为例，对于朱光潜在这部戏剧作品翻译过程中的注释运用，以及所表现出的文化选择等予以阐释，以期能对学界的戏剧翻译理论建设有所裨益。

一、戏剧翻译中的注释运用

朱光潜在翻译《英国佬的另一个岛》时，综合运用了多种翻译策略，特别是添加了原文中没有的 48 条注释，内容包括人名、地名、政治事件、历史典故、语言意义、社会习俗、宗教文化等各个方面，其中最长的一条注释长达 267 个汉字。与同一时期翻译萧伯纳作品的其他翻译家的译作相比，朱光潜所做的这些注释，无论从数量上、涉及范围的广度上，还是从内容的深度上都是独树一帜的。

注释，作为翻译过程中的一种副文本（paratext），一方面，它是一种重要的翻译策略，是对译作文本内语言模糊和文化缺损之处的有效诠释和补充；另一方面，它参与了译者翻译的全过程，留下了与译者相关的翻译思想、文化心态、学识素养、行为理念、时代背景等印记，促成了深度翻译的产生，构成了译作的一个有机组成部分。对于朱光潜在翻译《英国佬的另一个岛》时所做的注释进行分析，探索其文本内外功能，可以追溯译者翻译注释时的心理动因。

---

① 舒济：《老舍书信》，载《新文学史料》，1990 年第 1 期，第 151 页。

② 同上，第 150 页。

③ 蓝红军：《译者之为：构建翻译的精神世界——傅雷翻译研究述评》，载《中国翻译》，2017 年第 1 期，第 72 页。

（一）《英国佬的另一个岛》中的注释分析

朱光潜采用深度翻译的方法，通过大量的详细描述和深度解释，以注释、说明、评论等阐释解说性文字的方式，使源语的语言、文化和历史语境得以深度再现，从而最大限度地保留了原作的风格，也为读者提供了丰富的背景知识信息。

《英国佬的另一个岛》是萧伯纳应爱尔兰文学剧院主持人、诗人叶芝之约写的一部戏剧，在这部以自己故乡爱尔兰为背景创作的 4 幕讽刺喜剧中，萧伯纳充分运用了他最擅长的幽默和讽刺艺术，通过似是而非的颠倒话语和机智对白来塑造人物，生动刻画出英国人和爱尔兰人不同的性格特征，抨击了当时英国资产阶级对爱尔兰民族的政治欺骗和经济掠夺，也揭露了爱尔兰本土面临的政治、经济、社会等问题。剧中内容描述了爱尔兰和英国的政治、经济与文化传统，剧中人物的对白幽默风趣，话里有话，涉及历史人物、政治事件、宗教典故、社会习俗等，种种语言和文化背景为原作构建了丰富的语境，却容易在翻译过程中造成译作的语言模糊和文化缺失。于是，为译文添加注释便成为译者顺畅传达原文语义以帮助译文读者理解原作的重要策略。

朱光潜在翻译《英国佬的另一个岛》时添加的注释中，比较常见的是语言类注释，这也是文学翻译中最常见的一类注释。正如英国文化翻译理论家巴斯内特所说，“文化不可译性实际上隐含在翻译的任何一个环节中”[①]。而词汇是语言和文化的基本载体，也是语义理解和翻译转换的首要环节，由于各民族语言和文化的差异，一种语言中拥有的词汇可能在另一种语言中没有对等词，由此形成了词汇空缺。例如，在戏剧的第二幕，博饶本和他的仆人霍德生正在谈论他们喝过的爱尔兰当地人酿造的一种波青酒的味道，霍德生说：“我只喝了一口，老爷。味道就像泥煤，真难喝！这里人把泥煤叫作‘草皮’。”源语说话者和听话者很清楚“泥煤”和“草皮”的意义所指，然而译语读者却对二者不知所云，于是朱光潜在译文中添加了这样的注释：“泥煤（peat），植物浸水腐烂，又经过炭化的煤，用作燃料，有一种香味。爱尔兰人把它叫做 turf，这字在英文是‘草皮’。”这种戏剧文本内直译加文本外注释的方式，既保留了源语的语言特色，同时又帮助译语读者了解了源语语言中的背景文化。这里的注释在文本中起到了字典的作用。

---

① Bassnett，S. *Translation Studies*. London：Routledge，2002：40.

萧伯纳是公认的语言大师，擅长在戏剧创作中融会贯通地运用《圣经》故事、神话传说、历史典故等，《英国佬的另一个岛》中的人物对白就频频出现各种社会文化知识，而诸如此类的历史、人物、宗教、政治事件、习俗等文化注释亦占据了《英国佬的另一个岛》译文注释中的大多数，这些文化信息构筑了戏剧发生的宏观时代背景，推动了剧情的发展，也增添了翻译的难度。

例如，在剧中第二幕，博饶本一行饥肠辘辘，于傍晚时分才赶到纠德姑姑家，当纠德姑姑招呼他们进屋“吃茶”时，他以为没有晚饭可以吃了，便连忙说：“吃茶！我怕吃茶是太迟啦。（看表。）”朱光潜在此加了一条注释：“在爱尔兰和苏格兰，吃茶就是吃晚饭，博饶本是英国人，不懂这个规矩。”这条注释在解释剧中人物行为的同时，也向译语读者介绍了爱尔兰民族的社会习俗。

又如，当戏剧发展到高潮部分时，博饶本想代表爱尔兰人竞选议员，以敦卜赛神父为首的一群当地人并不看好他，但是他们又想要得到博饶本的钱，于是敦卜赛神父背着博饶本说：“上帝赦宥我们！掠夺埃及人是件不大体面的事，尽管我们有正当的理由。所以我先要知道可掠夺的东西究竟有多少，然后再作决定。”此处，敦卜赛神父用到了《圣经》中的典故，朱光潜在直译后，为了能使译文读者明白人物用典的真实语义，为“掠夺埃及人”添加了注释：“希伯来民族遭灾荒，迁到埃及就食，后来摩西率领他们回巴勒斯坦，临行前掠夺了埃及人的财宝（见《出埃及记》第十二章）。本文‘埃及人’指英国人，敦卜赛神父的意思是说，找英国人要钱不是体面事，虽然有摩西的先例可援；钱少就不必要，钱多就要。”这样的注释不仅解说了历史典故的内容，标明了典故的具体出处，还解释了戏剧中人物此处引用该典故的真实语境意义。由此可见，译注不仅是对文本内文化意蕴的有效诠释和补充，而且具有历史文献考据意义；同时，文本内外的深度翻译相互补充与照应，又共同营造出丰富的历史文化背景，最终满足了不同层次译文读者的阅读需求。

在《英国佬的另一个岛》的剧情故事中，还穿插了许多爱尔兰和英格兰民族各种矛盾的历史渊源和变化发展。例如，戏剧中男主人公之一的劳伦斯·杜伊尔成年后离开故乡爱尔兰，在伦敦和博饶本成立了公司，在外闯荡事业有成的他这样评述故乡的贫穷落后：“在政治上爱尔兰人也是个糊涂虫，他还梦想‘老太婆’在一七九八年所说的话。”对于劳伦斯话中指涉的人物，朱光潜做了一条详尽的注释：“爱尔兰语 Shan Van Vocht 的意思是‘老太婆’，即下文所说的卡德林·尼·户立汉，她是传说中爱尔兰人民的救星，所以爱尔兰人就用她的名字来称呼爱尔兰。'老太婆在一七九八年所说的话'，即'爱尔兰人在一七九八年的主张'，爱尔兰人在一七九八年举行了一次大起义，反对英国政府，但是失败了，那时的主张当然早已过时。"

直译加注释的方式既照顾到源语人物对白话语的流畅性和口语化特征，又避免了可能会对译语读者造成的语义模糊和文化空白，爱尔兰诸多的文化特征借助注释得以传播。在这里，译者的深度翻译在为译语读者阐释戏剧文本内语义的同时，也开启了一扇了解异域文化的窗口。

（二）注释的文本内、外功能

戏剧翻译的译者必须要熟稔多种语言和文化，而不能只是源语或译语某一种文化的代言人，"翻译本来就应是目的语文化与原语文化差异与差异之间的一场对话，而不应该是目的语文化的独白。译者应该努力让原语文化在目的语文化中发出自己独特但和谐的声音"[①]。在这种多元文化并存的格局下，译者既是文化的协调者，又是文化的创造者，其翻译时始终要考虑的是，如何将异域文化的异质性以恰当的方式介绍和引入译语文化并被读者顺畅接受。翻译过程中添加的注释是一种主动的文化介入手段，既能使译文最大限度地传递原文中丰富的文化和历史语境，又利于译语读者的顺畅理解和开阔眼界，从而能很好地实现源语文化的传播与交流。

就《英国佬的另一个岛》中的注释而言，通过朱光潜 40 多条注释的深度介绍，译语读者得以了解爱尔兰、英格兰乃至欧洲的历史人物、民间传说、神话故事、种族渊源、宗教教义、党派政见，乃至风土人情、地理风貌、生活习俗、文学典故等等社会文化信息，注释在作文化补偿介绍的同时也担负起了文化人类学研究的功能。通过对这些注释的考察不难发现，译者在对一条具体词项注释时一般遵循着"文化词项溯源—内容介绍—剧中真实语意"的范式，语言简洁，出处可查，思路清晰，普通读者可以通过译注明白戏剧文本的真实语意，深度阅读者还可以从注释中探究其历史来源和文化传统。这些融知识性、学术性和考据性于一体的注释汇聚起来，为源语戏剧文本的故事发展和剧情推动构筑了广阔而丰富的历史背景，最大限度地再现了戏剧故事发生的源语社会文化语境，也满足了译语中不同层次读者的阅读需求。

在《英国佬的另一个岛》中，注释不仅具有文化补偿作用，也发挥了

① 蒋童：《韦努蒂翻译理论的谱系学研究》，北京：商务印书馆，2016 年，第 155 页。

戏剧主题揭示的显现功效。朱光潜在为戏剧文本作语言和文化词项注释时，时而会做出诸如“是开玩笑”“有轻视意味”“这是爱尔兰人最痛恨的”“不必实有其人”之类自己的理解评述，虽然寥寥数语，却成为潜藏在戏剧人物对白之外的“画外音”。译文中的这类文本外评注，悄无声息地融入戏剧剧情发展中，成为彰显剧中人物真实内心、揭示戏剧主题的有机组成部分。例如，戏剧刚开始时，博饶本想劝说自称是爱尔兰人的哈费干同他一起去爱尔兰收购土地，希望能在当地人的帮助下更好地开拓事业。哈费干不是土生土长的爱尔兰人，也没打算要回爱尔兰，他来见博饶本只是为了获取他的信任以便从他那里骗些钱买酒喝，于是哈费干同博饶本说话时用到了真正爱尔兰人常用的祝福语：“愿你的胳膊多长一股劲！愿你的影子永远不变小！你真正是男子汉中间的肉汤！”汉语中没有这样的祝福问候语，所以朱光潜在直译后对这句话的真实语义做了注解说明，不仅如此，朱光潜还在这条注释里加了一句，“哈费干在冒充爱尔兰人，把拣到的爱尔兰语拿来蒙混博饶本”。剧中，哈费干骗子的身份是在其成功拿到钱走了之后、劳伦斯和博饶本的对话中才被揭穿的，而译者在这个人物刚一出场时的评述则成为戏剧人物对白之外的“第三个声音”，帮助译语读者对哈费干的行为产生心理预设，为其在接下来剧中的种种“表演”做了很好铺垫，也增加了戏剧冲突的张力。这样的评述和解说成为译语文本中人物对白的话外注解，参与到译语读者对戏剧剧情的解读过程中，最大限度地消除了读者阅读过程中的心理困惑，也体现了译者希望引领译语读者更顺畅透彻地理解剧本主题的尝试和努力。

作为一名现实主义作家，萧伯纳善于发现社会矛盾并且用戏剧做武器来揭露问题、传播思想，隐藏在其戏剧人物嬉笑怒骂、似是而非的颠倒话语之后的，往往就是萧伯纳自己想要揭示的事理真相和想要表达的思想。他反对“为了艺术而艺术”，认为说教是艺术创作的源泉，没有说教的需要也就不会产生艺术，强调戏剧是教育和宣传的工具。萧伯纳生前曾在苏联受到极高的评价和礼遇，高尔基称颂他是“勇敢的战士”，阿尼克斯特认为萧伯纳是和社会主义运动发生联系的“最伟大的现实主义作家”，并且指出，对于资本主义的批判是萧伯纳一切戏剧创作的“基本的主题”①。这样的评价也奠定了新中国成立初期我国文学界对于萧伯纳及其戏剧评判的基调。作为一项社会活动，翻译受其所处社会的意识形态和文学观影响，正如勒弗菲尔所说，两个因素决定了一个翻译作品的呈现形式：“译

① 阿尼克斯特：《萧伯纳论》，载《文史译丛》，1956 年第 2 期，第 180 页。

者的意识形态”（不管是其主观接受的，还是某种赞助人强加于其身的影响）和“翻译时接受文学的主流诗学”，意识形态影响到译者的翻译策略和翻译行为[①]。《英国佬的另一个岛》在当时被认为是通过爱尔兰问题来剖析英帝国主义罪恶的一部经典戏剧，王佐良在“译本序”中也指出，戏剧表达了萧伯纳对罪恶资本主义社会的愤怒。戏剧主要发生在爱尔兰的罗斯库伦，这个地名在剧中第一次被提及时，朱光潜添加了整个戏剧译本中最长的一条注释：

罗斯库伦是本剧的主要场所，代表爱尔兰的农村。它在经济上极落后，但正在经历剧烈的转变。先是土地掌握在大地主手里，莱斯屈朗基便是旧式大地主的代表。这班大地主在英国压榨之下，加上生产方式落后，大半破产了，把土地典押给英国资本家。于是政府颁布土地购买法令，使富裕中农可以购买土地，土地因此日益分散。由于上述原因，这班新式小地主仍然不能维持下去。结果英国资本家进来进行“土地开拓”，就是把爱尔兰农民的土地拿过来经营工商业，使农民放弃他们落后的农业，或是贫穷饿死，或是转到美洲去找生路，或是在英国人办的企业中当奴隶。本剧所写的就是这种转变的过程。[②]

这样的注释概括总结了整部戏剧的主题思想，在当时起到了积极的宣传作用，也体现了翻译的社会教育功能。《英国佬的另一个岛》中有一位克干老人，原是爱尔兰当地神父，因头脑清醒、为人正直、敢说真话而为当地天主教会所不容，他不仅遭教会免职，还被广为宣传成一个疯子。克干老人担心爱尔兰民族的未来，对农民和黑人的疾苦满怀怜悯，他公然将博饶本比作是“驴子”——虽然效率高但却滑稽可笑，尤其是在谈恋爱和搞政治的时候，“跑到爱尔兰来吃草，毫不明白它的蹄子所践踏的是块圣地”。克干一语道破博饶本企图在罗斯库伦剥削榨干当地农民土地和劳动力的用心，他梦想的天堂是“一个国家，里面政权就是教会，教会就是人民，三位一体，一体三位”。朱光潜在为“三位一体，一体三位”这一教义作注解之后还添加了一句评述：“克干的看法多少代表萧伯纳自己的看法。他认识英国人侵略爱尔兰的意图，看出资本主义的末路，对于未来理想世界存着一些空洞的幻想。”注释在介绍宗教文化，为剧中人物行为注

① Lefevere，A. *Translation，Rewriting，and the Manipulation of Literary Fame*. London and New York：Routledge，1992：41.

② 朱光潜：《朱光潜全集》（第 12 卷），合肥：安徽教育出版社，1991 年，第 333 页。

解的同时，也评述了剧作家萧伯纳的戏剧创作思想和他对资本主义社会未来发展的见解，顺应了当时文艺界对萧伯纳及其作品评判的基本论调，也彰显了注释的教育功效。

（三）译者注释心理探究

译者在注释的过程中，既要体会作者的意图，又要照顾不同层次读者的需求，因此注释的位置、注释的方法、注释的语言、注释到何种程度、是否需要注释等等，这些一般读者很容易忽略的细微之处，却“往往是译注者最困扰、费心之处，也很可能是后来的研究者和学子兴趣之所在”①。对于专业译者而言，译注首先是译者翻译思想和理念的直接体现，是译者惯习的自然显现和自动沿袭。朱光潜不仅在翻译理论上有独到见解，其个人翻译风格在业界向来以“忠实传神，明白晓畅”而著称。早在抗战期间，他就发表了《谈翻译》一文，阐明他的译学观点，这是“抗战时期大后方重要译论之一”②。朱光潜从自己几十年的翻译生涯中得出体会：译一本书要比自己写一本书难得多，不同语言系统的语义、语音、句法、人情风俗、文化历史等都大相径庭；在他看来，直译和意译没有绝对区别，“忠实的翻译必定能尽量表达原文的意思”，“理想的翻译是文从字顺的直译”；他还批评了当时国内比较盛行的西方戏剧翻译方法，即译者往往从原文得到一些灵感便根据大意自己进行创作翻译，他指出这是“改译”而不是真正的翻译；他认为好的翻译也是一种创作，译者需要设身处地揣摩作者的情感思想，还要把它原样移植于译语中，使两种语言的读者有相当的阅读体验，因此“只有文学家才能胜任翻译文学作品”③。

对于忠实和通顺翻译原则的坚持，决定了朱光潜在翻译中“直译为主，注释补充”的基本策略。作为一名学者型翻译家，他在几十年学术生涯中形成了“研究什么，翻译什么；翻译什么，研究什么”的译者惯习，他自己也说这是“把翻译工作当作自己的一种学习和研究”来做的④。引言、序、按语、注释、述评、解说、题解、副标题、译后记等等文本内外深度翻译策略，是他在美学和文学翻译中的常用手段。他的美学译著大多都有“译后记”，以评述翻译对象及其思想，同时为自己的译本选择、翻译方法和注释原则做解释。或许因为不是个人译品的单独出版，《英国佬

① 单德兴：《翻译与脉络》（修订版），北京：清华大学出版社，2016 年，第 42—43 页。
② 陈福康：《中国译学理论史稿》，上海：上海外语教育出版社，1992 年，第 350 页。
③ 朱光潜：《朱光潜全集》（新编增订版）第 6 卷，北京：中华书局，2012 年，第 285—297 页。
④ 朱光潜：《朱光潜全集》（第 17 卷），合肥：安徽教育出版社，1989 年，第 538 页。

的另一个岛》译后没有“记”，但是从他在同时期[1]翻译的柏拉图《文艺对话集》的“译后记”中“关于本集的选，译，注”的相关论述里，可以看出他在当时阶段添加翻译注释的基本原则和理念：“译者所悬的标准只有两个：第一是对原文忠实，第二是译文尽量用流畅可读的口语。”他还提到译著中有两种注释：一是“书末的每篇题解说明各篇要义以及了解全篇所必要的一些知识”；一是“正文注解，说明典故，援引的书籍，译文有待解释的地方以及长篇中分段大意”[2]。据此可以判断，他在长期翻译实践中形成的译者惯习，自然会在他翻译《英国佬的另一个岛》的过程中得以延续；不仅如此，他的渊博学识和深厚的中西文化研究功力，也借由注释得以为各个层次的读者阅读分享。正如孙坤荣先生所说，朱光潜的译著中，“对文中一些较难理解的地方和词汇、典故，都做了必要的注释。有些注释实际上是他个人的研究心得”，比如《歌德谈话录》注释中关于哲学的未来命运、关于歌德对基督教会的批评等，一条注释有近一两千字，这些学术性评述“对于读者理解原著很有裨益”[3]。

纵观朱光潜半个多世纪的学术生涯可以发现，学术研究早已成为他的一种基本生活方式，他属于创作和翻译并举的大家，他的 350 多万字译著大多完成于新中国成立后。翻译《英国佬的另一个岛》时的朱光潜正处于学术研究的沉寂期[4]，正如王攸欣在《朱光潜传》中提及朱光潜翻译《英国佬的另一个岛》这一事件时的论述，“他还前所未有地接受了人民文学出版社布置给他的任务”[5]，表明在当时朱光潜对于赞助人翻译任务和翻译要求的欣然接受态度，这样的态度自然内化为译者翻译和注释过程中的语言选择、译者立场和注释程度，以期能实现与主流意识形态的话语同构，同时也体现了译者在当时通过翻译保持学术活力并为学术做贡献的一种学者生活方式诉求。

(四) 小结

德里达（Derrida）曾说过，“脚注的命运，或者更广泛来说，注释的

---

① 1954 年 5 月他翻译的柏拉图《文艺对话集》出版，1955 年他翻译了《英国佬的另一个岛》，并在 1956 年出版。

② 朱光潜：《朱光潜全集》（第 12 卷），合肥：安徽教育出版社，1991 年，第 311 页。

③ 孙坤荣：《中西美学交流的桥梁——忆“美学老人”朱光潜先生》，见《朱光潜纪念集》，合肥：安徽教育出版社，1987 年，第 98—99 页。

④ 根据钱念孙先生的研究，新中国成立后朱光潜有两次学术研究沉寂期：一次是从 1951—1956 年，另一次是从 1966—1976 年。参见钱念孙：《朱光潜出世的精神与入世的事业》，北京：文津出版社，2005 年，第 240 页。

⑤ 王攸欣：《朱光潜传》，北京：人民出版社，2011 年，第 341 页。

命运，总是不好的，并且（写的）越好的注释越是不妙"[①]。他担心的是译者的注释行为有可能会影响到读者对作品的解读。然而，翻译作为一项特定语境下的社会活动，从来就不是在真空中进行的，这也使得文本内外深度翻译的运用研究具有了重要价值。通过对于朱光潜在《英国佬的另一个岛》中的深度翻译的研究可以发现，译者对原戏剧的语言、文化、典故等的深度注释为原文营造了丰富的历史文化语境，也折射出译者的学识素养、翻译理念和文化态度。两者互文映衬，互补共生，反映了译者忠实作者、心系读者、报答赞助人的心理动因。

译者何为？译者在孜孜不倦为译文作各种注释、解说、述评时，为读者顺畅地理解译文和开阔眼界开启了一扇通向异域文化的窗口，并在有意无意中也留下了译者自己曾经生活过的时代印记，循着这印记能找到独属译者的文化基因，它们与译文文本一起共同构筑了译作的生命。

二、戏剧翻译中的文化选择

20 世纪 80 年代以来，现代翻译研究实现了"文化转向"，戏剧翻译研究也不断向文化层面拓展，呈现出多元化趋势。戏剧翻译具有文学阅读和舞台演出双重属性，在考虑译文忠实于原文以及需明白通顺的同时，又要兼顾舞台演出时的可演说性与易理解性，语言转换的同时还要考虑跨文化交流等语言之外的因素，种种限制为戏剧翻译增加了难度。巴斯内特（Bassnett）认为，戏剧翻译是根植于文化深处的一种行为，"翻译就是文化内部的和文化之间的交流；翻译对等就是源语和目标语在文化功能上的对等"[②]。戏剧翻译中会涉及文化的移入和操控，鉴于文化有不同的解读方式，操控和移入是必不可少的策略[③]。译者在将源语文本的文化转换到译语文化的过程中，在文化层面上需要解决的主要问题是文化差异甚或文化冲突，而译者的文化选择也是译者主体性的直接体现。

萧伯纳是公认的语言大师，其戏剧人物的对话中往往涉及各种人文地理、社会文化等信息，共同构筑成源语中丰富广袤的文化背景。追踪朱光潜翻译《英国佬的另一个岛》时运用的策略，解析其在文化翻译过程中进行的文化过滤、文化移植与重构，不仅可以探索朱光潜的文化翻译原则，

---

① Derrida, J. *This is Not an Oral Footnote*. In Barney, S. A. (ed.), *Annotation and Its Texts*. New York and Oxford: Oxford University Press, 1991: 193.

② 转引自谭载喜：《西方翻译简史》，北京：商务印书馆，2004 年，第 221 页。

③ 潘智丹、杨俊峰：《国外戏剧翻译研究的发展及流变》，载《外语教学与研究》，2013 年第 2 期，第 293 页。

也可以揭示文化翻译过程中的译者主体性。

（一）文化翻译策略

戏剧翻译的基本宗旨是为目的语语言和文化服务，因此以目的语读者与观众的接受和理解为出发点的“归化策略”便成为戏剧翻译过程中的必要手段，正如 Aaltonen 所说，“归化能使异国的成分变得更易处理、更为亲切，能使观众更能理解舞台上发生的一切，还能消除异国文化的威胁”[①]。在翻译《英国佬的另一个岛》过程中，对于具有特定文化内涵的词汇、容积和长度单位、叹词和拟声词等，朱光潜主要采用了归化策略进行翻译。例如，朱光潜将“get butter out of a dog's throat”译成“狗嘴里的肉骨头”，“butter”直接替换成“肉骨头”；又将“ten foot”译成了“一丈多”，grasshopper（蚱蜢）的叫声“X”译成“唧嘶”。运用这些归化手法进行的处理，显然是考虑到了有利于译语文化中读者的顺畅理解和接受。

凝聚在词汇中的文化意象是各个民族在漫长岁月中生产、生活智慧和历史文化的结晶，长度、重量、容积等计量单位具有很强的地域性，而叹词与拟声词是对自然界和人类发出的各种声音的描摹，只抒发各种情感，往往并没有具体意义。这些词汇对于民族内部成员来说，是无须解释便能心领神会的固定文化符号，然而对于不同生活环境下别的民族成员而言，却是陌生的异质文化因素，因此这些词汇具有很强的民族性和地域性。不仅如此，每个民族都有自己的特殊礼仪习俗，为了剧情的顺畅推进与发展，剧中涉及的各种习俗在翻译后往往也会经历一个“入乡随俗”的转换。例如，称谓语是各民族长年累月形成的规则和约定俗成的习俗，具有鲜明的地域特色和民族性，中华民族是礼仪之邦，在称谓方面为了表示尊重和敬意，往往会对别人使用尊称，而对自己则用谦称。在《英国佬的另一个岛》的一开始，博饶本为了拉拢哈费干，装出一副对他的遭遇表示关切和同情的样子，这种低就的姿态也体现在称谓语中，朱光潜将此处原文的“your family”译成“你府上”，“Mr. Haffigan”译成“哈费干大爷”，这样就生动传神地表现出博饶本通过尊称来拉近与对方关系的企图。同样的，Sir 和 Mr. 是英语中对男子的常用称谓，在整部戏剧中多次出现，朱光潜根据上下文不同语境，分别将其译成“大爷”“老爷”或“少爷”；又

① Aaltonen，S. *Rewriting the Exotic*：*The Manipulation of Otherness in Translated Drama*. *Proceedings of* Ⅷ *FIT World Congress*. （ed.） London：Institute of Translation and Interpreting，1993：27.

将“Mr. Broadbent”“Mr. Doyle”译成“博老爷”“杜老爷”，在表示人物身份的同时增添了戏剧语言的可读性，使人物对话更加简洁、上口，符合汉语的称谓习惯，也考虑到了中国人的待客礼仪之道。

戏剧翻译过程中，归化法可以使读者和观众顺畅地理解源语及其文化，消除文化冲突。异化法则能保留源语的异质性和陌生化，丰富译语文化，正如韦努蒂（Venuti）所说：“一方面，异化翻译对原文进行以本族为中心的挪用，将翻译作为再现另类文化的场点，从而把翻译提上了本土的文化政治议程，比如化异的文化政治；另一方面，正是这种化异的文化姿态使得异化翻译能够彰显原文的语言和文化差异，发挥文化重构的作用。”① 在对《英国佬的另一个岛》剧中人物的对话翻译中，朱光潜也运用了异化的方法。例如，习语“looking for a needle in a bundle of hay”，朱光潜异化译成了“像在一捆草里找一根针”，并没有归化翻译成汉语此种语境下常用的习语“大海捞针”；同样的，“there's more in your head than the comb will take out”和“a bear with a sore back”，也没有归化译成“脑子一团麻”和“猴子屁股坐不住”，而是直接翻译成“梳子也梳不清”和“像一只烂脊梁的狗熊”，保留了源语文化意象。究其根源，源语中的这些比喻形象生动、明白易懂，又新奇独特，具有浓郁的爱尔兰民族文化色彩。此处朱光潜使用异化法进行翻译，在忠实顺畅传递源语语言信息的同时，既保留了异域文化印记，也体现出爱尔兰民族的语言文化智慧。

《英国佬的另一个岛》译文中对于诸如此类具有特殊文化内涵的词汇、习语和成语、社会交际用语、宗教历史语句等的异化翻译，原汁原味地传递了源语语言和文化，使译语读者和观众得以领略到本民族生活中原本不可能经历的文化体验，极大地丰富了汉民族的语言和文化，也体现出译者开放包容的文化态度。

（二）文化移植、文化过滤与文化重构

翻译是文化阐释的重要手段，戏剧翻译过程中，译者始终要考虑译语读者和观众的接受情况，因此在对异质文化进行移植的过程中，会对源语文化意象采取省略、简化、重塑、添加等变译手法。经过译者之手后的翻译文本不再是源语文化的单独完整呈现，必然会包含大量的译语文化因素。这种“创造性叛逆”体现了译者的跨文化协调能力，反映了不同文化

---

① 劳伦斯·韦努蒂：《译者的隐形——翻译史论》，张景华、白立平、蒋骁华译，北京：外语教学与研究出版社，2009年，第165页。

之间的碰撞与交流，也是“文学传播与接受的一个基本规律”[①]。对照《英国佬的另一个岛》源语和译语文本后不难发现，朱光潜在翻译过程中运用了文化移植、文化过滤和文化重构等方法。

人类有相类似的对于世界的认知和感悟，这使得文化移植成为可能。而爱尔兰文化与中国文化间的共性，使得源语中的一些文化因素可以被完整移植到译语文化中。例如，朱光潜将原剧中的“you slave like bees”译成“你们就像蜜蜂一样劳作”，将“chatter like two magpies”译成“就像一对鹊儿似的，唠叨得没有完”；而“像在一捆草里找一根针”这类汉语中没有的表述，因其通俗易懂，新颖独特，朱光潜在翻译时也保留了源语的文化意象，进行了文化移植。

此外，对于剧中人物对话中涉及的特殊文化习俗、宗教历史文化等，朱光潜则采用了直译和增加注释的方式。正如前文所述，注释是译者介入翻译文本的一种重要方式，它可以在不占用原文本空间的同时对译文语言文化信息进行补充说明，也传递出译者对于文化传播的基本态度。剧中人物的对话中频繁运用到各种爱尔兰社会文化习俗、欧洲历史背景、西方神话传说、宗教典故等知识，朱光潜往往是在注释中不厌其烦地做出大量的介绍、解释和补充说明，反映了译者向译语读者普及西方文化传统的意愿，而译语文本内外深度翻译手段的综合运用兼顾到文化移植与译文的顺畅接受，也开启了一扇通往译语文化的窗口。

在翻译活动中，对于译语读者在理解上有冲突的源语文化信息，译者通常采用淡化处理、改写和删除三种文化过滤手段[②]。例如，剧中人物在形容博饶本读到报纸上英国军队在印度战败的消息时，运用了一个比喻“as pleased as Punch”，意思是“像庞奇一样开心”，形容“非常开心，心花怒放”。这一用语出自英国传统木偶剧 *Punch and Judy*（《庞奇和朱迪》），Punch 是剧中男主人公，成天乐呵呵的。这一人物的固定形象在爱尔兰是家喻户晓的，然而对于绝大多数中国读者和观众而言却是陌生的，汉语中也没有对等的相应人物形象，朱光潜便将其译成“高兴地什么似的”，删除了可能造成理解困难的人物名称，只传递出源语试图表达的“开心”的实际意义。

对照《英国佬的另一个岛》原文和译文，相比较翻译过程中有迹可循

---

① 谢天振：《译介学》（增订本），南京：译林出版社，2013 年，第 109 页。

② 杨仕章：《论翻译活动中的文化过滤》，载《解放军外国语学院学报》，2011 年第 4 期，第 86—90 页。

的文化过滤和文化移植，朱光潜的译文中更为常见的是文化重构，表现为文化意象替换、重塑或添加等。例如，剧中Paddy是爱尔兰男子名Patrick的昵称，但用来指称爱尔兰人时，往往形容人很傻、很土，相当于“土老帽”，含有鄙意。Paddy如果直接音译成“帕蒂”，传递了语音却丢失了意义。朱光潜曾在四川生活过多年，或许从四川话形容人很傻的“瓜娃子”一词中获取灵感，将其译成“痞娃子”；汉字“痞”在声音上近似“P”，在意义上有“无赖”的意思，这样通过人名的文化意象替换，兼顾了原文的语音和语义。同样的，对于博饶本在描述父亲被一个政客的说教所鼓动时用到了“has fallen a victim to”，朱光潜没有将其译成“成为牺牲品”，而是译成了中国人非常熟知的“灌上了迷魂汤”。“迷魂汤”的文化意蕴在汉语中家喻户晓，这就使得博饶本对这一事件的不满情绪立即跃然纸上。而在形容博饶本经常异乎常人的表现时，如听到一个好消息他却会“died of grief”（死于过度悲伤；悲痛欲绝），朱光潜将其译成了“伤心得如丧考妣”。“如丧考妣”显然是翻译时添加的汉语文化意象，用来讽刺博饶本经常异乎常人的表现，也反映出剧中人物对博饶本的厌恶情绪。

爱尔兰和中国都有悠久的酒文化历史，饮酒的场面在《英国佬的另一个岛》的全剧4幕中都有出现，酒在剧中“扮演了”重要的角色，推动着剧情的发展。例如，博饶本在和劳伦斯谈话时，为自己头天晚上喝了酒、刚一见面就向娜拉表白而懊恼，朱光潜将原文里用到的“had two tumblers of punch”译成“喝了两大杯老酒”，汉语“老酒”重塑了“punch”（果酒）的文化意象，使博饶本之后的行为失控成为理所自然；劳伦斯批评博饶本“you are a nice infant”，朱光潜将其译成“你就像个三岁小孩”，三岁在汉语中有虚指意义，泛指很小的小孩，行为幼稚。劳伦斯对博饶本说，波青酒“go to your head”，意思是他酒喝多了，头脑发昏，说了不该说的话，博饶本反驳说，波青酒“go to the heart，not to the head”，意思是他没有喝醉酒头脑发昏，而是真的对娜拉动心了。朱光潜将这里的“go to the head”“go to the heart”分别译成“上头”和“走心”，一语双关地传递出了博饶本对娜拉的由衷爱慕之情，而“go”被分别译成“上”和“走”两个动词，画龙点睛地展示了汉语语言对于酒文化的逼真描述。译文中的文化移植与重构显示了译者的语言能力和文化主张，也体现了译者主体性。

（三）朱光潜的文化选择原则

翻译是不同民族之间实现文化交流的主要方式，“翻译策略的决定因素最终还是译者本人，……毕竟，翻译策略的选择是一个主观的过程”①。译者的文化态度决定了翻译策略的选择，译者的语言和文化能力影响到译作中的文化移植与重构，而译者所体会到的特定时代及其文化氛围下本土文化的特殊需求，则会内化为其翻译过程中的文化选择。考察《英国佬的另一个岛》中的文化翻译，可以看出朱光潜在翻译中主要遵循着以下原则。

首先，尽量忠实原则。朱光潜在戏剧翻译过程中，无论是归化、音译还是异化策略的选择，尽量忠实是他的首要原则。通过尽量对等地传递源语的语言和文化信息，从而最大限度地使译语和源语的读者与观众能获得大致相当的体验和感受，这是一直坚持的原则，也和他一贯的译学主张相符合。早在 1944 年发表的《谈翻译》中，他就提出，严复译事三难中，“信”字最不容易做到，“信”就是要尽量忠实原文，恰如其分地用译文表达源语的意思，不仅要对字义忠实，还要对源语的情感、思想、风格、声音节奏等忠实。他还提出，直译和意译没有绝对的分别，忠实的翻译应该在表达原文意思的同时，兼顾中西文的不同，尽量保存原文的意蕴与风格。在他看来，英美人在翻译中国诗时增添文字以求合音律的做法是“乱译”，译者从原文获得灵感后进行的创作加工翻译是“改译”，在这方面林琴南的翻译努力令人钦佩，可他是“一个最不忠实的译者”，因为从他的翻译中已经看不到原文的风格了。从翻译本身的立场来看，对原文尽量忠实应当是翻译工作始终遵循的宗旨。好的翻译也是一种创作，译者需要设身处地去感受作者，要把自己等同于作者去思考并努力寻找恰当的文字，这时译者与作者的不同之处只在于，作者是运用他的本国语言完成了这一思维创作过程，而“译者除着了解欣赏这情感思想语文的融贯体以外，还要把它移植于另一国语文，使所使用的另一国语文和那情感思想融成一个新的作品”②。

其次，归化优先与适度异化原则。归化优先是由戏剧翻译服务于译语文学和文化发展的宗旨所决定的，这样的策略符合译语读者和观众的语言与文化习惯。适度异化则可以保留源语的异质性和陌生性，促进不同文化之间的交流，丰富和发展译语的语言、文学和文化。“翻译的根本任务是准确而恰当地传达源语文化在语言、文化和诗学方面的差异性，以便为目

① 王东风：《跨学科的翻译研究》，上海：复旦大学出版社，2014 年，第 159 页。

② 朱光潜：《朱光潜全集》（新编增订版）第 6 卷，北京：中华书局，2012 年，第 297 页。

的语文化所吸收与接纳，从而促进异质文化之间的交流、互补。”① 因此，通过文本内的异化翻译和文本外的注释补偿，在促进读者的顺畅理解和接受，以及展示异域语言和文化之间获得平衡，从而实现尽量忠实的原则。

例如，剧中的“wet the bargain”是爱尔兰民族的日常习俗，其意是“边喝酒，边谈生意”，从而人们能在愉快的气氛下达成交易。根据老舍在校对朱光潜译文后所写的信件可知②，最初朱光潜将这句译成“进来咱们喝一杯，把交易说定”。老舍认为这样的翻译虽然准确，但是失去了原文的风趣，建议改成“进来用酒润润咱们的交易”。朱光潜的原译文采用的是归化法，确实如老舍所言，传递了语义，但是丢失了“wet”这个词的趣味。老舍采用的是异化法，译出了“润”的韵味，但“用酒润交易”却是汉语中陌生的表述，阻遏了语义的顺畅理解。朱光潜最终综合了归化和异化策略，增加了“喝一杯”的文化意象，便兼顾了语言表述和文化传递，从而使源语和译语的观众与读者获得了大致相同的感受。

朱光潜反对翻译中的一味异化，他在校对老舍译文后指出，该译文存在直译痕迹突出、过于异化的问题，究其原因，或者是小心追随原文，寸步不离，或者是大胆吸收英文新词汇和语法，以求丰富中文。无论哪种原因，在他看来都是不可取的。他认为，译者应该充分利用自己在语言运用和文学修养方面的长处，文通字顺地将源语的语言和文化展示给译语读者和观众，他还特别强调译者尤其是有一定影响力的译者肩负有对于汉语语言规范化的表率作用。

再次，译入语文化心理靠近原则。在戏剧翻译中，无论是词汇的选择、风格的确立，还是文化因素的省略、简化或添加，朱光潜都尽量靠近译入语文化心理，反映了他通过译介西方文学作品，汲取其中文化思想精华，充实和丰富中国语言文化的主张。例如，他将戏剧名 John Bull's Other Island 译成“英国佬的另一个岛”，不仅准确通顺，而且“佬”和“岛”押韵，使得译名的语音平仄成韵，符合汉语作品名称追求声音美的特征；他将剧中的“the partners”译成“两位东家”，“the pound”译成“公家房”，体现了20世纪50年代人们的日常用语习惯，也留下了时代的印记。又如，剧中人物哈费干为了能从博饶本那里多骗些钱，信誓旦旦地说：“Whin me mother turns up her toes，you shall take the five pounds off”，这里的“turn up one's toes”是“死”的俚语，对等可译为“翘辫

---

① 孙会军：《普遍与差异》，上海：上海译文出版社，2005年，第200页。

② 舒济：《老舍书信》，载《新文学史料》，1990年第1期，第150—152页。

子，蹬腿，归西”，朱光潜则将这句译为“等到我母亲死了，你可以减去五镑”，用“死”比“翘辫子，蹬腿，归西”等词要正式很多，“母亲”也比“妈，娘”更正式，因为汉民族有“为长者讳，为逝者讳”的传统，再混账的人也不敢拿自己母亲死亡来说事，可见这样的翻译显然是考虑到了汉民族的文化心理。

最后，注释的文化补偿原则。注释是一种文化介入手段，使译文忠实传递原文语言和文化信息，最大限度地实现源语文化的传播与交流。戏剧翻译的目的可能是舞台演出、文学阅读或者学术研究，因此译者在利用注释进行文化补偿时要照顾到演员、观众、读者和学者等不同层次的理解与需求。朱光潜在《英国佬的另一个岛》的翻译中加了 48 条注释，包括人物地域名称、政治事件、历史典故、社会生活习俗、宗教文化、呼应注释等。这些文本外注释很好地弥补了文本内翻译可能导致的文化信息缺损和语义模糊的缺陷，对译文内容做了进一步的补充说明，也体现出译者的文化传播态度，在促进跨文化协调和交流的同时，展示了译者作为双重文化传播者身份的功力。

（四）小结

译作是原作生命在译入语世界的延续与发展。“一部译作，只能是对原作的一种理解，一种阐释。翻译，作为对原作生命在时间和空间上的延伸和扩展，其本身却又不可能是超越时间和空间的‘不朽’。”[①] 半个多世纪前朱光潜翻译的这部萧伯纳喜剧，时至今日依然是中文世界里的经典。经由译者的匠心独运，爱尔兰民族文化意象与汉民族文化习俗相逢、碰撞与融合，异域文化风情与不同民族文化底蕴的交汇，促进了汉民族语言文化的发展，又在岁月的流逝中，保留下了译者自己和特定时代的印记。朱光潜在翻译中运用的策略以及秉承的文化选择原则，特别是对于忠实原则的坚持和对译入语文化心理的靠近，以及他利用诸多译注展示源语语言和文化色彩的努力，无不是译者主体性在译作中的显现，反映了他通过译介西方文学和文化来充实和发展本民族语言文化、推动跨文化交流的文化主张，也体现了他作为译者对于本民族文化的自信和对异域文化所持有的开放与包容的文化态度。

① 许钧：《翻译思考录》，武汉：湖北教育出版社，1998 年，第 136 页。

第五节　朱光潜的翻译思想

满怀着对祖国和人民的一腔热忱，凭着自己的学识、才情和勤奋执着，朱光潜将他对于文学艺术与美学理论的热爱化作了毕生的翻译事业追求，成就了350多万字的译著精品，将国外一部部有影响力的巨著转换成中国研究者的案头书，使他们得以能更加便捷地共享人类文明进步的理论成果。因此可以说，朱光潜为新中国美学和文艺理论的研究与发展做出了卓越贡献。同时，朱光潜在长期的翻译实践中积累了丰富经验，并对此进行了系统总结，从而提出了自己的翻译思想。

朱光潜发表的专门讨论翻译问题，或者与翻译相关的文章，主要有《谈一词多义的误译》《对〈关于费尔巴哈的提纲〉译文的商榷》《谈翻译》《英语省略在翻译中的处理》《思想就是使用语言》《几个常见哲学译词的正误》《“五四”以后的翻译文学》《在“五四”翻译座谈会上的发言》《建议成立全国性机构，解决学术名词译名统一问题》《对“马克思恩格斯论文学和艺术”编译的意见》《关于马列原著译文问题的一封信》等。他还曾多次在各种论述文学评论、文艺理论等文章中探讨过关于翻译或者翻译质量问题。此外，他还在具体作品的翻译过程中，通过添加注释、译后记、按语、题解、序言等方法，介绍自己翻译的方法与遵循的标准等。对于朱光潜翻译实践与翻译活动的深入挖掘与整理，对于其翻译思想与理论的系统总结与阐释，不仅可以使我们更加全面地了解朱光潜以翻译振兴民族、以翻译推动我国美学与文化等事业发展的赤子情怀，而且也可以为我国翻译事业的实践经验总结和翻译史研究带来启发，从而能极大地推动我国翻译事业的发展和翻译学科的建设。

一、翻译是一种艺术

与创作一样，朱光潜认为，翻译也是一种运用语言文字的艺术，充满了艺术创造的空间，同时翻译也需要具备科学精神。此外，译者的先天禀赋与后天修养，对于译品的好坏起着重要作用。翻译不仅仅是两种语言的转换，“如果翻译冒充可以改造某一表现品为另一表现品，如移瓶注酒那样，那就是不可能的”①。因此，写作或者翻译的过程，虽然一个意思可以

① 朱光潜：《朱光潜全集》（第11卷），合肥：安徽教育出版社，1989年，第206页。

有多种表达方式，然而从艺术追求的角度来说，往往在这些大致不差的说法中仍有最恰当妥帖的，而翻译这种艺术最难的“就是找恰当的中文字句把原文的意思表达出来”①。

朱光潜认为，语言是艺术，无论是诗歌散文还是其他文学形式，语言的创作都是一种长流不息的艺术活动。把一种语言艺术作品转换成另一种文字，也是艺术创作。译者在尝试通过译文去再造原文的形象时，需要具有原作者同等的表现力，需要跨越语言、时空、文化、生活经历、知识储备等多方面的差异。在这个过程中，如果“一个人从来没有海的印象，就不能表现海；正犹如一个人从来没有上等社会生活或政治漩涡的印象，也就不能表现他们”②。以诗歌的翻译为例，“诗的素材可以存在于一切人的心灵，只有表现，这就是说，只有形式，才使诗人成其为诗人”③。从这个意义上说，对于像诗歌这样作品的翻译几乎是不可能的，但是作为一种类似的创作形式，与原作能有几分相似的翻译则又是可能的，因为“好的翻译是一种近似，自有独创的艺术作品的价值，本身就站得住”④。这种类似的可能性，在朱光潜看来，是源自一种艺术的常识，属于艺术家之间心灵相通的部分。

二、语言意义的翻译

朱光潜在谈到严复“信、达、雅”翻译标准时指出，“信”最难，这是因为语言意义最难彻底了解，等值翻译成另一种语言更是难上加难。朱光潜指出，常见语言文字有 4 种最重要的意义：直指或字典意义（indicative or dictionary meaning），上下文意义（contextual meaning），联想意义（associative meaning），声音美。从字典意义来看，一个词条下有许多不同意义，“一词多义是各国语言中普遍现象。翻开任何一部较详细的字典，都可以发现在一个词条下往往举出几个乃至几十个意义”⑤。在翻译的语义转换过程中，需要确定某个词的意义，消除其多样性。不仅如此，文学作品中还有作者为达到特定效果而有意使用的一词多义现象，这就为翻译中语义的准确传达制造了困难。词汇在句中的位置不同，其意义也可能不同，在朱光潜看来，这种因位置不同而所得的意义，在文学欣赏

① 朱光潜：《朱光潜全集》（第 4 卷），合肥：安徽教育出版社，1988 年，第 289 页。
② 朱光潜：《朱光潜全集》（第 11 卷），合肥：安徽教育出版社，1989 年，第 151 页。
③ 同上，第 158 页。
④ 同上，第 211 页。
⑤ 朱光潜：《朱光潜全集》（第 10 卷），合肥：安徽教育出版社，1993 年，第 478 页。

上最为重要，“一个词不能单就它本身而确定它的意义，要看上下文来决定，要看字典里所举的许多意义之中究竟哪一个意义符合上下文再作出选择”①。有些时候，这种意义甚至在字典里也找不到，译者不能孤立地看某个词，只能凭着自己的文学修养和细心来体味上下文的关联，才能透彻掌握，进而探索到最佳表达方式。

关于词汇的联想意义，朱光潜指出，字有直指的意义，有联想的意义，“每个字在一国语文中都有很长久的历史，在历史过程中，它和许多事物情境发生联想，和那一国的人民生活状态打成一片，它有一种特殊的情感氛围。各国各地的事物情境和人民生活状态不同，同指一事物的字所引起的联想和所打动的情趣也就不同”②。译者如果不熟悉某国的人情风俗和社会历史文化背景，那么在翻译过程中对于这种联想意义也就不容易掌握。联想的意义是文字在历史过程中所累积的种种关系，语言中的联想意义在文学作品中频频出现，无论是阅读还是写作或者翻译，意义的确定与掌控都需要花费一番心思。具体在翻译时，“科学的文字愈限于直指的意义就愈精确，文学的文字有时却必须顾到联想的意义，尤其是在诗方面。直指的意义易用，联想的意义却难用，因为前者是固定的，后者是游离的；前者偏于类型，后者偏于个性。既是游离的，个别的，它就不易控制，而且它可以使意蕴丰富，也可以使意思含糊甚至于支离”③。即便同样是联想意义，在朱光潜看来，出现在文学或科技、哲学作品中，译法也应不同。译者翻译时，须根据文体的差异和具体情境进行甄别，文学需要译出情趣与情感，科技、哲学则注重义理与概念清晰。

朱光潜指出，外国文学最难了解和翻译的首先是联想意义，其次就是声音美。声音是语言的根本属性，文学作品如果表现情趣，就必须通过语言的声音节奏来实现。声音的多少会影响意义的表达，因此翻译时应该努力掌握语言的声音节奏，以免丢失其中意义。汉语中有四声的区别，英文中却没有；汉语文字多单音，英文多复音；汉语多谐声词，英文中则很少出现。因此，语言的声音美无论是在英译汉还是在汉译英中都很难实现，常常令译者束手无策：“原文句子的声音很幽美，译文常不免佶屈聱牙；原文意味深长，译文常不免索然无味。文字传神，大半要靠声音节奏。声音节奏是情感风趣最直接的表现。对于文学作品无论是阅读或是翻译，如

---

① 朱光潜：《朱光潜全集》（第 10 卷），合肥：安徽教育出版社，1993 年，第 478 页。

② 朱光潜：《朱光潜全集》（新编增订版）第 6 卷，北京：中华书局，2012 年，第 288 页。

③ 同上，第 217 页。

果没有抓住它的声音节奏，就不免把它的精华完全失去。但是抓住声音节奏是一件极难的事。”①

除了前述 4 种意义之外，语言还有两种次要意义：历史沿革意义（historic meaning）和习惯语意义（idiomatic meaning）。朱光潜指出，文字也是有历史的，有其自身的发展变迁。汉语就有文言文和白话文的区别，它们在用字上区别很大。西方语言的变迁也很快，四五百年前的语言古奥难懂，即便是距离现代很近的 18 世纪语言，如果完全用当代现行的文字去解读，往往也会在不知不觉中出错。翻译时碰到这些问题怎么办？朱光潜给出的解决办法是勤查字典，因为“西方字典学比较发达，某字从某时代变更意义或新起一意义，常有例证可考。如果对文字沿革略有基础而又肯勤翻详载字源的字典，这一层困难就可以免除”②。然而在现实翻译中，许多译者没有注意到这一点，于是他们在翻译较古老的书籍时便会频繁出错。

在朱光潜看来，文字是有生命的，作品中时常会出现“文字的游戏”，如一些离奇的譬喻、行业隐语等。这种随性的文字游戏可能会使两个原本不相关甚至有点可笑的类似字拼凑在一起，某一次偶然的使用也可以变成一个典故，诸如此类的情境所造成的文字特殊意义就是习惯语意义。他认为，普通所谓的土语（slang）也属于这一类。这一类习惯语意义即便是对于源语读者而言，理解起来也需要有相关知识背景的储备，因此在翻译中更是一大难关，“了解既不易，翻译更难。英文的习惯语和土语勉强用英文来解释，还不免失去原有的意味；如果用中文来译，除非是有恰巧相当的陈语，意味更索然了”③。

对于语言意义的准确解读是翻译工作的基础，朱光潜指出，译者必须要对文字的 6 种意义充分了解，“遇到一部作品，须揣摩那里所用的文字是否有特殊的时代、区域或阶级上的习惯，特殊的联想和情感氛围，上下文所烘托成的特殊‘阴影’（nuance），要把它们所有的可能的意义都咀嚼出来，然后才算透懂那部作品”④。但这并非易事，它不仅需要译者有长久的文字训练和文学修养，还要在阅读和翻译时养成勤翻词典的好习惯。但在有些情况下，即便是完全信任词典，也可能只是一知半解，甚至会被误

① 朱光潜：《朱光潜全集》（新编增订版）第 6 卷，北京：中华书局，2012 年，第 289 页。
② 同上，第 290 页。
③ 同上。
④ 同上。

导，这就同时需要译者具备较强的独立判读的能力，使译出的文字尽量符合忠实的原则。如果做不到这一点，就谈不上能领会传达出原文语言的精妙与细微了。

三、直译与意译

翻译的标准问题是近代中国学界频频讨论的议题，直译与意译的争论自五四以来也从未停歇，朱光潜在20世纪20年代发表的《怎样改造学术界?》一文中，也特地谈到了翻译问题：

说到翻译，让我顺便把译法问题讨论一下。依个人见解，文学著作是不可译的（小说除外）。哲学科学书籍对于文字关系较浅。我们译这种书籍的目的在使读者能领会作者的意旨，不在传达这个意旨的艺术，所以无直译的必要。我们译者的任务是把作者的思想用中国文字表示出来，最忌的是作者和译者意旨不符合，至于作者文体与译者文体是不必铢两悉称，也不能铢两悉称的。怎么不能呢？各国文字构造不同，你说来拿英文做标准么，以这个标准译法文，便不是直译，其余可类推的。译的书是给不通外国文的人看，他们看见那外国式的文字总觉得颠倒错乱，莫名其妙。像这样的，还说什么达？如果不达，还说什么信？所以依个人的主张，译哲学科学书籍，用意译法似乎比直译法好。[①]

对于文学作品的翻译，20年代时的朱光潜认为，除了小说，其他都不可译；而对于哲学科学书籍的翻译，他提倡用意译法。20年后，在1944年发表的《谈翻译》一文中，朱光潜从语言意义的难以确立、语句组织的差异悬殊等方面谈及翻译之难后，再次论及了直译和意译之争的问题：

所谓“直译”是指依原文的字面翻译，有一字一句就译一字一句，而且字句的次第也不更动。所谓“意译”是指把原文的意思用中文表达出来。不必完全依原文的字面和次第。“直译”偏重对于原文的忠实，“意译”偏重译文语气的顺畅。那一种是最妥当的方法，人们争执得很厉害。依我看，直译和意译的分别根本不应存在。忠实的翻译必定能尽量表达原文的意思。思想感情与语言是一致的，相随而变的，一个意思只有一个精确的说法，换一个说法，意味就完全不同。所以想尽量表达原文的意思，必须尽量保存原文的语句组织。因此，直译不能不是意译，而意译也不能不是直译。不过，同时我们也要顾到中西文字的习惯不同，在尽量保存原

---

① 朱光潜：《朱光潜全集》（第8卷），合肥：安徽教育出版社，1993年，第34页。

文的意蕴和风格之中，译文仍应是读得顺口的中文。以相当的中国语文习惯代替西文语句习惯，而能尽量表达原文的意蕴，这也并无害于“直”。总之，理想的翻译是文从字顺的直译。①

不难看出，几十年中，朱光潜对于翻译的见解也在不断的发展变化，特别是对于直译与意译的看法，从强调二者的截然分别，逐渐发展到更趋于折中成熟的“直译不能不是意译，而意译也不能不是直译”。当然，直译依然是朱光潜翻译标准的首选，“理想的翻译是文从字顺的直译”，但是他同时强调，直译不是僵化翻译，更不是死译，需要文从字顺，语气顺畅，尽量保留原文意蕴，而这些就是意译的范畴。正是在这个意义上，朱光潜认为，直译与意译并无根本区别。

朱光潜的翻译思想是建立在其会通中西的深厚学术背景和大量翻译实践基础之上的，因此其观点的提出有着深厚的现代语言学基础，同时又立足实践，带有独特的个人风格特征。

四、译名的确立与辨析

朱光潜在长期翻译美学、心理学、哲学等领域著作的过程中，经常需要创立汉语新名词，因为西方学术著作中的一些概念和术语，不仅在中文里没有对应词汇，而且也从未出现在中国人的思维概念中。为了达到立名准确，他经常是追根溯源，仔细揣摩，反复推敲辨析，最终才确立它的汉语译名。例如，20 世纪初，弗洛伊德的心理学刚刚被译介到中国，有人将 unconscious 译成“隐机”或“无意识”，朱光潜在仔细推敲原作上下后，建议将其译为“隐意识”。他还将 personal unconscious 和 collective unconscious 译为“个性隐意识”和“集体隐意识”。在此基础上，他确立了一系列心理学译名：分裂作用（dissociation）、压抑作用（repression）、双重人格（double personality）、性欲冲动力或来比多（libido）、迷狂症（symptoms）、情意综（complexes）、泛性欲主义（pansexualism），等等。这些名词至今仍被学术界所沿用，其中有的已经成为人们日常交流中的用语②。

朱光潜在确立新译名时，不仅是根据原作上下文进行判断，还会从词源上追根溯源，同时也要照顾到译入语读者的使用语境，因此经过他辨析

① 朱光潜：《朱光潜全集》（新编增订版）第 6 卷，北京：中华书局，2012 年，第 296 页。
② 钱念孙：《朱光潜出世的精神与入世的事业》，北京：文津出版社，2004 年，第 251 页。

之后确立的译名往往成为经典。例如，他在翻译克罗齐《美学原理》时，将 cognitive spirit 译成“认识的心灵”，spirit 在汉语中一般译成“精神”，然而朱光潜根据 spirit 的拉丁文词源并结合原作上下文，提出在这里更精确且符合原义的译法应该是“心灵”。类似多义词在具体语境的不同译法，在朱光潜的译作中出现得很多，比如，idea 在柏拉图那里被他译为“理式”，而在黑格尔那里就被他译为“理念”；anthropological principle 并没有被从字面上译成“人本主义”或者“人道主义”，而是在他进行一番辨析后译成了更贴近原义的“人类学原理”，等等。

科学而准确译名的确立，本身就是一项十分艰苦的工作，因为正如严复所说，这些新名词是“索之中文，渺不可得，即有牵合，终嫌参差”，因此“一名之立，旬月踯躅”[①]，其中的艰辛只有亲历者能够体会。几十年来，由朱光潜确立的美学、哲学、心理学、文艺学等领域的很多新译名，都极富学术功力和个人见解，不仅理据充分，增加了译文的准确性，而且经受住了时间的考验，为学界广为接受，推动了相关学科的发展。同时，它们也“在我国翻译界无形中起到了一种规范作用”[②]。与他的译作一起，朱光潜在翻译过程中对于许多西方词汇或概念进行的汉语定义和立名，都是给我国翻译界留下的宝贵财富。

五、变译主张

变译是译者根据读者阅读或研究的需要，采用增、减、并、改、编、写、阐等变通手段，对原作相关内容进行翻译的一种研究性翻译，它是译者站在文化传播的视角，对原作进行的创造性引进[③]。朱光潜在翻译过程中曾采用过选译、编译等手法，不仅如此，他还撰文谈论过改译、重译等变译手段。例如，五四以后，我国译者在对外国诗歌、戏剧等文学作品进行翻译时，有采用改译的做法。对此，朱光潜认为，文学作品强调“感受”，感受是非常个人化的体验，按克罗齐的说法，翻译是“取原文摆在熔炉里，和所谓翻译者亲身的印象融会起来，创造一个新的表现品”[④]。这样翻译出来的作品，有时候会达到“译文比原文还好”的效果。在朱光潜看来，这是译者从原作中得到灵感，根据其大意自己重新改写创作的，这

---

① 严复：《〈天演论〉译例言》，见罗新璋《翻译论集》，北京：商务印书馆，1984 年，第 136 页。

② 钱念孙：《朱光潜出世的精神与入世的事业》，北京：文津出版社，2004 年，第 252 页。

③ 黄忠廉：《变译理论》，北京：中国对外翻译出版公司，2002 年，第 156 页。

④ 克罗齐：《美学原理》，见《朱光潜全集》（第 11 卷），合肥：安徽教育出版社，1989 年，第 206 页。

种办法也有文化价值，不必全力反对。但他同时指出，从翻译的立场来看，最好还是要能做到对原文的尽量忠实。

在哲学或科学著作的翻译引进过程中，编译手法经常使用。尽管在编译过程中，译者可以打破原作的顺序、结构以及各部分之间关系，进行重新编排翻译，但朱光潜认为，编译的作品依然要成为有机的整体。例如，他在《对〈马克思恩格斯论文学和艺术〉编译的意见》一文中指出，过去在东德、苏联、法国和英美等国也有类似选本，虽然翻译质量好坏不等，但它们都有一个共同问题：事先画了一个框架，把原作整章整段割裂开来，颠倒了上下文顺序，东鳞西爪、支离破碎地放进去，结果“读者就见不到原著的整体和前后的内在联系”①。因此，他认为“目前的选目有些零乱，迹近拼凑，宜尽量克服这种毛病”②，即在编译的过程中，选编应该体现出科学的纲目条理，译作要能体现出有机的整体，译文要保留原作前后的内在联系。

新中国成立后，朱光潜主张马克思主义的经典作品应当重译，这是因为，一方面，时代总是在发展，各个时代的条件和要求不尽相同，而过去的译本很难适应新时代的新要求；另一方面，语言本身也在不断发展变化中，经典著作也应当适时重译，从民族语言发展的角度来看，经典著作的重译，亦是语言规范化的一个重要动力③。

六、本节小结

作为一名成就斐然的翻译家，外语教师朱光潜有着令人敬仰的翻译成就，并提出了独具特色的翻译理论。几十年职业生涯中，他一直高度关注国内翻译界译品的质量问题，时刻不忘为我国翻译和文化事业的健康发展建言献策，多次撰文或参加座谈会发言，呼吁讨论翻译问题，提议成立全国性翻译机构、编译会，出版翻译评论刊物，着手解决学术名词译名不统一、翻译标准不统一、翻译质量难以保证等问题。

翻译的过程对于朱光潜而言，也是研究的过程，是他在中西迥异的语言思维情境下，进行时空文化穿越的旅程。一方面，翻译是他某个阶段外语教学与研究的出发点。通过翻译，朱光潜进入了一个五彩斑斓的异域文化世界，并且将它们译介给国内千万读者；通过翻译，朱光潜以海纳百川

---

① 朱光潜：《朱光潜全集》（第 10 卷），合肥：安徽教育出版社，1993 年，第 498 页。

② 同上，第 502 页。

③ 同上，第 547 页。

的胸襟，向世人诉说着他对于文学、艺术、哲学乃至人生的思考。另一方面，翻译也是朱光潜的一种生活方式。通过翻译，他与这个世界联结，在翻译的过程中，他与作品中的人物进行着灵魂深处的对话，他将自己的生命追求与艺术追求化为对于译作的热爱，并将原作者的真知灼见及自己的精神领悟融入译作当中。因此可以说，他将自己对于文化艺术与祖国人民的满腔热爱都倾注其中。

第五章　莳花植树皆是情：朱光潜全人教育思想

所谓“全人”教育，指包括德育、智育、美育、群育、体育诸方面在内的教育。朱光潜一直提倡全人教育，作为终身从事外语专业教学的教师，他认真教授学生专业知识，使他们在治学与为人上有大的进步，毕业后在各自的岗位上能符合岗位要求。不仅如此，他更希望通过全人教育，使培养出来的青年学生有着良好的智育、良好的道德、良好的身体和心理素质，成为“现代国民”，能够为社会的发展和进步做出应有的贡献。在朱光潜教学与研究并重的半个多世纪职业生涯中，他曾在诸多学科领域提出过重要思想和理论，其中有许多，如美育思想、体育思想、群育思想等，共同构筑成其全人教育思想。

第一节　朱光潜的美育思想

20 世纪上半叶，以王国维、蔡元培等为代表的一批中国思想名家都提出了美育的主张，希望通过美育实现救国救民、振兴民族、繁荣文化的愿望。朱光潜也是这批名家中的一员，为了挽回当时颓废的世道风气，改变礼崩乐坏的国人心态，他对美育寄予厚望。朱光潜在几十年外语教育生涯中，不仅教授学生西方语言，而且自己还孜孜不倦地钻研中国传统思想文化与西方哲学思想经典，撰写了大量美学论著，又翻译了大量西方美学论著，并通过演讲、座谈、发表文章等方式，不遗余力地倡导美育。朱光潜的大部分美学著述都是为青年而写，青年问题影响了朱光潜美学思想的理论建构与美育思想的功能理解，美育成为朱光潜全人教育思想的重要内容。

总体而言，朱光潜的美育思想有其自成体系的基本内涵、独具一格的文化渊源，并为中国美育事业的发展做出过杰出贡献，对于当前素质教育的大力推行也具有现实启示意义。

一、朱光潜美育思想贡献

作为20世纪中国美学界重要代表人物，朱光潜的美学理论很大程度上是一种美育理论。虽然朱光潜的著述未必篇篇直接关联美育，但是无论是谈论文学、艺术还是修养，青年问题与人生问题始终是他论述的出发点与落脚点。从审美与艺术的角度来探讨人生问题，进而围绕教育与人生价值来研究审美、艺术和人生，这始终是朱光潜创作研究的中心议题。“朱光潜虽以绝大部分精力讨论文艺创造与欣赏问题，但其真正的落脚点却在审美教育，他的著述，从《给青年的十二封信》开始，几乎篇篇都离不开审美教育。”①

因为美学家的专业眼光，朱光潜在对理智、道德、心理、生理等理性方面问题进行研究的过程中，总离不开对情感、人生、教育等感性方面的思考，这就使得他的许多有关教育、社会、文学、文化等问题的论述，或多或少也关联着美育问题。好友朱自清在为朱光潜《文艺心理学》所作的序言中讲到，朱光潜主张“人生的艺术化”，就是提倡一种既认真又豁达、知投入也能摆脱、融真善美为一体的艺术人生态度，“这种艺术的态度便是‘美育’的目标所在”②。如果说美学是美育“百尺竿头”上的“更进一步”，那么美育则是朱光潜美学的精神所在。因此，有研究学者指出：“王国维是20世纪最早引进西方美育理论、并把它与中国传统的育人理论结合起来提出中国美育问题的思想家，蔡元培是20世纪中国倡导美育用力最多、时间最长、影响最大的活动家，那么，朱光潜则可以说是上个世纪中国研究美育最深、美育观念较新、而且在这方面理论成果最多的理论家。”③

美是朱光潜研究了一辈子的课题。就其美学观而言，他主张人应该时不时能够从实用世界里逃遁出来，以“无所为而为”的精神欣赏周围的人、事、物；人需要和实际生活保持一定的适当距离，脱离出物质世界来，才能见到事物或事件本身的美。就其美育观而言，他希望美育能够为改变现状、振兴民族助力，寄希望于美育能够挽救人心、复兴民族，这又是实用的、指向社会现实的，二者统一于朱光潜毕生悬为座右铭的“以出世精神做入世事业”的人生理想，亦即以美学的“出世精神”做美育的

① 阎国忠：《朱光潜美学思想及其理论体系》，合肥：安徽教育出版社，1994年，第159页。
② 朱光潜：《朱光潜全集》（新编增订版）第3卷，北京：中华书局，2012年，第106页。
③ 杜卫：《朱光潜论美育》，载《美育学刊》，2010年第1期，第32页。

“入世事业”。“在前者他实现了一个学者的学术抱负和科学精神，在后者他实现了一个教育家的育人使命和人文情怀，在其人生历程中，始终关联在一起，从而使其获得了内在文化心理结构的平衡。”①

二、朱光潜美育思想基本内涵

（一）美育与人生艺术化

人如何过好一生，人生何以能够艺术化，是朱光潜美学理论的根本问题，也是他提出的最重要的理论之一，因而，朱光潜的美育思想总是围绕着如何从情感出发、感悟生命、加强人生修养等命题展开。无论是《给青年的十二封信》《谈修养》，还是《谈美》《谈美感教育》，无论是美学介绍、教育理论，还是文化理想，朱光潜总是紧扣审美价值与人生态度进行阐述，其中渗透着他对于人生与人格的思考，而其诸多著述总是旨归于青年教育与人生修养，最终目的是实现人生的艺术化。

在朱光潜看来，艺术化的人生首先是完整人格的表现，每一个细节都可以体现出整体人格。其次，艺术化的人生是真性情的自然表现，真性情就是生命的本然，这种生命流露于语言文字，就是好文章；表现为言行风采，就能见到美满生命史。由此他提出，“所谓艺术的生活就是本色的生活”。再次，艺术化的人生是既严肃又善于超脱的人生。朱光潜一向主张，审美态度是一种超脱物欲和小我的人生态度，同时他也反复地强调，审美的人生态度是彻底认真的。最后，艺术化的人生也是至善的人生，艺术与道德从狭义上讲有明显区别，但从广义上看，“善就是一种美”。

在朱光潜看来，人之所以是人，就是因为在饮食男女之外还能有更高尚的追求。“人的美感活动全是无所为而为，是环境不需要他活动而他自己愿意去活动的。在有所为而为的活动中，人是环境需要的奴隶；在无所为而为的活动中，人是自己心灵的主宰。”② 由此朱光潜得出结论，人们在现实生活中看待事物的实用的、科学的、美感的态度之中，美是事物最有价值的一面，而美感经验则是人生中最有价值的一面。美育是朱光潜全人教育思想中的重要内容。在他看来，德育教人可以培养良善品格，学会为人处世的方法和道理；美育则教人创造艺术，欣赏艺术与自然，在人生世相中寻找和发现丰富的趣味。爱美是人类的天性，凡是天性中所固有的，

---

① 江飞、黄晶晶：《朱光潜尽性全人教育思想》，太原：山西人民出版社，2018年，第119页。

② 朱光潜：《朱光潜全集》（新编增订版）第3卷，北京：中华书局，2012年，第13页。

都应该在适当时机去培养，否则就像花草没有及时在春天种下并予以精心培育一样，就会凋残萎谢。朱光潜提出，美育与一个民族的兴衰关系密切，历史上一个民族繁荣时，审美活动也丰富；反之，当整个社会忽视美育和美的欣赏时，整个民族也就陷入精神上的饥渴、低迷状态。

（二）美育是德育的基础

朱光潜主张现代人格养成要从感性入手，教育要以情为本，这是因为情比理更内在，更贴近人的本性。因此，改造国民性也要从这根本源头上做起，只有性情的高尚，才能有真正意义上的道德高尚。朱光潜倡导美育不是为美育而美育，而是为了造就道德高尚、思维缜密、情感丰富、身体强健的现代国民。从个人的人格修养角度来看，美育的更高追求，在朱光潜那里就是高尚的道德境界。

朱光潜认为情是理的基础，美育是德育的基础。在他的美学和美育理论里，“同情”一直被作为审美与道德发生关联的一个重要介质。朱光潜非常重视审美活动，关注主体与对象、作者与读者之间以及人与人之间情感的分享、交流和共鸣，认为这是具有重要而特殊美育价值的。例如，他把音乐教育作为群育的一条“必由之路”，因为它具有突破一切界限的“和”的功力。朱光潜认为，人的道德发展基于健康的心理，他批判极端道德主义者排斥情感的观点和做法，反对通过压抑情感欲望来进行道德教育，认为这违背了人的心理活动的基本规律。借用当时心理学研究的最新成果，朱光潜指出，情感欲望是不可能被彻底压抑排除的，这种做法只能造成精神上的病态和人格上的扭曲，最后导致道德堕落。而美育则能够为本能欲望和情感提供一条健康发泄途径，通过这种情感升华渠道，本能和情感可以被提升到高尚的境界，这本身也同时具有德育价值。朱光潜强调，内心和谐是道德发展的基础，没有内在性情的和谐，所谓的道德教育也是只有空壳的教条，它由于缺乏内在的真诚而容易流于虚伪，没有内在的情感动力而流于僵化。所以，道德的修养要从美育的怡情养性做起。

（三）美育的解放功能

美育在朱光潜看来不仅具有德育的功能，而且能够令人获得种种解放。艺术在朱光潜眼里具有令人解放、给人自由的功效，他以当时西方现代美学和心理学研究的最新成果为依据，集中阐释了美育的三种解放功能。

首先，美育是本能冲动和情感的解放。朱光潜以弗洛伊德精神分析学原理为依据指出，人的本能欲望和情感需要活动和发泄，但是，文明社会的道德、宗教、法律、习俗等种种约束往往对本能和情感强制压抑，这既违背人的自然本性，也不科学。朱光潜提出，文艺是让本能与情感得以适当释放的理想途径："这种潜力可以藉文艺而发泄，因为文艺所给的是想象世界，不受现实世界的束缚和冲突，在这想象世界中，欲望可以用'望梅止渴'的办法得到满足。文艺还把带有野蛮性的本能冲动和情感提到一个较高尚较纯洁的境界去活动，所以有升华作用（sublimation）。有了文艺，本能冲动和情感才得自由发泄，不致凝成疮疖酿成精神病，它的功用有如机器方面的'安全瓣'（safety volve）。"① 由此可见，文艺具有解放情感的功用，是精神的极佳寄寓场所，各种情感的适当疏解、宣泄对于心理健康也有极大裨益。

其次，美育是眼界局限的很好解放。朱光潜指出，宇宙生命时时刻刻在变动进展中，所谓审美经验就是在人生世相百态中，可以见出某时某地某人的特别新鲜有趣之处，进而加以欣赏。美育能够使人在平凡世界中开阔眼界，发现种种神奇之美，见出伟大庄严或者新鲜有趣，从而获得全新的人生体验。这其中，"文艺逐渐向前伸展，我们的眼界也逐渐放大，人生世相越显得丰富华严。这种眼界的解放给我们不少的生命力量，我们觉得人生有意义，有价值，值得活下去。……美感教育不是替有闲阶级增加一件奢侈，而是使人在丰富华严的世界中随处吸收支持生命和推展生命的活力"②。在朱光潜看来，眼界的解放实际上在于善于看见、勤于观察、勇于思考创造，正是这种创造性的发现给人生增添了无穷乐趣。这种人生乐趣即是审美的乐趣，是获取生命活力的"源头活水"。从这个意义上说，美育就是能够使人在体悟人生乐趣的同时，获得生命的源头活水，增强人的生命活力与创造力。

再次，美育也是对自然限制的解放。朱光潜在对康德、席勒、叔本华等人的哲学思想仔细研读之后指出，社会由历史铸就，人由环境和遗传造成，人在自然中生活是极不自由的。然而，基于对艺术能够创造一个理想世界的认识，朱光潜认为，美育可以使人从有限的自然、物质世界中超越出来，摆脱单纯的物欲和情欲，脱离低级趣味，在审美的世界里获得无限心灵自由："美感活动是人在有限中所挣扎得来的无限，在奴属中所挣扎得来的自由。在服从自然限制而汲汲于饮食男女的寻求时，人是自然的奴隶；在超脱自然限制而创造欣赏艺术境界时，人是自然的主宰，换句话

---

① 朱光潜：《朱光潜全集》（新编增订版）第1卷，北京：中华书局，2012年，第231页。

② 同上，第232—233页。

说，就是上帝。多受些美感教育，就是多学会如何从自然限制中解放出来，由奴隶变成上帝，充分地感觉人的尊严。”[①] 朱光潜认为，只有超越物质的种种限制，人才能获得解放，以实现人在精神上的丰富、充盈和完满。在他看来，中国人太容易受物质欲诱惑，贪图安逸，生活太考虑实际，他希望通过审美教育来帮助人们暂时摆脱物欲束缚，解放精神，从而能够在自由创造中达到较高的人生境界，体会一世为人的无上尊严。

（四）美育的实施途径

艺术以其自身独特的价值与功用，在朱光潜眼里是实施美育的极好途径。艺术是人性中一种最原始、最普遍的自然需求，人类早在穴居时代就有了诗歌和图画。对于艺术与美的渴求是人的天性，在艺术欣赏中，人们可以获得美的享受与满足，犹如善与真的要求得到满足之后给人带来的幸福。艺术所带来的这种满足可以解放情感，维持心理健康，从而使人性有自由伸展的可能。艺术是人类在自然与社会中生活的灵思妙想，也是自然与人生的映射，艺术来源丰富，意蕴深广，虽来源于生活却又与生活保持一定的距离，是一种无所为而为的心灵活动，能够跨越时空的限制，引起不同民族、不同文化背景的人的共鸣。艺术的不朽价值可以使人们心领神会其中所蕴含的情感、思想与精神气魄，进而获得审美愉悦；艺术也在无形之中以其丰富的经验与想象、真挚的情感与体验实现对于人们性情、思想与气质的改造。一个人如果真正了解一部有价值的文艺作品，接受过艺术熏陶，他的性情和思想都会受到影响而产生改变。在朱光潜看来，无论是创造艺术还是欣赏艺术，人都是可以暂时从实用世界里逃遁出来而进入理想世界的，因而，艺术的世界是美感的世界，是现实人生的精神寄托与安顿之所。山水自然，人文书画，艺术的创造与欣赏能够怡情养性，给人以美的享受，从而在人的生活中开辟出一片真善美的天地。

在诸多艺术形式中，朱光潜特别提到了音乐对于美育的重要价值。在《谈处群》《乐的精神与礼的精神》《音乐与教育》等多篇文章中，他都阐释了音乐对于人生与教育的独特价值。人类在原始社会就有着本能的音乐爱好，爱好歌舞是人类的天性。自然界的飞禽走兽用歌唱表现生命的欢乐、传递丰富的情感，在音乐与舞蹈中将自己的感受与需求传给同类而引起共鸣。由此可见，音乐是生物最原始、最普遍的需求，也是一种最能引起共鸣的艺术形式。从形式上，音乐有其独特性，文学以语言文字为表现

① 朱光潜：《朱光潜全集》（新编增订版）第1卷，北京：中华书局，2012年，第234页。

形式，图画借助形色光影，而音乐的表现最为直接。人们接受了声音的刺激，生理上立刻产生反应，心理上直接产生感动。音乐是可以诉诸感官来打动人心的，耳朵听到，心里共鸣，达到了艺术上最高的理想境界。在朱光潜看来，这恰恰是音乐的普及性和深入性所在，因此，如果让美育的力量普及且深入，再没有比音乐更好的途径了。

在对西方古典哲学、现代生理学和心理学最新成果、中国传统儒学进行综合研究后，朱光潜提出了音乐对于人生的三大功用。

首先，音乐具有表现的作用。音乐是人类普遍的爱好，音乐的核心在于和谐，即中国儒家所说的“和”的功效，因此音乐可以对于人的心灵产生和谐的影响，也就是亚里士多德所说的“净化”作用。听音乐时，凝神静听之后，人全身的筋肉脉搏都经过一番和谐的震荡，心灵也仿佛是在疲惫之后经受了洗礼，血液通畅，有心旷神怡之乐。多经受音乐的洗礼，人就能体会这种快乐，从而人生更加旷达，人的品格自然更加高贵。由此可见，音乐是净化人心、美化人生最理想的艺术。

其次，音乐具有感动的功效。在一切艺术形式中，音乐的感动力最强，中西神话中以及历史上都有许多音乐感动力的传说和故事。因为人类生理构造大体相同，因此一个乐调可以在无数听者心中引起共鸣，可见音乐是一种强烈的同情媒介，可以使人们情感同一、团结一气，从而产生凝聚力效用。朱光潜指出，音乐所具有的团结人心的作用表明，音乐也是群育极好的工具。

再次，音乐具有感化的功效。朱光潜认为，感动是暂时的、瞬间的，感化则是久远的、持续的。音乐可以使人由感动发展至感化，因为它的和谐力量已经浸润到人的整个身心，甚至成为人的难以忘却的固定心理模式，使得习惯成为自然，身心活动自然也就不再违背和谐的原则。内心和谐，则一切不和谐的念头自然不会继续发展，中国先儒以礼乐立教，原因就在此。朱光潜指出，礼的精神在于秩序，乐的精神在于和谐，这两者之中，乐更为根本，因为只有内在和谐，才会有外在秩序，没有和谐基础的表面秩序，恰如没有灵魂的躯壳。内心和谐和生活有序，是个人修养的极高境界，因此，以音乐为首的艺术教育是实施美育的重要途径。

三、朱光潜美育思想渊源

（一）中国儒家思想

朱光潜美育思想有着深厚的中国传统儒家思想根基。儒家思想重视道德修养，美育是德育的必由之路。道德教育不在于陈规陋矩的默记，而是真善美性情的自然流露，因此，儒家提倡德育的实现必须要从怡养性情开始。儒家教育重视诗、礼、乐，《论语》中用“兴于诗，立于礼，成于乐”概述儒家教育宗旨，诗、礼、乐都是美感教育的内容。诗可以兴观群怨，又与乐相关，可以怡情养性；礼可以使行为仪表符合规范，养成生活上的秩序。儒家教育理想的目标就是道德上的修养，而道德高尚的人在伦理和美育上必然也有很高的修养，“蕴于中的是性情，受诗与乐的陶冶而达到和谐；发于外的是行为仪表，受礼的调节而进到秩序。内具和谐而外具秩序的生活，从伦理观点看，是最善的；从美感观点看，也是最美的”[①]。美育不仅不会妨碍德育，而且是德育的重要基础。在朱光潜看来，道德起于仁爱，仁爱即是同情，同情起于能够设身处地，可以想象他人的忧喜苦乐，进而共情。儒家在道德修养中特别重视“仁”，仁即是爱，是慈悲；既是天性，也是可以通过后天修养培养的。儒家提倡“温柔敦厚诗教也”，诗教即是美感教育，而温柔敦厚则是心中有爱与仁慈在外，是个人素养的内外兼修与和谐统一。

（二）西方美学思想

朱光潜早期受西方心理学影响，他以心理学传统上知、情、意三种概念来梳理人性中科学、美感和道德三种体验之间的关系，不仅在实质上已经远超出心理学的经验和描述层面，而且还涉及外在世界的真、善、美与内在感受的知、情、意之间的相互关系。但同时，朱光潜的审美理念并不完全基于西方科学与心理学客观实验成果，而是渗透着传统中国人文思想精粹，这便使得他的美育思想中有着深沉的人文情结。不仅如此，朱光潜美育思想中又汲取了西方生理科学的研究成果，他把立普斯的“移情作用”视为美感经验中偏重由我及物的一面，而把谷鲁斯的“内模仿作用”看作偏重由物及我的一面。据此，朱光潜给美感经验下了个定义：美感经验中的移情作用不单是由人及物的，同时也是由物及人的；它不仅是把人的性格和情感移注于物，同时也把物的姿态反射到人。所谓美感经验，其实不过是在聚精会神之中，个人的情趣与物的情趣往复回流而已。这样，他把谷鲁斯的生理“内模仿”作为立普斯心理“移情说”的基础。朱光潜还常常把这种生理层面的阐述拓展至对弗洛伊德、尼采、叔本华等相关理论的研究中，融会贯通，相得益彰。

朱光潜美育思想的重要渊源之一是克罗齐美学。朱光潜曾提出，克罗

① 朱光潜：《朱光潜全集》（新编增订版）第1卷，北京：中华书局，2012年，第228页。

齐哲学是西方康德和黑格尔哲学的“集大成者”。从 1927 年首次译介克罗齐美学，到 1935 年美学方法论讨论；从 1956 年与 1964 年前后对于克罗齐哲学的批判，再到 20 世纪 80 年代翻译维柯《新科学》时“重新认识”克罗齐，可以说“朱光潜的学术生涯有多绵长，他与克罗齐的不解之缘也有多绵长”[①]。克罗齐美学的核心“直觉说”对于朱光潜审美心理学影响巨大，也是朱光潜在半个多世纪学术生涯中频频思考与论述的命题。直觉是人类精神领域中的存在，其特点指向人性的自由与高贵，具有心智性、整一性与文化性。人之所以高于一般生物，是因为只有人才能具有优越的天然禀赋，“能将历史文明内化为其心灵，犹如第二本能，在人脑深处自动地担当有涉经验、知识、观念、创意的‘自组织’”[②]。心灵是人放眼世界、体验人生的重要依据，一个人心中的价值认知图式“愈具人类史格局与普世性，其精神襟怀便愈显境界与气象。……心灵作为价值文化的最高结晶，本是世界文明史的终端结果。也因此，一个真正希冀人格丰美且崇高的智者，他迟早会心怀敬畏与谦卑。敬畏是因为他确认，若无世界文明的多年积累，他将什么都不是。谦卑是因为他深知，那些足以托起巨人地位的原创性学说乃至体系，说到底，皆是某种智慧的设定或假说”[③]。

作为美学家，朱光潜的特点在于“他更多的是用西方术语，来描述一个东方读书人乃至士大夫的审美经验或艺术经验”[④]。于是，东方价值文化传统与西方哲学科学思想在朱光潜美学思想里实现了会通。

（三）社会现实需求

朱光潜重视和研究美育的社会现实原因是出自对国家和社会所怀有的强烈责任感。通过教育批判国民劣根性，改造国人价值意识，从而建设新的思想观念和学术文化，以达到改造社会和振兴民族之目的，这是朱光潜几十年职业生涯中一以贯之且矢志不渝的教育理想。因而，他从中国传统教育思想中寻找根脉，引进西方的思想和理论，又时刻不忘中国现实和当时民众的思想意识状况。与他同时代的思想大家一样，朱光潜选择出国留学，以求学有所成报效国家。当时学者普遍青睐于通过教育、经济、工程、农学等方向留学进修，企图在社会制度建设等方面能有更大作为。虽

① 夏中义：《朱光潜美学十辨》，北京：商务印书馆，2011 年，第 65 页。

② 同上，第 75 页。

③ 同上，第 76—77 页。

④ 夏中义、张屏瑾：《朱光潜美育观与“日神精神”》，载《中文自学指导》，2003 年第 2 期，第 18 页。

然并没有选择大多数人同样的方向，而且朱光潜的研究看上去也似乎与社会现实距离较远，但殊途同归，他时刻不忘凭己所学改造中国现状，力图移西洋之花接中华传统之木，倡导对于真善美的人生追求，尝试通过人生艺术化的追求造就国人高尚的情怀。

《谈美》写于1932年，当时中国内外交困，正处在“危机存亡的年头”，但在朱光潜看来，最紧迫的问题是拯救人心。他在写给青年的《开场话》中说道：“谈美！这话太突如其来了！在这个危急存亡的年头，我还有心肝来‘谈风月’么？是的，我现在谈美，正因为时机实在是太紧迫了。”朱光潜接着解释：“我坚信中国社会闹得如此之糟，不完全是制度的问题，是大半由于人心太坏。我坚信情感比理智重要，要洗刷人心，并非几句道德家言所可了事，一定要从‘怡情养性’做起，一定要于饱食暖衣、高官厚禄等等之外，别有较高尚、较纯洁的企求。要求人心净化，先要求人生美化。”[①] 在朱光潜看来，人人忙于追逐功名利禄，将国家与民族的前途和命运抛之脑后，整个社会也就会趋于腐浊，只有通过审美教育来求得人心的净化，才能从源头上改变这种现状，国家和民族才有希望。“朱光潜要在这个紧迫的时刻给青年‘谈美’，这其实是一种人文学者的救国方式。可以说，朱光潜的所有美学理论都或隐或显地指向改造国民性，培养‘现代的中国人’这个目标。”[②]

四、价值与启示

早在20世纪上半叶朱光潜就提出了美育，他指出，美育是全人教育必不可少的一部分，美育是德育的基础，具有解放人的功效。朱光潜把美育作为一种使人生获得自由，发展人的个性和创造潜能的独特教育形式，认为美育关系到个人与民族的素质和生存质量。

随着科技进步与经济繁荣，当今社会的许多人在物质生活方面得到极大满足的同时，在精神生活方面却极度容易陷入迷茫，他们在激烈竞争的“内卷”过程中疲惫不堪，逐渐丧失了人生理想和超越物表的精神追求，而失去了活力也就意味着缺乏创新和奋进的动力。长此以往，民族精神状况必深受影响。因此，对于他们来说，如何在追求物质利益的同时关心自己生活的精神价值，特别是如何在发展儿童与青少年的认识能力、生存技能、竞争意识等以增强他们的社会适应性的同时，发展他们内心求真、爱

① 朱光潜：《朱光潜全集》（新编增订版）第3卷，北京：中华书局，2012年，第7页。
② 杜卫：《朱光潜论美育》，载《美育学刊》，2010年第1期，第32页。

美、向善的艺术本性，凡此种种问题的解答依然可以从朱光潜美育思想中寻得借鉴。因为朱光潜研究与倡导美育的时代虽然已经久远，但他提出的美育、人生艺术化等命题却随着时代的发展越来越凸显出积极的现实意义，对我国当前的审美教育具有重要启示，有助于人们反思生活、教育与人生的意义。

美育的重要性早已成为不争事实，朱光潜把实现“人生的艺术化”作为美育目标。“人生的艺术化”倡导回归本心，要求人心净化，主张以审美态度观照人生。通过“人生的艺术化”，可以对当代中国人的种种生存方式做出反思，提升人们的生存意境，重返高尚的情趣和理想追求，而“这正是当代中国审美教育所要着力解决的重大任务”①。

朱光潜强调，情感是美育实施过程中的重要内核。美感教育中的情感因素，立足于美对人的情感心理作用，即人的情感体验，来揭示美育的本质。明确情感与理性的正确关系，确立情感在美育中的重要地位，对于个人成长与社会发展，对于美育在国民教育中的普及推广都具有重要意义。运用现代科学发展的最新成果，朱光潜全面阐释了情感的复杂含义，创造性地概括了审美教育的特点，也指明了美育的首要功用在于陶冶性情、怡情养性。通过文学艺术，个人情感得以解放，心理健康得以维持，情感体验得以升华，从而完成了自我人格塑造。从社会群体来看，以情感为内核，以音乐、美术、文学等艺术方式为途径的美育，可以打破人与人之间、民族与民族之间的界限与隔阂，于潜移默化中完成真善美的追求，实现美美与共，和谐共生。

古往今来，艺术一直被诸多有识之士视为最具有个性和创造性的活动，所以，美育对于受教育者的个性成长和创造性发展大有裨益。不仅如此，朱光潜在阐释美育问题时以哲学、美学、心理学、教育学等多学科成果为基础，又融合了古今中外学术文化思想精华，形成了具有理论性、建设性与前瞻性特征的美育思想，为中国现代美育理论构筑了较为扎实的学术理论基础。因此可以说，“一百多年来，要论对优秀传统学术思想的继承、对西方学术思想的借鉴以及美育研究的学术建树，无人能出朱光潜之右”②。作为现代美育的重要学术成果，朱光潜美育思想有待我们学习继承、深入发掘、发扬光大。

---

① 杨迪芳：《朱光潜“人生的艺术化”的美育思想及当代意义》，载《教育评论》，2006 年第 2 期，第 94 页。

② 杜卫：《朱光潜论美育》，载《美育学刊》，2010 年第 1 期，第 36 页。

第二节 朱光潜的体育思想

朱光潜在几十年外语教师的职业生涯中一直重视且全力倡导体育，对于体育发展有其独到见解，体育也是其全人教育思想的重要内容。20世纪20年代，在其成名作《给青年的十二封信》中，他就谈到了运动问题；后来在《谈处群》一文中他指出，体育运动特别有益于群育训练和团体合作。抗战期间，担任武汉大学教务长时，在《谈体育与运动》一文中，他鼓励广大学生积极参加体育运动，提议学校体育运动应该推广至每一座城市和乡村。他还专门撰写了《谈体育》，论述体育对于全人培养发展的独特价值，分析学校体育发展落后的历史与现实原因，呼吁体育运动要由学校推广到全社会，成为每个中国人日常生活中的必需内容。在回答一位青年朋友提问的《谈理想的青年》一文中，朱光潜再次强调，理想的青年首先要有运动员的体格。在他自己已年届“米寿”之时，应《中国老年》编辑部之邀所写的《老而不僵》一文中，他亦分享了自己的长寿心得，认为健康的精神来自健康的身体。

半个多世纪中，朱光潜对于体育的关注与重视从未减弱。他发表的几十篇论述体育的文章，其论述范围既有民国时期各级学校体育发展的状况，也有体育锻炼对于个人健康幸福、全面发展的重要性；既涉及团体运动对于培养尊重秩序、团结合作精神的影响，也包括全民体育对于民族健康与生命活力的独特价值。这些文章内容丰富，说理透彻，充满热情，贯穿其中的内核即全力呼吁在国民中大力普及与推广体育运动。

一、朱光潜体育思想渊源

（一）中国传统儒家思想

朱光潜认为，体育运动和娱乐方式与民族性格、国家面貌关系密切，观察消遣与运动方式，往往就能了解一个民族是兴盛还是颓废[①]。体育在中国有着悠久的历史，是中华民族优秀传统文化的重要组成部分。甲骨文中就有类似“射、御”的描述，这也是对我国古代体育活动的较早记录。

① 朱光潜：《朱光潜全集》（新编增订版）第1卷，北京：中华书局，2012年，第211页。

《论语》中有“古者射以观德”的记载，即提倡射箭者既要训练瞄准射击，又要努力做到外形端正、内心正直，从而培养出良好的德行。射箭不仅可以强健体魄，而且能够锻炼出坚忍的意志与正直的品格，是古代中国士子修身养性、培养君子风度的一项重要训练。《礼记》中也有“天子以射选诸侯、卿、大夫、士”，“天子乃命将帅讲武，习射、御、角力”等记载。这些文字说明，自古以来，身体技能就是男子着力训练培养的一种能力，也是古代人才选拔中的一项重要指标。古代优秀人才的典范是文武双全，文表现为德育、智育方面的修养，武则是身体方面的技能。《论语》曰：“质胜文则野，文胜质则史。文质彬彬，然后君子。”允文允武、身强体壮、武力高强，是勇敢的思想与行为的物质基础；勇而有礼、文治武功、智勇双全，在己可以强健体魄，为人可以除暴扬善，为国则能建功立业，文明精神与强健身体之间始终保持着必要张力，需要全面发展。

在《从禁舞说到全国性的消遣》一文中，朱光潜谈到，中国古代民族就有非常丰富的消遣运动方式，古代中国人对于诗、乐、舞的嗜好极普遍，《诗经》《礼记》《左传》中记载的歌乐舞盛况使人读后感觉仿佛置身于近代欧洲社会。孔子在谈论人格修养时，“依于仁”之后便是“游于艺”；孔子提到的六艺中，前四项礼、乐、射、御都带有消遣运动性质，舞蹈、歌唱、驰马、试剑、钓鱼、打猎等活动都是当时的寻常消遣方式，含有艺术气息或者运动意味，可以供古代人们在日常生活中领略到乐趣，从而排遣苦闷和乏味，激活生命，振奋精神。后来士大夫阶级偏好琴棋书画，虽然高雅，但是已经逐渐开始了忽视身体锻炼的趋势，带有几分颓废色彩。到了晚清民国时期，全体民众热衷的休闲娱乐方式是打麻将、坐茶馆、吃馆子等几种，“有心人略加思索，就觉得这情形实在严重，它不是一个兴旺的气象”[①]，由此也可以窥见当时民族生命力的低迷。

（二）西方思想渊源

建立在自由、乐观等理念基础上的古希腊文明为现代体育的发展提供了人文视角，“是西方人文体育精神生成和发展的摇篮”[②]。朱光潜指出，古代希腊罗马在强盛时期，人民都喜欢运动、赛会等集体活动。柏拉图在《理想国》里就谈论过体育，他甚至认为，人在 20 岁之前只需要音乐和体育运动两门功课，音乐可以陶冶心灵，体育则能训练身体。柏拉图的弟子

① 朱光潜：《朱光潜全集》（第 9 卷），合肥：安徽教育出版社，1993 年，第 309 页。
② 冯霞：《古希腊人文体育思想溯源》，载《体育文化导刊》，2007 年第 1 期，第 73 页。

亚里士多德则强调行动之于人生的重要性，真正理解的活动才会令人幸福，“犹如在奥林匹克运动会中，夺锦标的不是最美最强悍的人，而是实在参加竞争的选手”[①]。这些观点体现出古希腊哲学思想对于运动的重视，对于人的身体与精神价值辩证统一的追求。

朱光潜提出，西方宫廷与贵族社会阶层喜爱集体舞蹈，本意在于酬宾娱友，也能健康身心，既是娱乐活动，也是社交礼节。近代欧洲诸民族多喜欢音乐与户外活动，由此而衍生出对于竞技体育的崇尚与喜好，他们认为运动不仅可以强健身体，而且体育运动往往能够培养出公平公正、遵守秩序与纪律、尊重对手与规则、正确的荣誉观等诸多精神文明。“现代奥林匹克运动之父”、法国人顾拜旦男爵即是“身体健康，心灵健康”（healthy body，healthy mind）的忠实拥趸，而英国则被视为“现代体育的摇篮”。朱光潜留学英法8年，他观察到，欧洲人的普遍生活中，工作与运动娱乐得到了很好的结合，工作时精神抖擞，全力以赴；下班后无论男女老少，贫富贵贱，看戏、跳舞、打球、跑步、徒步、郊游等，都寻找各自喜欢的娱乐与运动玩个痛快；室内野外，乡下城里，到处是蓬勃生机，洋溢着热爱生活的逍遥与快乐。英法等国大力推广义务体育教育，它们的学校高度重视体育运动，体育设施齐备，训练场地充足，课程多样化，以满足学生个性化需求。体育运动不仅可以训练出坚强体格，也能塑造顽强的意志和杰出的领导能力，一些知名高中甚至提出“运动第一，学习第二”的口号。朱光潜常引用打败拿破仑的英国威灵顿公爵说的话“滑铁卢的胜仗，是在义敦和哈罗两校运动场上打来的”[②]，这就说明西方学校教育对于体育运动的重视。

（三）个人亲身体会

朱光潜生于安徽桐城，自幼在乡下接受私塾教育，终日在屋里读书，体质虚弱多病。上学后，少年朱光潜只顾埋头读书，没有体育运动意识，也不重视学校里的体育课程，认为在运动方面所花的时间耽误了学习，故频频旷课，并且打心底里瞧不起体育比他好的同学，认为他们很不聪明，“我在考试时体操常不及格，但结果仍无伤于我的第一第二的位置，我更以为体育是无足轻重了”[③]。在香港大学读书时，学校体育活动丰富多彩，足球、网球、台球都很盛行，游泳、海浴也很方便，然而朱光潜却没有参

① 朱光潜：《朱光潜全集》（新编增订版）第1卷，北京：中华书局，2012年，第295页。
② 同上，第217页。
③ 同上，第254页。

与其中尝试运动的兴致，只是喜欢坐在香港植物园的条凳上晒太阳。

成年朱光潜有了更广阔的生活空间和学业天地，然而身体频繁生病，体重从未超过80斤，读书研究稍微用功便感觉精力不济，这时他反省是受到从前藐视体育而“应得的惩罚”，于是便开始逐渐重视体育锻炼。在香港大学时，朱光潜养成了散步和登山的爱好，通常是午后散步，得空便去港大附近登山，“在山顶上望一望海，吸一口清气，对于我成了一种瘾”①。散步和登山也成了朱光潜此后坚持终身的运动爱好，只要有机会，他便去爬山，香港的凌云山、欧洲的阿尔卑斯山、江西庐山、云南石林、浙江莫干山他都去过，居住北京时，西山和香山他每年都去。

欧洲留学回来后朱光潜在北京大学任教，此时已人到中年的他在城隍庙拜锻炼的老人为师，学会了打太极拳。打太极拳、气功站桩、慢跑，已成了他的健身法宝，无论是严寒酷暑，或是外出开会研讨，运动从未间断。遇上雨雪天气，他便在室内锻炼。即便是“文革”期间受迫害，被关进牛棚，他也不放弃身体锻炼。同被关进牛棚的季羡林回忆说：“他锻炼身体有一套方术，大概是东西均备，佛道沟通。在那种阴森森的生活环境中，他居然还在锻炼身体，我实在非常吃惊，而且替他捏一把汗。晚上睡下以后，我发现他在被窝里胡折腾，不知道搞一些什么名堂。早晨他还偷跑到一个角落里去打太极拳一类的东西。”② 朱光潜对于运动与锻炼的坚持，给季羡林留下了深刻印象。

虽然自幼体弱，也并没有体育运动意识，但在中西教育思想熏陶过程中，在忽略体育后屡屡遭受苦痛之际，朱光潜逐渐意识到运动之于身心健康的重要，便开始培养适合自己的锻炼方式，并坚持运动，终身不懈。朱光潜从个人实践中体会到了体育运动的益处，还将这种理性认识应用于自己的日常生活和对体育运动的积极推广宣传中。运动与锻炼可以令朱光潜保持头脑与身体的活力，是其健康生活与高效研究的秘诀，即便已是耄耋之年，他仍然每天工作五六个小时，这样高的工作效率得益于他行之有效的锻炼习惯。他曾对学生吴泰昌说：“生命是有限的，人最多活到一百岁吧，要使自己尽量活得长些，这就要靠运动。”③ 通过亲身体会，他意识到了体育运动对于个人健康与幸福的重要性。

---

① 朱光潜：《朱光潜全集》（新编增订版）第10卷，北京：中华书局，2012年，第108页。

② 季羡林：《他实现了生命的价值——悼念朱光潜先生》，见《朱光潜纪念集》，合肥：安徽教育出版社，1987年，第28—29页。

③ 转引自吴泰昌：《我认识的朱光潜》，上海：上海文艺出版社，2008年，第115—116页。

二、朱光潜体育思想的内容

（一）提倡全体学生参加的学校体育活动

朱光潜认为，民国时期各级学校教育大多偏重智育，忽视了德育与美育，体育则更为落后。各级学校虽然设置了体育课程，但教育现状却大多是例行差事、流于形式，学校在体育器材设备上的花费往往还不到整个学校预算的百分之一，体育师资缺乏，体育教育一直被轻视。学生普遍不重视体育课程，文化课经常占用体育课和团体活动时间，体育不及格也不会影响学生的升学或毕业。即便有学校零星开设一些体育训练课程，往往只着力于重点培训几个运动好手，代表学校参加各种体育赛事，拿奖替学校撑面子。学校里同样不被重视的德育和美育，至少在理论上还有人提倡，而体育则落入了达成集体共识的不议不论的地步，表面上有，实质上却无。在朱光潜看来，学校体育之所以落到这种无足轻重的地位，根本原因在于教育界人士普遍存在的一种错误观念，认为身体的锻炼没有心灵的发展那么高贵；更有甚者，有人甚至把体肤当成是心灵的迷障，修养心灵必须先要摈弃身体的需求。朱光潜指出，从根本上破除这种长期忽视身体锻炼的落后观念，是学校体育发展的首要条件。

朱光潜呼吁，只有教育界人士完全了解体育运动的重要性，体育在学校课程中占有重要位置，加强体育师资力量建设，严格要求学生参加体育运动，学校体育发展现状才能得到真正改良，进而步入健康发展的道路。他认为，在对于人的教育过程中，身体与心灵的修养不可偏废、割裂，健康的身体是健全心灵和未来职业发展的前提条件，羸弱的体质不仅影响个人脾气性情，而且阻碍学业和事业的顺利进行。学校教育要使学生意识到体育之于身心健康的重要性，从而能积极参加体育活动，培养爱好体育锻炼的生活习惯。只有这样才能提高学生的体格，培养心灵与身体各方面全面发展的人。“体育在学术上说，一部分属于智育，在训练上说，一部分属于群育，在功用上说，一部分属于美育。”① 如果说智育为求真，群育为从善，美育是为美，那么体育则兼跨了真善美。

朱光潜指出，当时学校教育存在一个很大弊端，教学的对象往往都是个人而不是团体，长此以往，会养成个人主义和无视集体的习气。这样培养出的学生毕业后走向社会，便容易不遵守团体纪律，缺乏合作互助的精

① 傅国涌：《新学记：中国现代教育起源八讲》，北京：东方出版社，2018 年，第 235 页。

神。朱光潜认为，音乐与体育运动课程特别适宜于团体合作。学生们在团体运动中，不仅锻炼了身体，而且培养了团队合作能力，感受到了群体意识和集体力量所带来的愉悦与幸福，学会了有效沟通交流，也可以避免个人性情上的孤僻。朱光潜援引英、美、法、德等发达国家体育发展现状时提出，西方发达国家一直重视团体运动，它们的文化观念中特别看重体育精神，认为在运动场上可以培养出竞争的意识、战斗的精神和政治家的风度，而学校教育培养出的一个优秀人才就应该具有公正的运动员气魄（sportsmanship）。因此，我们的学校教育要大力提倡团体运动，培养学生强健的体魄和遵守秩序、敬重规则的团体荣誉意识。学校团体运动不仅具有娱乐放松的性质，而且是进行群育的极佳手段。朱光潜甚至认为，培养和训练人们团结合作和遵守纪律的最好场所是学校运动场，“我们必须在运动场上多下功夫”①，这里是民族生机与活力的展示台。

（二）普及全民参与的群众体育意识

1936 年，中国首次派出 70 余名运动员参加在柏林举办的夏季奥运会，虽然运动员们在各自参加的项目中均未能进入决赛，但国内媒体还是以极大的热情，纷纷撰写体育评论文章，热议民族体格与健康的未来发展问题。朱光潜在写给《申报周刊》青年读者的文章中也提到，比竞赛失败更值得关注的是整个社会对于体格发展的漠视，他追溯了中华民族忽略体育的历史渊源，结合个人感受与观察指出身体对于精神的影响之大，详细论述了体育之于民族生命力的重要性，呼吁研究和推广健康生活教育，充分推动全民族体育运动，从而为振兴中华积蓄民族元气与生命力量。

抗战时期，朱光潜指出，当时社会一般民众没有体育运动意识，接受过学校体育教育的人走出校门之后，忙于工作生计，也完全忘记了在学校时经常练习的运动，整个社会从上到下都没有觉察出体育运动的价值与意义。个人体格羸弱会对心境脾气乃至人生观造成影响，民族体格羸弱则会导致学术落后、事业废弛、经济破产和道德崩溃。全民健康运动的重要性已经关乎中华民族的存亡，因此他认为“要真正想救中国”，可以慢些谈学问、政治或者道德，“第一件要事，先把身体培养强健！”② 不仅如此，健康的重要性要成为全民族信仰，体育应当成为全体民众的集体娱乐方式，而不能仅仅限于学校里的体育课程设置或者国际运动竞赛。

① 朱光潜：《谈体育与运动》，载乐山《诚报》，1942 年 10 月 20 日。

② 朱光潜：《朱光潜全集》（新编增订版）第 1 卷，北京：中华书局，2012 年，第 256 页。

朱光潜多次提倡，无论是士兵作战、学者做研究、学生做功课，还是普通公民履行职责，社会上所有人都需要生命的活力、生活的动力，运动则是这力量的重要来源。无论是个人还是民族，生命力是否旺盛都可以通过运动与娱乐游戏观察得出，“精神的衰落由于体格的羸弱；要想振作精神，先要设法强健身体；要想强健身体，不能不求运动的普遍化”①。而在抗战时期，整个中华民族更是急需一种奋斗的精神、一股蓬勃的活力、一种汇聚起来的凝聚力。如果要在全社会范围内培养出这种精神与活力，最重要的方法不是以往那种只向几所学校推送少量运动选手来“装饰门面”的做法，而是要将运动普遍化，倡导全民参与，必须要把体育运动推到每一个城市、每一个乡村，倡导全体群众重视体育锻炼，让爱好体育、参与运动成为如同吃饭、穿衣、睡觉一样重要的自然生活方式。

朱光潜认为，体育活动与娱乐方式可以反映出一个民族的性格与生机活力，因此要提倡高尚健康的、全民可以参与的运动方式，让运动成为全社会的共识。而好的全民运动方式需要具备以下特点：可供娱乐，有益于身心健康，可以与众人同乐，能够激发起民族朝气与活力等。团体运动、歌唱、舞蹈等活动在朱光潜看来，都是很好的全民可以参与的娱乐消遣方式。他甚至提议请体育运动专业人士组织筹划，发动全国的力量，举办大规模成系统的体育运动，以促成遍及全国范围的爱好体育、健康向上的社会新风气。

（三）培养终身陪伴的个人体育习惯

在《谈青年的心理病态》一文中，朱光潜分析道，学校体育向来被忽略，有些学生甚至鄙视运动，“黄皮刮瘦几乎是知识阶级的标帜。抗战中忽略运动之外又添上缺乏营养”②。青年正当发育时期，生理的虚弱必然会酿成心理的损耗，而青年的精神颓废又关乎民族的生命力，也就很难担当起时代赋予的艰巨任务。因此，他呼吁青年要勇于承担责任，正视现实，保持身心健康，“人生来需要多方活动，精力可发泄，心灵有寄托，兴趣到处泉涌，则生活自丰富，空虚感觉不至发生”③。朱光潜希望青年要趁早培养几种体育运动方式，作为陪伴终身的兴趣与爱好。兴趣是终身坚持体育锻炼的动力，这种爱好运动的生活习惯，不仅可以为自己的健康生活提供物质基础，而且可以为国家建设、民族发展积蓄生命活力。

---

① 朱光潜：《朱光潜全集》（新编增订版）第1卷，北京：中华书局，2012年，第258页。

② 同上，第114页。

③ 同上，第118页。

朱光潜常喜欢引用朱熹的一句诗："问渠那得清如许，为有源头活水来。"英语中也有一句谚语："健康的精神寄托于健康的身体。"这些中外诗句名言中承载的前人的生活智慧都说明，体育锻炼之于身心健康的重要意义。在朱光潜看来，体育运动就是人的生命的"源头活水"，运动锻炼能使人保持身体健康，而只有健康的身体才能有健康的精神；身心健康、神清气爽是生机和活力的源泉，可以使人头脑清醒、创造创新，从而能愉快地为国家和人民做有益的事情。生命原本就是运动，只有一切从实际出发，将身体、精神、工作等"都搞活起来"，生命才能在活动中前进不止。

在《给青年的十二封信》里朱光潜谈到，他对于自己做不到的事情，往往期望朋友们能做得好。而自己在体育运动方面的一无所长，则被其视为"生平最大憾事"之一，因此，"每遇年幼好友，就劝他趁早学一种音乐，学一项运动"①。人是自然界的有机体，疲劳、疾病和衰老是任何人不可抗拒的自然规律。体弱多病带给朱光潜的苦楚令其有切肤之痛，他从自己年少时忽略体育的经历中得出教训："身体好，什么事都有办法；身体不好，什么事都做不好。小而个人的成功，大而民族的复兴都要从身体健康下手。"② 大脑和身体肌肉都需要经常锻炼，愈锻炼效率愈高，长期坚持不懈的体育运动习惯，不仅可以让人身心健康，恢复活力，而且能令人老而不僵，永葆青春，人老心不老。他曾批评学生吴泰昌平常忙于工作不注重体育锻炼，苦口婆心地劝道："要养成锻炼的习惯，锻炼不能一曝十寒，要有心，不管在什么境遇下，都要找到机会活动一下。"③ 他呼吁青年不要再重蹈其覆辙，要趁早培养适合自己的体育运动习惯，习惯会成为自然；只要终身锻炼，热爱强健身体的运动，就能享受健康人生。

三、朱光潜体育思想中的科学精神

（一）生理学心理学基础

朱光潜运用生理学和心理学的研究成果指出，运动娱乐是人类的天然需求。作为一种有机体，生命具有力量，生命的基本原则就是要"动"和"发"，运动是人获得生机、展现生机的用武之地，旺盛的生命与精力天然需要发泄。"生机窒而不畅，精力旺而不泄"，人便感觉苦闷压抑，精神抑郁。心理学研究成果表明，一般心理病态很多都是源于生机的持久压抑。

---

① 朱光潜：《朱光潜全集》（新编增订版）第 1 卷，北京：中华书局，2012 年，第 39 页。
② 同上，第 257 页。
③ 转引自吴泰昌：《我认识的朱光潜》，上海：上海文艺出版社，2008 年，第 116 页。

青年人生机最旺盛，精力也非常充沛，发泄的需要也最强，“愈发泄，愈可补充，精力也就愈弥满”。人“活”就要“动”，在正常运动发泄过程中，人的精力有消有长，以保持生命的活力。如果说工作是有所为而为，那么体育运动就是无所为而为，“它是自由人在自由时间所发的自由活动，所以最可娱乐”①。运动不是浪费时间，而是学习、工作的一种调剂，犹如起跳前的蹬脚、引弓前的松弛，发泄精力同时也是蓄积精力，体育运动就是在积攒生命的原动力。

在对艾宾浩斯心理学与感官生理学的解读中，朱光潜得出结论：生而为人，天生寻求活动，生机得到发泄便会感觉愉快，生机遭到阻抑则会感觉烦闷。作为自然界中的一种高级生物，人生来喜好运动，运动是人的天然本性，“能动，能发展，能创造，便是顺从自然，便能享受快乐”②；反之，便是摧残人的生机，令人抑郁烦闷。朱光潜举例说，一个喜欢打网球的人，在全力以赴打球时，是无暇去想天地间还有什么烦恼。因此，他劝年轻人烦恼时便去打网球、弹钢琴、栽花木，跑跑跳跳，谈谈笑笑。

朱光潜认为，健康最大秘诀就在于保持自然的、正常的合理生活，工作学习与消遣运动相互调剂、相互替代。运动的关键在于可以使人血液流通，筋肉均衡发展，大脑神经与身体肌肉轮流休息，人自然可以感受到快乐。对此，康德给出的心理学解释是：“满足感仿佛总是人的整个生命得到进展的一种感觉，因而也是身体舒畅或健康的感觉。”③ 朱光潜经常引用康德的话来说明运动可以给人带来身心愉悦的满足感。现代体育运动兼顾到全身肌肉与脉络的系统发展与锻炼，其运动发展理念更加科学化、系统化、人性化，值得通过学校教育推广至全社会，成为人们日常生活的必要内容，指导人们健康幸福生活。

（二）哲学思想准则

朱光潜引用德国哲学家康德、席勒、叔本华等人的哲学观指出，自然世界是有限的，受因果律支配，其发展有其必然性。人类社会由历史铸就，人由遗传和环境造成。人的活动离不开物质生存条件支配，人既受自然限制，又受自己欲望驱使。从物质方面来看，人在自然面前力量很渺小，摆脱不了终究死亡的命运；从精神方面来看，人又有主观能动性，能

---

① 朱光潜：《朱光潜全集》（新编增订版）第 1 卷，北京：中华书局，2012 年，第 308 页。

② 同上，第 14 页。

③ 转引自朱光潜：《朱光潜全集》（新编增订版）第 12 卷，北京：中华书局，2013 年，第 413 页。

进行自由活动与艺术创造，在创造过程中，人便可以从自然限制中获得解放，充分感受到为人的自由与尊严。

人是自然界的一种有机体，身体、情感与理性都是天性固有的。如同自然界的花草树木一样，需要根茎、枝叶、花实都得到和谐发展，才能长得繁茂有生机。宇宙中生命时刻都在变动进展过程中，人的天性中所有积蓄的力量都有发挥的空间，人的所有本能都能得到全方位调和的发展，人才能成就他自己，成为全人。在朱光潜看来，全人包括身体方面的体格健康强壮和精神方面的对于真善美的追求，偏废其中任何一方，都会造成身体或心理上的畸形或病态，影响生命的力量、价值与意义，难以享受完美的生活。

朱光潜认为，作为社会的动物，人必须要在“动”的过程中才能发泄生命的力量，领略生活的兴致与快乐。“动”是人生的基本属性，它的范围很广，凡是可以发泄精力的，无论是工作、运动或是游戏，都是动。人在运动时可以享受自由的快乐；反之，疾病、囚禁、死亡令人痛苦就是因为它们剥夺了动的自由。精力无可发泄，动不得其正，则容易使人陷入空虚罪恶。在社会群体中，能够自由行动，善于乐群，精力有所发泄，精神有所寄托，人“才能发挥生活最大的效能，享受生命最大的幸福”[①]。

身体羸弱，人便很难快活起来，不能充分发挥人的聪明才智，也没有心思对别人心地慈祥，这便妨碍了自己的性情脾气与道德修养。“一切道德行为都由意志力出发”[②]，身体虚弱，意志力自然薄弱，意志力薄弱则容易懒。懒就是物理学中所讲的“惰性”，无论是在物理方面还是在精神方面，惰性都是起源于“动力”的缺乏。从生物学角度来看，“动力”的缺乏就是“弱”。因此，“弱”是懒的根本原因，体现在生物人身上的，就是体格的不健全、生命力的耗竭。懒大半是由于体格虚弱，身体燃料不够造成的，所以马达不能开满。懒的人一般没有勇气，遇事苟且敷衍，该奋斗努力时不能竭尽全力。由此，朱光潜得出结论，精神的破产、道德的崩溃往往来自体格的破产；健全的精神寄宿于健康的身体，身体不健康而企图精神健全，只能寄希望于奇迹。

朱光潜多次提出，就智力而言，中华民族比得上世界上任何民族，然而从体能来看，则落后于许多西方民族。欧美人士常说“生命从四十岁开始”，他们认为人生的头三四十年只是在训练、学习和做准备，后三四十

① 朱光潜：《朱光潜全集》（新编增订版）第1卷，北京：中华书局，2012年，第275页。

② 同上，第279页。

年才能有所成就与收获。普通德国人或英国人到五六十岁还血气方刚，还能有二三十年奋发有为的时间，而中国人普遍到了四五十岁便逐渐衰弱老朽。在同龄西方人有充分时间和充沛体能完成学问与事业时，很多中国人往往迫于精力不济而被逼迫半途而废、虎头蛇尾，无法坚持到最后。个人身体羸弱，生命力不够，没有强健的身体保障，整个民族的成就或收获也自然受影响。因为身体的原因，中国人比西方人可以健康工作的时间有近乎二十年差别。

（三）优生优育学理论与健康养生知识

朱光潜在讨论中华民族当时普遍体格羸弱的现状时，努力从源头寻找症结，期望能对症下药。他认为，现代科学知识中有关优生优育研究的最新成果，必须要借助政府的大力推广宣传，灌输到每一位公民的头脑中。在他看来，先天体格基础好，比任何后天的谨慎培养都要重要，如果要改变民族的体质，在身体健康方面，必须要彻底地研究并运用优生学成果。他在优生学上提出三点建议：要禁止早婚早育；配偶选择时要将身体强健放在首要位置；妊娠期妇女要有合理的身体调养，产后 3 年内节制妊孕等。

朱光潜也指出，后天优育学和健康卫生知识同样很重要，需要在全社会范围内普及。首先，充分的营养对于身体健康非常重要。民国时期社会物价普遍昂贵，造成正处于发育年龄的广大青年们得不到最低限度的营养保障，严重危害到他们的身体健康，因此他呼吁当局采取措施及时补救。其次，需要养成健康的生活规律和良好的饮食起居习惯。现实中有人整日劳累，有人游手好闲，很多人生活习惯不科学，熬通宵、迟睡晚起；学校里的青少年们功课太繁重，营养不够，休息不足，造成身体严重虚耗，长此以往，会酿成民族羸弱的体格。据此，他提议各级学校精减课程，使教育合理化、科学化，培养学生健康的起居作息习惯。再次，提倡宽和开朗的心境，少存杂念，颐养心气。朱光潜推崇我国古代养生家所提倡的“养生莫善于寡欲”的理念，在他看来，现代社会复杂多变，扰乱心智的事件经常出现，外来的刺激特别多，逼迫着人们频繁打消耗战，从而对于身心造成极大损伤。因此，“我们必须淡泊宁静，以逸待劳。这不但可以养生，也可以使学问事业得到较大的成就”①。

四、价值与启示

“体育虽然不是教育的全部，却是教育的根本。健康不是教育的唯一

① 朱光潜：《朱光潜全集》（新编增订版）第 1 卷，北京：中华书局，2012 年，第 217 页。

目标，但健康是教育的基本前提。”[①] 青年如何健康成长，人如何过好一生，中华民族如何展现生机与活力从而能屹立于世界之林，这些问题影响了朱光潜对于体育功能的理解，构筑了其体育思想的基本内容和理论形态。体育虽然不是朱光潜的研究专长，却是他从自己亲身体会与现实观察中得出的真切感悟，进而转化为思想、语言与行动。朱光潜的体育思想“既有实用主义的痕迹，也有卢梭自然体育思想的倾向”[②]，既有对西方体育理论的改造与融合，也有对中国传统思想的现代诠释，既立足于对体育运动的本质认识，又合理借鉴现代科学发展成果，因而具有理论性、科学性与实践性的特征，对于当今学校体育发展与民族体育文化建设仍然具有现实启示意义。

（一）对于学校体育发展的认识

朱光潜体育思想是其全人教育思想的重要内容，培养全人是其教育理想，全人在身体方面的修养则需要通过体育来实现。他提出学校全力发展体育，“以往饲养选手替学校争门面的办法必须废除”[③]。他注意到学校体育发展，首先离不开教育者与全体学生对于体育活动和体育课程的重视，需要摒弃和破除落后陈腐的旧观念，从思想源头上认识到体育运动的价值；其次，学校体育发展需要加强体育师资培养，提高体育教师的地位，从而才能有更多的专业体育教师指导教学；再次，学校体育发展离不开充足的教育经费支持，体育设施与器材可以助力于体育课程，满足学生们个性化的运动需求。

教育如何帮助个人过好幸福的一生，使每个人在集体中学会如何行事，从而积蓄民族生命力以复兴中华，既是朱光潜教育思想的出发点，也是落脚点。他认为，学校教育要让每个学生热爱体育，培养几种适合自己的运动习惯，当习惯成为一种自然，运动也就会成为学生们走出校园后陪伴终身的生活方式。因受西方体育观的影响，朱光潜提出，体育对于实施群育训练具有独到价值：体育可以教会学生做人做事，在团体中与他人合作，培养良好的处群道德和社会组织能力。学校要让学生学会且拥有至少一项以上的运动特长，这会成为“学生的幸福生活之源，让体育运动成为民族伟大复兴的关键要素。让每个人因为拥有自己的兴趣和特长而建立强大的自我和自信。让每个人因为共同的兴趣和爱好而展开共同体生活，建

① 刘良华：《教育哲学》，上海：华东师范大学出版社，2017 年，第 26 页。
② 薛岚等：《朱光潜体育教育观及其启示》，载《北京体育大学学报》，2017 年第 8 期，第 75 页。
③ 朱光潜：《朱光潜全集》（新编增订版）第 1 卷，北京：中华书局，2012 年，第 218 页。

立公共生活的规则和习惯”[①]。只有体育在学校课程中占有重要位置，发挥真正作用，对于学生身体的教育才能有真正改良。朱光潜不仅指出了体育所具有的不可或缺的德育功能，而且阐明了学校体育发展对于民族复兴的重要影响。

（二）对于全民体育文化的见解

“朱光潜的《谈体育》几乎是掀开了‘全民体育’的先河。”[②] 他没有简单地将体育视为某个人的行为，而是将其视为群育的必要手段、提升民族生命力的重要途径。他也没有将体育视为学校教育的任务，而是大声疾呼整个社会、全体民众要建立起对于健康生活的信仰，要将每天的运动视为与吃饭、睡觉一样必要的生活内容。好的全民运动具有娱乐身心、促进团结合作的重要特征，由此朱光潜提倡可由专业人士组织筹划全国范围的体育运动，有规模成系统定期举行。只有全社会推广体育运动，全民族提倡运动、游戏和娱乐，才能把中华民族“改造成一种活泼有生气的民族”[③]。

在全民普及体育运动的宣传过程中，朱光潜提出，不仅要将健康与运动知识推广到每一座城市，还要推广到每一个乡村，让城里乡下民众都能有更加健康的生活理念、更加积极向上的业余闲暇消遣方式。胡适曾提出，判断一个国家文明程度的重要标准之一便是，看这个国家人民“怎样利用闲暇的时间”[④]。朱光潜自幼目睹乡下农民忙于劳作，没有闲暇休息意识，也缺乏运动健康卫生知识，因此更加需要科学健康生活方式的指导。体育运动与健康知识不仅是个人的生活内容，而且事关一个家庭、一个国家的整体精神面貌。这里所体现的是朱光潜提高全民族体育素养、将体育融入城市与乡村群众健康生活中去的平等教育意识。

（三）对于个人健康生活的建议

从个人方面，朱光潜对于体育的关注与倡导是出于自己年少忽略体育的切肤之痛。他以自己青少年时期没有运动锻炼意识受到的种种“惩罚”为例，现身说法地展示了忽视体育的种种恶果；又以自己成年后察觉到体育的重要性便开始培养运动爱好，健康工作至89岁的事例，说明锻炼的习

---

① 刘良华：《教育哲学》，上海：华东师范大学出版社，2017年，第46页。

② 崔晋静：《朱光潜〈谈体育〉及相关问题之钩沉》，见《第六届全国体育科学大会论文摘要汇编》，2000年，第805页。

③ 朱光潜：《朱光潜全集》（新编增订版）第1卷，北京：中华书局，2012年，第259页。

④ 胡适：《胡适文存》（三集卷9），合肥：黄山书社，1996年，第584页。

惯可以在任何年龄开始培养，只要坚持不懈、持之以恒，必然能有所收获。从忽视体育的无知少年，到生命不止运动不辍的健康长者，朱光潜以自己的身体力行践行了他的体育观念，践行了他一直提倡的朝抵抗力最大的道路出发的生活理念，展示了体育运动之于个人健康幸福生活的重要性。

无论是在战争乱世还是和平盛世，体育始终是朱光潜全人教育思想中关注的重要方面。他认为，改造社会、建设国家需要从教育培养好每一个人着手，寄希望于体育能为民族振兴积蓄生命力。他多次提出，生活即是目的，学问和道德可以暂缓讨论，人活着首先需要身体强健，因为健康的精神寄于健康的身体。人是一个有机整体，需要身体与心灵全面发展，体育运动则可以使人劳逸结合，永葆生命活力。活力是生命力旺盛的重要标志，“活力可增强人们对外部世界的兴趣，此外也可增强人们从事艰巨工作的力量”①，从而使个人自信地健康生活，努力学习与工作，愉快地与人合作，展现出自己的生命价值。在半个多世纪的时间里，朱光潜利用一切可能的机会呼吁青年重视培养体育运动爱好，学习最新科学研究成果，掌握现代体育运动理念，希望他们拥有运动伴随的健康人生。

第三节　朱光潜的群育思想

群育，是教育家朱光潜一贯坚持的育人主张。早在 20 世纪 20 年代，在《怎样改造学术界?》《私人创校计划》以及立达学园建校《旨趣》等多篇文章中，朱光潜就提到了群育对于改造社会、培养人才、谋求国家和民族全体利益的重要性。无论是《给青年的十二封信》《谈修养》，还是《看戏与演戏——两种人生理想》等一系列阐述做人道理、分享人生感悟的论述，个人如何在群体生活中立身处世、实现自己的人生价值和社会价值，一直是朱光潜频繁论述的要点。抗战期间，朱光潜写了多篇关于处群的文章，深入透彻地分析了中华民族不善处群的症状和根本原因，进而提出了处群训练的具体策略。

文明人类的生活始终围绕着个人和群体关系展开，在朱光潜看来，个人如何处理与他人关系、个人如何看待自己，是做人最难的两件事，但其实这也是一件事，毕竟“知道如何对付自己，也就知道如何对付他人，处

---

① 罗素：《教育与美好生活》，杨汉麟译，石家庄：河北人民出版社，1999 年，第 37 页。

世还是立身的一端”[①]。修己以立、立身处世，是人终身面对的问题。通过对相关文献的梳理，沿着群体生活中个人自身，个人与他人、社会、民族、国家等关系，可以看出朱光潜群育思想的独特意蕴和现实价值。

一、乐群以满足人的需求从而获得最大幸福

（一）人在群体中生存

人是依靠群体而存在的，在无数社会人共同构筑的群体中，个人学习生活、积累经验、处理关系、实现价值。从出生开始，人便从个体生物人，变成社会群体中的一分子，开始加入人类社会的各种交流与互动中，在群体中通过向别人学习而获得语言、知识、文化等生活能力。“一个人从哺乳到死亡的一切行动，都是从同一群体的别人那里学习得来的。所学会的那一套生活方式和所利用的器具都是在他学习之前就已经固定和存在的。这一切是由同群人所提供的。”[②]

人在群体中生存，在食物、衣服、住所等基本生理需求得到满足后，在群体生活中还有更高层次的非物质需求，马斯洛将这些需求概括为：保护、安全和保障；在家庭、团体、宗族和同事中的归属感，友谊、感情和爱；尊重、敬重、赞许、尊严和自尊；充分利用和开发天资和能力的自由和自我实现等[③]。安全感、归属感、爱与敬重、崇高与自我实现等，这些更高层次的精神需求也是人获得意义和价值的心理动机，并且这些需求只有在群体中才能得以满足和实现。

（二）人在群体中发展

个人从群体生活中学习前人积累的知识经验和文化传统，通过自己的探索追求，创造出新的物质和精神文明，从而证明自我并获得爱与尊重。个人满足自身物质和精神需求，同时也成就了群体的需求，正是历史上无数个人的努力，才汇聚成群体中一种共有的精神、思想、知识财富，为群体提供源源不断的生命活力，并且即使在生物人消失以后，这些精神、思想和知识财富依然能继续在群体中传承、发扬、惠及后人。个人在群体中与他人交流互动，切磋琢磨，砥砺前行，相互成就。朱光潜认为，一个人

---

① 朱光潜：《朱光潜全集》（新编增订版）第1卷，北京：中华书局，2012年，第283页。

② 费孝通：《全球化与文化自觉：费孝通晚年文选》，北京：外语教学与研究出版社，2013年，第142—143页。

③ 亚伯拉罕·马斯洛：《需要与成长：存在心理学探索》（第3版），张晓玲、刘勇军译，重庆：重庆出版社，2018年，第215页。

的性格难免会有瑕疵棱角，只有在与异己朋友们的相互影响中，才能在道德学问和思想认识等方面获得滋养、取得进步，获得发展。反之，独学无友，不仅会使人孤陋寡闻，也没有人可以交换意见、交流心得，久而久之，便会令人兴会阑珊、郁郁寡欢。在人类文明长河中，个人生命是极其短暂的，然而，“作为群体一员，我们却活在一个绵延不断的传统里面。这种延续性，在相当大程度上，帮助人类克服了个体生命归零的限制，同时给予个体用心活好此生的动力”①。

人生的快乐有很大部分是建立在人与人之间的关系上，亲友人伦关系处理得好，个人生活自然就会快乐，家庭和国家、社会也就很和谐。

（三）人在群体中获得满足

在朱光潜看来，个人必须要在社会群体中，才能发挥个人生命的最大效能，享受生命中的最大幸福。个人对于群居生活的需求是原始的、出于天性的，在群体中，个人满足需求，修己乐群，群己相益。朱光潜从自己切身体验中领悟到，无聊时走到街头，在人群里挤一挤心里也很舒适。一个人有心得感触，如果没有人可以倾诉分享，心中总会觉得美中不足；一件喜悦的事，如果没有人可以分享，这欢喜便会减少几分；一场灾难，如果没有人可以倾诉，悲痛就会增加数成。人必须接近人，如果这种原始的需要得不到满足，离群索居，无亲无友，便会成为人生中一件很苦的事情，这甚至是“世界最酷毒的刑罚”②。

现实生活中许多人常常感觉空虚烦闷，精力无所发泄，精神无所寄托，其原因往往就在于他们不会乐群，没能从群体生活中找到一种归属感，获得一种精神上的慰藉。不仅如此，作为一种富于情感的群居动物，人类固有恻隐之心，它表现为“仁”“爱”和“慈悲”，对人群会仁，对同类会有爱和慈悲，这是人生而有之的天性。作为人类文化的重要来源，恻隐之心也是人道的基本、人性的要素，其高度发展状态是“悲天悯人”，悲悯的对象“不仅是某人某物，而是全体有生之伦”③；悲悯可以令人设身处地、推己及人，进而转化为个人日常行动中的勇气和动力。个人在有限生命中常常感觉苦痛多于快乐，现实往往赶不上理想，这种失意与失落转化为对同情与理解的渴求。在朱光潜看来，人天生对于同类的同情需求最为强烈，只有在群体的同情与仁爱中，人才能得到真正的安慰和幸福；人

① 周保松：《小王子的领悟》，上海：上海三联书店，2018 年，第 201—202 页。

② 朱光潜：《朱光潜全集》（新编增订版）第 1 卷，北京：中华书局，2012 年，第 184 页。

③ 同上，第 150 页。

人对他人疾苦感同身受，孤寂落寞的感觉才不至于无处宣泄，大家则互有群居之乐。在融洽相处的群体中，幼有所依，老有所归，守望相助，人人各得其所，“世界便变成一团和气、其乐融融的场所”[①]。

二、敬群以守法执礼从而实现自我

（一）“敬”的重要

“敬”是人类自远古时代以来就普遍存在的情感，它是个体有限性在面对无限自然和社会时所滋生出的一种自然精神状况，雄伟的高峰、情感真挚的作品、崇高伟大的精神等，都是这世上令人尊敬的。日常生活中的“敬”表现为一种向善、向上的努力，心里觉得一件东西可贵，超过了自己通常能达到的程度，值得自己去努力追求，便会对它肃然起敬。“一个人可以敬他的人性和人权，敬他的恩人和良师益友，敬他的责任，敬他的事业，敬他所有的一颗虔敬的心。”[②] 有良知的人会对人、对事、对世界怀着一颗虔敬的心，一旦失去这颗心，人的天性良知就会丧失，徒有为人的外表。朱光潜认为，“敬”字所代表的情感无论对于个人还是民族都非常重要，它是对于生命中最有价值东西的眷恋，一个人心中如果没有“敬”的情感，就不会有伟大的成就；一种伟大的精神能否在人间传承、不朽，全靠一颗虔敬的心；人类到失去虔敬之情时，就不会作向上的企图，不会为群体生命不断赋予新的价值内容。

（二）“敬”的实质

“敬”是人心良知的自然流露，在外表看起来是“礼”。礼的范围在朱光潜看来包括个人的言行仪表，人与人之间的伦常关系，组织机构的运行，政府国家制度维护，社会风俗习惯等[③]。人类大群生活于一个综合共同体中，个人以“礼”维持群体生活中的公序良俗。“敬”是精神，“礼”是形骸，精神可以借形骸而存在，但是形骸保存，精神也可能不存在。只注重形骸，忘记它所应表现的精神，形骸会变得很空洞，“敬”由“礼”变成为一种拘束。朱光潜指出，中华民族优点很多，只是不善处群，也缺乏敬群的意识，很多人在自己私事上往往能表现出过人的聪明和毅力，但是在公众事件中却处处暴露出自私、散漫或相互推诿，“这是我们的致命伤”[④]。

---

① 朱光潜：《朱光潜全集》（新编增订版）第1卷，北京：中华书局，2012年，第148页。
② 同上，第272页。
③ 同上，第181页。
④ 同上，第126页。

在群体生活中，组织力薄弱，公私不分，缺乏守法执礼的精神，不尊重纪律，也缺乏在群体中畅所欲言并乐于服从多数人意见的修养，这些都是对群体缺乏足够敬畏的表现。在他看来，社会生活中，如果没有一个人、一件事情或者一种品格值得我们心悦诚服的尊敬，如果一个崇高行为不能使我们感发兴起，一件奇耻大辱也不能令群体中的我们感到羞耻，那么，从根本上，“我们就已经失去了一颗虔敬的心”①，我们的心会变得空洞麻木，凡事只贪图苟且，这其实是群体的悲哀。

（三）“敬”的价值

“敬”的情感不仅限于宗教信仰，儒家认为，孝敬是“德之本也，教之所由生也”，是一切德行之本，天地是人类的父母，父母是个人的天地，敬天是因为天予个人以生命，仁民爱物是因为他们同是天所给予的生命，于是在群体中，敬长慈幼、忠君尊贤、仁民爱物，乃至谨言慎行，究其根源，都是出于人的虔敬之情。中华民族在几千年的历史中曾经敬仰过忠孝节义的美德，敬仰过各个领域有伟大建树的英雄人物，靠着“敬”，中华民族在种种忧患艰难中奋发前行。

作为群体中一分子，敬群能让个人自觉遵守纪律，尊敬他人，敬重群的意旨，守法执礼，融入群体，获得认同感，“我们寻求我们能够尊敬的人，以便更好地到达我们自身。我们在我们所爱的人们之中成为我们自身”；不仅如此，这样的一种敬畏之情，是对任何时代都可以遇见的人的高贵的敬畏，它可以帮助个人了解自身，实现自我，思考生命，成就高贵，而“只有对高贵的敬畏才是人之中高贵的可能性的根源，才是每一个个人的敬畏的根源。因为每一个个人都是人，所以这种敬畏是对我自身的敬畏的根源”②。敬畏使个人即使在感受和思考无法忍受的事情时，也会在困境中取舍抉择，从而形成一种不断自我实现的向善、向上的生长力。个人对自然、群体乃至世上一切美好的敬畏，形成了一种包容一切人、物或行为的爱，相信这世界是美和善的，崇高是值得捍卫的，由此激起了为群体做善事的冲动、回馈社会的渴望、奉献人类的使命感。

三、处群以培养民主意识实现全面发展

（一）群育的重要性

个人在自然界中是孤寂的，个人的力量亦是微不足道的，只有在群体

---

① 朱光潜：《朱光潜全集》（新编增订版）第9卷，北京：中华书局，2012年，第273页。

② 雅斯贝尔斯：《哲学思维学堂》，梦海译，上海：同济大学出版社，2012年，第38—39页。

中个人才能与同命运者一起获得意义、分享智慧、共同成长、创造价值。群体中的个人对于群能有明确的认识，和它产生亲切的共鸣，并自觉贯彻群的旨意、表现群的精神、维持群的秩序、协调个人与群体利益，群才能坚固结实。朱光潜认为，群的质与量几乎成反比，群越大，群的力量越微；反之，群的力量则越强。民主国家人民容易成群，而在专制统治下人民不易成群。“我国历史上，无群见盛世太平，有群即为纷争攘乱。”① 分析中华民族不善处群的根源，朱光潜指出，我们虽有共同的语言、悠久的文化传统、共同的社会组织等，却不能算是一个团结紧密的群，其地理原因在于，我国疆域辽阔、人口众多，很多地方还维持着原始的小群，人们囿于这种小群意识，不能放开眼界来认识大群，在这种地广民众的情形之下，群的意识不发达，群的道德不健全。另一半原因则在于教育没能发挥功效，也没有及时更新观念，跟不上时代的发展。我国的传统伦理虽然提倡先国后家，但是现实生活中，家的观念却比国的观念浓厚，小群活动特别踊跃，大群组织非常散漫，小群精神往往与大群不相容，小群精神太强烈，大群自然难以坚固。不仅如此，传统知识分子多少受道家隐士思想影响，对于公共事务漠然不过问，只是被动地奉命执行，不愿积极参与，喜好立异清高，往往以“超然物表”“恬淡自守”为行事准则，不肯轻易随人，群的意识淡漠，群的参与度不高。

正是在这样的传统氛围影响下，长期以来，群育一直是吾国人缺乏的，朱光潜指出，各级学校只奉行公事，贩卖知识，忽略了学校里的社会生活，没有顾及对学生的人格熏陶，没有尽到应尽的职责，于是，教师与学生相视如路人，同学之间也相视如路人，学校里俨然是孤僻、寂寞的一群社会动物，“受教育者所受的教育如此，何能望其善处群？更何能希望其为社会组织的领导？”② 所以他认为在当时民国的社会环境下，由于群育的缺乏，我们的教育所培养的人才还不足以担当未来的艰巨责任。

（二）群育的实施

教育可以促进人的个性与群性和谐发展，从长远来看，“德、智、体、美的最高境界是表现在‘群’，人类最终的理想是促使社会和群体的和谐、进步与发展”③。因此，处群训练应该成为各级学校教育的重要内容。

为了改变当时学校教育不理想状况，朱光潜建议，首先，教育的宗旨

---

① 朱光潜：《朱光潜全集》（新编增订版）第1卷，北京：中华书局，2012年，第132—133页。
② 同上，第138页。
③ 向春：《群性群育论》，北京：中国社会科学出版社，2008年，第32页。

要由贩卖知识、读书应试转变为教书育人、培养全人，通过教学计划安排，使学生有充裕时间过团体生活，参加集体活动。

其次，课程教学安排要尽量使学生有合作讨论的训练。朱光潜主张，在各门课程中，音乐有强大的“和”的功效，特别适合合作训练，是群育最好的工具；体育不但能强健身体，还能培养遵秩序守纪律的精神和合作竞争的团体意识，也是群育的重要手段。除此之外，其他课程也可以酌情安排学生分工合作、群策群力完成，比如实验课的设备操作、材料收集和整理、课堂分组讨论等。朱光潜十分推崇讨论，认为讨论可以使群团中的人们在思想撞击后产生火花，就会产生出看待问题的不同视角和方法。许多课程都可以用讨论的方式去学习，很多问题都可以在讨论或辩论后变得更明晰，学生也可以在讨论中辨别是非真伪，成就学业，获得学问，培养处群习惯。因此，理想的学校应该充满着喜欢讨论、包容开放的氛围，这些讨论合作训练可以使学生获益无穷，“在学问上可以免偏陋，在性情上也可以免孤僻，他会有很浓厚而愉快的群的意识，他会深切地感觉到：能尽量发挥群的力量，才能尽量发挥个人的力量”[①]。

再次，学校要培养学生勇于参与社团、热心公益的处群习惯。当时的学校生活中，很多学生只知道读书应试，认为团体活动是浪费时间、惹是非，于是对一切社团活动袖手旁观。他们往往遇事以沉默为美德，需要表决时不愿表达意见，公众有决议时又不肯执行服从，归根到底，是缺乏对于处群的正确认识，没有养成处群的习惯。“社会对个人的要求，除了个人专业的特定职责之外，还有别的贡献。倘若不能建立这种自由的交流，那么，沉醉于狭小的视野和利益，对一切漠不关心，不予重视，以点代面，简言之，就像许多互不联系的单位那样，互相拆台，互相排斥，这可是人性的共同失败。”[②]

学校教育最终是为了学生能更好地适应社会，实现自我。通过参与各种社团组织和公益活动，学生可以学会与他人相处、相互协调、共同成就。群体中不同的人相互之间的接触，虽然意见难免有分歧，利益可能有冲突，但这恰恰是一种很好的交流与沟通的锻炼。群体尊重每个人所分享的经验，每个人的意见都同等重要；同时每个人都有最大自由来表达自己意见、挑战别人思想，但也应学会聆听他人、接受批评。群体成员用不同

---

① 朱光潜：《朱光潜全集》（新编增订版）第1卷，北京：中华书局，2012年，第139页。

② 约翰·亨利·纽曼：《大学的理念》，高师宁、何克勇等译，北京：北京大学出版社，2016年，第145页。

的阐释去挑战彼此的经验，看清自己和他人观点的异同，培养表达和坚持自己观点的能力，在群体中博采众长，分享集体智慧，在种种可能中做出一个惠及绝大多数人的决策。群体成员共同参与、协商讨论、决策并承担责任，这种团体活动的锻炼可以培养民主意识，增强凝聚力和包容度，协调发展个体的个性和群性，进而促进个人的全面发展和自我实现。朱光潜认为，如果学生在学校里是一个辩论家，那么出了学校，他就会是一个良好的群的成员或者社会领袖，“人民必有群的活动、群的意识，必感觉到群的力量，受群的裁制，然后才能养成良好的处群的道德”①。

（三）群育的不足及克服

朱光潜认为，处群最大的障碍是自私心，有些人以为损群可以利己，或者轻群可以重己，处处只为个人打算，全然不替国家与民族着想，只求个人生活的安定舒适，不思造福社会；在群体中，往往苟且敷衍、钻营欺诈、贪污贿赂，长此以往，损害集体、危及社会、风气日下、国家贫弱②。事实上，社会的维持和发展需要每个成员分工互助、尽职尽责、团结协作、共存共荣，而个人也需要依靠社会才能生存、发展、成就自我，以获得长足的幸福。社会的福祉就是群体的福祉，个人是群体中的一员，自然可以享有群体的福祉。不仅如此，社会发展和进步的一切努力，其最终目的在于谋求全体成员的福祉，所以个人对于社会的努力和付出最后仍然是为了自己③，而国家与民族复兴的伟业也终将寄托于全民族每个人的尽心尽责。

四、为群以复兴民族从而成就崇高

（一）为群以复兴民族

20 世纪中国学术文化的发展与中华民族的苦难历程相伴相随，无数学者在各自领域苦心钻研，寻求疗治积弊积弱社会之良方，以期激发群众斗志，唤起民族奋进，从而救国救民于危难之中。复兴民族、振兴中华是他们的共同诉求。严复、梁启超、蔡元培、梅贻琦、朱光潜等学者都大力提倡群育，以求改造教育现状，培养改造社会的领袖人物，改变当时不合群的社会风气，引领群众走向光明。朱光潜在立达学园《旨趣》中提出：

① 朱光潜：《朱光潜全集》（新编增订版）第 1 卷，北京：中华书局，2012 年，第 144 页。
② 同上，第 97 页。
③ 同上，第 135 页。

“从前一切伟大的事业和伟大的思想大半都由牺牲的精神中产出；我们更坚信来日光明之出现，也必定借牺牲的精神引导。所以立达的师生要极力培养牺牲的精神，大家都要能抛弃身家，为人群谋幸福。”[①] 在他看来，身家观念太重是一种劣根性，凡事以一身一家的安荣富贵为前提，必然会导致自私心太重、同情心太弱、组织涣散，也就缺乏舍己为群的精神。在《私人创校计划》中，他提倡创办的学校要建立在舍己为群精神之上，培养从头到脚都充满了牺牲决心的人才，“不愿牺牲身家性命财产而为人群谋福利的人，勿入吾门；不能牺牲身家性命财产而为人群谋福利的人，勿出吾门”[②]。朱光潜认为，个人要发展，必须要先替国家民族着想；如果国家民族没有前途，个人价值也就难以全面实现。古往今来，许多成就大事业者大多具有舍己为人、奉献牺牲的决心和毅力；牺牲个人一己私利，谋求群众全体利益，全体人民联合起来，群策群力，以国家和民族前途为己任，汇聚成一股齐心的力量，自然可以成就一番事业，复兴民族，振兴中华。

（二）为群以成就高贵

为群不仅是为国家民族谋福利，在朱光潜看来，也是个人突破人生困境、超越自我、成就高贵的一种路径。在《悼夏孟刚》一文中，朱光潜提出，纷繁复杂的人生旅程中，悲苦喜乐交替，“悲观之极，总不出乎绝世绝我两路”[③]。人在绝境中，像夏孟刚那样选择“绝世兼绝我”的一条绝路，难免令人悲痛惋惜。然而，人生困境中也有别的“不绝我”选择，或者“玩世而不绝我”，或者“逃世而不绝我”，前者游戏人生，后者往往遁入空门。除此之外，还有一条路是“绝我而不绝世”：“绝我”，即舍弃一切个人得失、忧欢苦乐；“不绝世”，是改造一切令“我”痛不欲生的环境或因素，使罪恶苦痛无处藏身，这是一条舍己为群的道路。“为群”的终极目的是“我决计要努力把这个环境弄得完美些，使后我而来的人们免得再尝受我现在所尝受的苦痛，……为他人争自由，这就是绝我而不绝世的态度”[④]。

“绝我”“舍己”“去私”“牺牲”是一种极高的个人修养境界，“它反映出中国人文价值中隐含的一种深层的张力，但这种境界，不是虚构的道德说教或寓言故事中的题材，而是历代史不绝书的很多真人真事的反映。

① 朱光潜：《朱光潜全集》（第 8 卷），合肥：安徽教育出版社，1993 年，第 171 页。
② 同上，第 112 页。
③ 朱光潜：《朱光潜全集》（新编增订版）第 1 卷，北京：中华书局，2012 年，第 78 页。
④ 同上，第 79 页。

从古至今，确实有无数‘仁人志士’为了自己的理想达到了这种境界”[①]。个人在人生逆境中放下当时一己之忧患，投身于群体事业，造福群体，实现了从“小我”到“大我”的转换，也就超越了自我、走向了崇高，其美德往往成为个人精神上安宁和自我满足的根源，同时亦构筑了群体生存的智慧。

（三）群体中人的至高尊严

朱光潜认为，人是全体宇宙中的一个环节，面对自然的伟大、行星的演变和运行，或是人类知识以外的茫茫宇宙，个人是渺小的；相比古往今来的圣贤豪杰、人性尊严和伟大崇高，个人也是渺小的。在他看来，全体宇宙中，斗转星移、草木虫鱼、芸芸众生，自然与人类社会是一个完整的有机体，其间生命的流逝、能量的转化，一切归于自然。世间没有一件不自然的事，也没有一件事能不自然，人性就是人类的天然本性，所以人最聪明的活法是与自然合拍，合乎天性，顺从自然[②]。朱光潜又强调，人是自然中的生灵，生灵有别于机械的地方，就在于人有自我意识，有自由、会创造、能谋求物质和精神上的满足，这也是人的“独特意义”以及人性尊严所在。宇宙群体中的一切，山川河流，玄理妙义，都统摄于人心中，人可以实现“与天地合德”。

《中庸》里说：“唯天下至诚，为能尽其性。能尽其性，则能尽人之性。能尽人之性，则能尽物之性。能尽物之性，则可以赞天地之化育。可以赞天地之化育，则可以与天地参矣。”在宇宙苍穹中，人因为意识到自我的渺小而自谦，又因为感受到人性的尊严而自尊，从而肩负起“为天地立心，为生民立命，为往圣继绝学，为万世开太平”的历史使命，这是“顶天立地，继往开来”的为群自觉，也是朱光潜眼里为人的至高尊严[③]。

五、价值与启示

“以出世的精神，做入世的事业”，是朱光潜毕生信奉并践行的座右铭。“出世的精神”是他淡化世俗的功名利禄、不计较个人得失的超然态度，“入世的事业”则是他一生中矢志不渝为国家和民族谋福利的学术探索与追求。朱光潜群育思想虽是产生于国难当头、内外交困的民国时期的

---

① 费孝通：《全球化与文化自觉：费孝通晚年文选》，北京：外语教学与研究出版社，2013年，第207页。

② 朱光潜：《朱光潜全集》（新编增订版）第10卷，北京：中华书局，2012年，第126页。

③ 朱光潜：《朱光潜全集》（新编增订版）第1卷，北京：中华书局，2012年，第290—291页。

个人教育理想和主张，但在其毕生教育探索实践中被不断证实与发挥。直至生命终点，他念兹在兹的依然是“只要我还在世一日，就要多‘吐丝’一日。但愿我吐的丝凑上旁人吐的丝，能替人间增加哪怕一丝丝的温暖，使春意更浓也好”[①]，着实是其群育理想的最好注解。

群育是朱光潜全人教育理想的一项重要内容，群育与德育、智育、体育、美育等五育融合，可以促进人的全面发展。在民族危亡时刻，“强调国家之于个人的重要性可以说是抗战时期中国思想界的共同诉求，但反过来强调个人之于国家的重要性，则显示出朱光潜在讨论处群问题上的独特思路”[②]。关注个人需求，全面发展个人，最终是为了群体，为了改造社会、振兴国家。朱光潜群育思想的首要任务在于改造个人，这也符合他一贯提倡的做人道理：生活即目的。乐群、敬群、处群、为群，原本就是人生而有之的天性，“教育重在教人，但尤重在教其人之能自得师。最高的教育理想，不专在教其人之所不知不能，更要乃在教其人之本所知、本所能”[③]。在朱光潜看来，群育首先是一种个人修养，人是有着独特意义的“能群”的社会动物，个人通过不断学习，修己以乐群、敬群、处群、为群，这是个人满足需求、实现自我、全面发展、成就高贵、获得幸福并最终与天、地、人和谐相处的过程，也是社会培养民主和法治、伦理和道德、组织和纪律意识，构建和谐、团结和紧密群体，实现独立和富强的必经之途。

“群体人生并不与自然人生相对立，更非是一种矛盾性的对立。人类文化，由自然人生演进到群体人生即社会人生，在社会人生内依然涵摄有自然人生，决不可能否定了自然人生而另来一个社会人生。”[④] 作为一种重要的教育方式，群育可以促进个人的社会化，朱光潜认为，健全的教育理想不是把人仅仅当作实现社会目的的一种工具，而是要努力实现人的社会价值与个人价值的统一，充分发挥人性中的最大可能，“达到一个‘以独则足，以群则和’的个人，同时也达到一个‘以独则足，以群则和’的社会”[⑤]。

以人为本，修己善群，以己融群，群己相得，实现身、家、国、天下

---

① 朱光潜：《朱光潜全集》（新编增订版）第 9 卷，北京：中华书局，2012 年，第 361 页。

② 金浪：《处群追问下的儒学“转向”——〈谈修养〉与抗战时期朱光潜的美学建国思想》，载《当代文坛》，2015 年第 6 期，第 71 页。

③ 钱穆：《国史新论》，北京：九州出版社，2011 年，第 256 页。

④ 钱穆：《文化学大义》，北京：九州出版社，2011 年，第 17 页。

⑤ 朱光潜：《朱光潜全集》（第 9 卷），合肥：安徽教育出版社，1993 年，第 474 页。

乃至自然的和谐共生，朱光潜的群育思想闪耀着智慧的人性光辉，无论对于个人发展还是当下教育事业的改革都不乏现实参考价值。

第四节　朱光潜的全人教育思想

朱光潜有着60余年的教育生涯，拥有执教小学、中学和大学的完整而丰富的教学经历。他的学术之路亦始于教育学，并与自身的教育生涯相始终。20世纪二三十年代，朱光潜教育思想初步形成，又在其后的五六十年教学实践和学术研究中日臻完善与发展。教育是他始终关注的核心，为此他发表了一系列颇具影响力的教育学论述，在他不同时期的美学、文学、心理学等论著中也散见有诸多改进教育的观点。他的文章激励青年的成长，探索培养青年、改进教育的种种途径，其中《给青年的十二封信》曾是一代青年的人生指南，他也因此而获得民国时期“青年导师”的称号，夏丏尊亦称其“是一个终身愿与青年为友的志士”[①]。

在朱光潜眼中，理想的教育是什么？他认为，理想的教育应该以发展全人为目标。“全人”包括身、心两方面，身的教育包括体育、休息娱乐等修养，心的教育包括德育、智育、美育等内容，相当于知、情、意等心理机能培养；除此之外，他还特别强调群育对于改造民国时期中国现状的重要性。分析朱光潜全人教育思想形成背景及其具体内容，可以探索其现实价值和启示。

一、全人教育思想和实践

（一）古代全人教育思想渊源

全人教育（Holistic Education）是中西方共有的一种教育理念。作为一种以人为本位的教育思潮，全人教育提倡人的全面、整体、和谐发展，具有悠久的思想传统，其具体内容包括：通过实施体育、智育、德育、美育等方面教育，使人成为均衡、和谐发展的完整人；教育的职责不是传递知识或实践经验，也不是向儿童灌输成人世界准则，儿童天赋是自然的、宝贵的；教育理应尊重天性，只有在充分发展后，才能人尽其才，实现人真正的幸福；每个人都是集身体、精神和灵魂于一体的有机体，教育应该

---

① 朱光潜：《朱光潜全集》（新编增订版）第1卷，北京：中华书局，2012年，第3页。

促进人各方面的均衡发展，等等。

在西方，全人教育的理论渊源可以追溯至古希腊时期的和谐教育思想，以及近代以来卢梭、裴斯泰洛齐等人的自然教育思想，斯坦纳的华德福教育[①]等。特别是古希腊时期，推崇德、智、体、美诸育和谐发展，通过教育滋养高尚自由的心灵，培养广博优雅之士。亚里士多德就曾提出，人就是一切，教育是面向人的一门科学。

在我国古代，儒家提倡“有教无类”、培养“君子”、“尽性”等教育理念，《中庸》里亦有“天命之谓性，率性之谓道，修道之谓教”，“能尽人之性，则能尽物之性。能尽物之性，则可以赞天地之化育”等教育思想。庄子则提到了“天人合一”的思想，强调解放人性，回归自然等。我国古代思想家们提出的以整体的观念看待宇宙、社会及人与自然的关系，实现顺乎自然的和谐发展的理念，从这个意义上说，“全人教育所主张的整体论，与中国传统思想是契合的”[②]。

（二）现代全人教育思想发展

人是一切社会关系的总和，教育的目标应是实现人的“全面发展”。20 世纪初，科举制度废除之后的中国，教育百废待兴，梁启超主张教育要培养“全人格”的新国民，王国维、钱穆等纷纷提倡中国教育要注重培养知、情、意于一体的全面发展的人。朱光潜和匡互生、刘熏宇等提出全人教育的理念，在他们看来，教育不仅需要传授知识和技能，更重要的是要“陶冶品学才识具备之完人与培养健全之士风”[③]。在西方，雅斯贝尔斯提道，教育是作为主体的人与人之间“灵肉交流活动”，而一切教育活动，就是要最大可能地调动人的各种潜力，在人的内部灵性与可能性不断生成的过程中培养全人[④]。

但是，随着科技的进步和社会的发展，到 20 世纪六七十年代，现代工业文明带来了日益严重的环境恶化、生态失衡和人的物化等问题，教育的培养目标也出现了机械化、功利化和人的工具化等片面倾向，一方面是越

---

① 华德福教育理论起源于德国，其创始人为鲁道夫·斯坦纳（Rudolf Steiner）。该理论强调人的意识发展规律，要求针对意识发展规律来设置教学内容，让人的身体和精神都得到发展，其精髓是对儿童天性的尊重、对儿童以游戏为主学习方式的理解和对幼儿学习品质把握的综合体现。

② 谢安邦、张东海：《全人教育的理论与实践》，上海：华东师范大学出版社，2011 年，第 165 页。

③ 朱光潜：《朱光潜全集》（第 9 卷），合肥：安徽教育出版社，1993 年，第 29 页。

④ 雅斯贝尔斯：《什么是教育》，邹进译，北京：生活·读书·新知三联书店，1991 年，第 3 页。

来越发达的现代物质文明和科技，另一方面却是个人尊严以及生命价值和生命意义的日渐丧失。以隆·米勒（Ron Miller）为首的一批教育家重新审视教育的本质，呼吁回归人之本位，重视人的尊严和自我意识，全面发展人的各项潜能，培养各方面融会贯通、整体发展的人，以消弭现代科技文明带来的教育功利化和人的虚无感，即教育要使人的身体、精神、智能、情感、社会性、审美、心灵等各方面融会贯通、整体发展。

由此可见，现代全人教育思想在理论建构和思想框架上处于不断的发展与完善中，全人教育理念与我国当前提倡的中小学素质教育以及大学通识教育在培养目标上具有一致性。

（三）对全人教育思想的思考

教育是人类亘古不变的探索，古今中外的教育理念都蕴含着对于人之所以为人，以及人在与自身同命运者的共同体中如何一起生存的探求，包含了针对人的教育旨归的思考。通过对于全人教育理念和思想渊源的考察不难发现，不同时期、不同国家，甚至同一时期不同流派所提倡的全人教育理念，在内涵与外延上并不尽相同，其根本原因在于，一方面，人是一切社会关系的总和，任何教育理念的提出都脱离不了其产生时的社会生产力、社会关系以及当时人们的认识所能达到的水平。在未来，随着社会生产力和科技水平的发展，人们对人、自然、社会和宇宙的认识程度会不断加深，人类发展过程中面临的新命题也会促使人对生命价值和意义的新思考，因此全人教育理念必将会更加丰富和深入。另一方面，正如一些对全人教育持批评意见的人士所指出的，“全人”的概念太模糊、宽泛，很难有一致的范式或标准，导致全人教育边界的不确定，以及现实教学中实施的困难。尽管如此，尊重人的天性和自然本能，综合考虑人之所以为人的各种生物、精神、文化等层面属性，使人的各项潜质和谐、全面、充分发展，正是全人教育思想的出发点。

概述之，全人教育思想具有开放性和包容性，其思想理论体系的形成可追溯至古代。不同时代的人们赋予了全人教育不同的内涵，特别是在近代科学技术和社会经济文化发展过程中，全人教育思想在理论建构和思想框架上也得到了不断的丰富和完善。现代全人教育理念强调发挥人的主观能动性，尊重和激发全体人的各项潜能，其核心是回归人之本位，视人与自然、社会为一个有机的共同体，提倡所有人的各种潜能可以得到全面、整体发展，以实现人与自我、人与自然、人与社会的和谐发展。

在21世纪的人才培养中，全人教育思想因其对全人的关注，对人类社会、文化发展，以及对生态环境等问题的观照而成为新的教育范式，在现代社会中被越来越多的国家和地区推广应用于具体的教学实践中，并取得了一系列教学成果。近年来，全人教育思想不仅自身在理论发展和实践探索上不断拓展与深化，而且其与各门具体学科的结合研究亦呈现出逐年增长的趋势。

二、朱光潜全人教育思想的形成背景

（一）社会背景：改造和建设国家的需求

五四运动带来了中国社会人的觉醒和人的思想全面解放，以鲁迅为代表的一大批启蒙思想家在批判中国传统国民性时，揭示了中国人在几千年的封建道德礼法影响下，精神长期被压抑、性格严重被扭曲的惊人状况。在探索改造社会、解放国民灵魂的出路上，他们呼吁要从根本上清除封建时代的陈规陋习，寄希望于未受封建传统毒害的儿童和青少年，为此鲁迅发出了“救救孩子”的呼声。朱光潜则运用弗洛伊德的心理分析结果奉劝父母师长趁早觉悟，“让儿童走自然发展所必经的路径，鼓励他们磨炼明察事物的思辨力，不要一味的压制”①。

复兴中华民族，改造社会风气，谋求国家建设和文化发展，需要全民族每个成员的努力，这就要求从学问、品格、精神、身体等各方面把儿童和青少年教育培养好，因为他们是国家的未来，如何使他们解放天性，充分发挥潜能，已成为教育的要务。正是在这种背景下，朱光潜开始了他的教育生涯，同时也开始了他终其一生对教育如何“顺应人类求知、想好、爱美的天性，使一个人在这三方面得到最大限度的调和发展，以达到完美的生活”，以及教育怎样才能使每个人“尽性”，“发挥性之所固有”从而改造社会、建设国家的思考②。

1925 年，朱光潜和匡互生、丰子恺、夏丏尊、刘熏宇等人一起在上海创办立达学园，实施他们的“人格教育”理念。刘熏宇在《全人教育论发端》中指出，全人教育就是“教育者用整个的人格对于被教育者的人格实施的教育”③，教育的责任，就在于满足被教育者当前和将来正当生活的各种需求，比如自己和子嗣生存的直接和间接需求、维持社会关系的需求、感情和嗜好的需求等。作为系统接受过中西两种文化教育和熏陶的学者，朱光潜肩负强烈的历史责任感，在自己的学术领域苦心钻研，以批判的眼

---

① 朱光潜：《朱光潜全集》（新编增订版）第 2 卷，北京：中华书局，2012 年，第 222 页。

② 朱光潜：《朱光潜全集》（新编增订版）第 1 卷，北京：中华书局，2012 年，第 226—227 页。

③ 转引自许骥：《给教育燃灯》，北京：清华大学出版社，2013 年，第 164 页。

光审视当时国内的教育弊端和各种教育思潮，以自己的所学所思应用于教育实践，积极探索建设国家、振兴民族文化事业、谋求人的幸福的理想教育。

（二）思想背景：儒家教育思想与西方教育思想的有机结合

儒家思想是传统中国社会的主流意识形态，朱光潜受过中国传统文化的教育，又接受过专业的西方现代教育训练，系统研习了教育学、心理学、生物学、哲学、伦理学、文学等西方科学和文化成果。香港大学教育系的科学训练奠定了他60多年教育生涯的基础，儒家的价值理想和教育伦理观念又影响了他一生的价值取向和人格追求。朱光潜自己的人生历程，可以说就是一个融中西思想文化精髓于一体，“接受教化和努力通过著述和教授的方式去实施教化的过程”[①]。儒家文化的精华、西方科学文化和思想中的有益成分，凡是对教育有所裨益的，都被他有机地汲取，融会贯通于自己的思想理念中，以求解决当时中国的社会问题。在朱光潜看来，儒家思想的基础是乐的精神和礼的精神，乐是情感的自然流露，使人生气洋溢、活泼浪漫；礼是行为仪表的纪律，使人调控节制、达到中和。礼、乐两种精神兼备，无论是对于人格追求，还是对于社会发展而言，都是一种理想状态。

朱光潜提出，人生最高目的就是幸福，幸福在于人性和谐、自由地不受阻挠而自然生发；然而，人天然具有食、欲、性、哀、惧、乐等多种天性，无论从心理学还是从伦理学的角度来看，压抑消灭某种天性，不仅是一种损耗，还有可能得到相反的结果。儒家思想追求礼乐兼备，使知、情、意各种活动各安其位、各守其分；西方的近代心理学研究也发现，人生来就有理智、情感、意志、欲望等心理机能，只有内心和谐，才能成为一个健康幸福的人。因此，理想的教育应当培养完整的人格，发展人的各种可能性，无须压制一部分人性去发展另一部分，更不应该禁止或摧残人性。而可以使人的各种天性和谐融洽、并行不悖的教育，就是一种“全人教育发展的理想状态”。

三、朱光潜全人教育思想的内涵

（一）德育：人格感化的熏陶

德育是儒家教育思想始终强调的重点，修身齐家治国平天下，无不以

① 王攸欣：《朱光潜传》，北京：人民出版社，2011年，第30页。

德为本。德育的用途在于培养正确的价值意识，使人学会权衡轻重、恰到好处。道德是心灵的活动、行为的准则、价值的取舍，道德行为可以维持人性的完美和人格的尊严，其产生的结果是善、是爱、是美。朱光潜将道德分为问理的道德（morality according to principle）和问心的道德（morality according to heart）。问理的道德是迫于外力的，比如各种戒律、规定；问心的道德则是出于衷情，诸如恻隐之心、虔敬之心。孔子讲道德注重“仁”，属于问心的道德，孟子注重“义”，属于问理的道德，后来的宋儒对这两种道德观进行了很准确的注解：“仁者心之德，义者事之宜。”而在朱光潜看来，问心的道德胜过问理的道德，问理而不问心的道德只能约束人，却不能令人心悦诚服。生活原本就包罗万象，德育不仅要使人能知道权衡和取舍，更重要的，是能使人对各种价值行为准则感同身受。德育对人的发展和幸福具有深远的影响，然而，德育在民国时期的学校里却大多流于形式，有些学校将德育的任务交给了训导员，训导的结果却往往没能产生很好的效果。学校和教师大多将教育等同于知识的贩卖，对于教授学生做人的道理全然不管，更缺乏对学生的人格感化和熏陶。

朱光潜认为，对于青少年来说，意象的力量往往胜过概念的说教，“与其向他们说仁义道德，不如指点几个有血有肉的具有仁义道德的人给他们看。教育重人格感化，必须是一个具体的人格才真正有感化力”[①]。在学校，学生首先接触的就是教师，师生间应以诚相待，互敬互爱。从事教育行业的人不能仅将此作为谋生手段，而要真正地热爱教育、关心学生，认定自己是在“造人”，不只是教书，在学业和做人两方面要对学生负责。其次，具有牺牲精神和顽强意志力的各行各业开先河的英雄是学生学做人的好榜样。人是善于学习模仿的动物，英雄和他们的事迹是抽象的人生理想得以实现的具体事例，可以突破时空的限制而对学生产生长久影响，并且可以让学生认识到，崇拜英雄就是崇拜、追随他们的道德价值。再次，文学艺术熏陶也是德育的有效手段。好的文学艺术作品，往往无意于表现道德观却能道德自现，不以道德宣传为目的，却能因其对人生观照的深广视角，而在潜移默化中给人以深刻启迪，令人在无形中受到道德影响。

（二）智育：批评和研究精神的培养

教育就是让人知道自己的不知道。智育使人求真，寻理，获知识，增智慧。晚清以来，科学成为改变当时中国现状的重要力量，智育是科学的

① 朱光潜：《朱光潜全集》（新编增订版）第1卷，北京：中华书局，2012年，第182页。

基础，也是普及科学的重要手段，自然成为各级学校教育的重点。智育不是机械地记忆书本知识，而是要能在学习的基础上独立研究，自由思考，以求养成科学的头脑，正如孔子所说的“学而不思则罔，思而不学则殆”。“学”偏重于吸收前人已有的知识和经验，“思”则是运用自己的脑筋，将所学得的知识融会贯通、灵活运用，进而能提出新问题、启发新思考。

几十年的学校教育实践使朱光潜对当时学校的智育状况非常不满，表面上看各级学校虽然都重视智育，但在教育方法等很多方面却存在诸多误区：学校教育被等同为知识传授，机械上课多于自由研讨，灌输死板知识多于启发思考，浅尝模仿多于深入探究，跟风敷衍多于独立创造，等等。这样的智育方式或许能培养一些以知识技能换取饭碗的人，却决不能培养出领导社会的具有真才实学的“领袖”，从而也就背离了智育的初衷。

智育在使人掌握各门学科专业知识的同时，重点要训练掌握知识技能和探索真理的科学方法，培养学生分析批评与独立研究的精神。智育也是训练思维、启发智慧的工具，一个真正有学问的人不仅知识丰富、思维缜密，而且还要能洞达事理、把握轻重、解决问题。智育亦是道德修养的途径，苏格拉底说“知识即德行”，智育不仅指知识的获得，也包括价值意识的培养。因此，学校教育的要旨在于使学生能应付新环境，知道怎样在世界上生活，其根本在于打破课堂、书本与生活的界限，使学生获得解决学习上和实际生活中遇到的问题的推理能力，若“只在脑筋里储藏许多死事实，不能推理，这种人决不能随机应变，决不能享完善的生活”①。教师的责任不在于精疲力竭地把支离破碎的死知识一味灌输给学生，而在于营造自由宽松的学习氛围，启发兴趣，指点门径，使学生能充分发挥各自的潜能。

教育是围绕着真善美而展开的，目的是实现人的全面发展。传统的智育往往容易看重知识，不指向智慧，而人的知识与智慧并不等同。知识存于头脑中，依靠的是别人的思想；智慧则是在心中，仰仗的是自己的心得。18世纪英国诗人威廉·柯珀曾说过：“知识是骄傲的，他自以为学得那么多；智慧是谦虚的，他怨自己知的不更多。”② 如果说知识是已有的、现成的，那么智慧就是未知的、探求的，并指向更多未知的可能与不可能。

---

① 朱光潜：《朱光潜全集》（第8卷），合肥：安徽教育出版社，1993年，第76页。

② 转引自傅国涌：《新学记：中国现代教育起源八讲》，北京：东方出版社，2018年，第236页。

（三）美育：生活的源头活水

健全的人生应该是在真善美等方面自由和谐发展的人生，就如同自然界健康生长的花草树木一样，而不是压抑某一部分为了使另一部分得到畸形发展。民国时期中国人的精神生活普遍空虚无活力，这也是社会衰败、文化落后的一个重要原因。作为一种情感教育，美育可以使人学会欣赏艺术、人生、自然和社会中的各种美好，可以创造艺术，从而为平凡生活增添丰富的趣味，因此可以说，美育是解放人性、陶冶情操的制胜法宝。朱光潜指出，就儒家教育思想而言，美育是德育的基础，道德起于仁爱，仁爱是同情、是善、是美，一个真正有美感修养的人也一定具有较高的道德修养。美育可以使人从各种有形或无形的限制中摆脱出来，解放情感，开阔眼界，获得精神自由，感受人生的价值和尊严，由此获得生命的力量。

朱光潜认为，很多人在现实生活中由于种种限制，烦闷无聊，堕落颓废，找不到生命的价值与意义，其原因就在于他们不会用美感的态度去领悟和看待人和事。音乐、戏剧、美术、雕塑、文学等方面的教育都是美感教育，美育需要从小培养和熏陶，使孩子们对艺术产生兴趣并能保持兴趣，使这些美感活动成为他们以后日常生活中的重要内容。美育并“不是替有闲阶级增加一件奢侈”，它更重要的是培养一颗善于发现的心，抱着一种欣赏观照的态度，观人、观己、观众生，青山流水、鱼跃鸢飞、儿童跨扫帚假装骑大马，自然界有多少美妙景致，人生有多少奇妙趣味，在善于发现的眼里都是美，都能触发生机与乐趣。因此，美育“是使人在丰富华严的世界中随处吸收支持生命和推展生命的活力”①，而怡情养性、复兴民族，更需要提倡和普及美感教育。

（四）群育：民族团结的凝聚力

梅贻琦曾说过：文明人类的生活无外乎“己”和“群”两方面；潘光旦则说，群育是培养“人我相与”的能力②，即协作精神和人与人之间相处的能力；朱光潜认为，人生快乐的很大部分是建立在人与人之间关系之上的。群育的重要性由此可见一斑。

在朱光潜看来，“群”的概念在中国出现得很早，中国的先儒早就有治群的探索，比如通过礼乐来实施社会教化的功能。然而，在当时民国时期各级学校里是没有社会生活的，教师与学生之间、同学彼此之间都相视

① 朱光潜：《朱光潜全集》（新编增订版）第1卷，北京：中华书局，2012年，第233页。
② 潘光旦：《潘光旦文集》（第2卷），北京：北京大学出版社，1994年，第61页。

为路人，缺乏交流和团体合作训练。从个人来看，不善处群使人更加孤僻寂寞；从社会来看，不善处群便会造成社会组织力、社会公德心和社会制裁力薄弱，成为实现民族复兴的大碍。人是有情感的群居动物，天生渴望与同类的各种交往。在交往的共情与仁爱中，人可以获得快乐和幸福感；在团体活动训练中，人可以培养良好的群的意识和群的道德，培养民主意识和建设国家的组织力。因此，群育是政治家和教育家应当着力改革的要点。

为此，朱光潜提出，首先，学校教育的重点要从上课读书转移到学习做人方面，精减庞杂的已有课程，使学生在学校的时间至少有一半能参加团体活动。其次，各门课程可以通过设计，由学生分工合作、群策群力来完成，例如收集材料、商讨问题、实验配置、检查核实等，也可以在课堂上采用讨论的方式来学习。再次，音乐、体育等特别适合群育的课程应该在各级学校普遍且长期地开设，因为这些课程不仅是群育的必经之路，也是民族生气和活力的表现。最后，学校还可以设置多种健全的团体组织，使学生们有参加各种团体活动的机会，以此培养他们通过商讨辩论、集思广益来形成意志的群的意识和热心公益的良好习惯。这种群育训练的效益是无穷的，一个人如果经常能有团体合作的训练，那么他“在学问上可以免偏陋，在性情上也可以免孤僻，他会有很浓厚而愉快的群的意识，他会深切地感觉到：能尽量发挥群的力量，才能尽量发挥个人的力量”①。

（五）体育：民族体格的生命力

朱光潜认为，近代以来中华民族缺乏对体育的足够重视，中国人普遍重视道德学问的修养而忽视体格的锻炼，由此造成许多国人体格衰弱、精神不振、暮气沉沉，民族发展也缺乏健壮的生命力。他分析了当时学校体育不完善的状况：首先，各级学校开设的体育课程大半是敷衍差事、流于形式，体育老师一向被轻视，体育设备费用投入低，学生普遍不重视体育；其次，学生们的功课负担太繁重，占用了参加体育运动和团体训练的时间；再次，学校开展的有限体育训练，其用意往往只在于培养几个运动员，预备在各级竞赛中替学校争脸面，而不是要提高全体学生的体格。有鉴于此，朱光潜指出，生命原本是身体与心灵结合的有机体，身体是心灵发展的物质基础，也是精神文明建设的根本，体格羸弱不仅影响学问事

① 朱光潜：《朱光潜全集》（新编增订版）第1卷，北京：中华书局，2012年，第139页。

业，对于个人的性情脾气乃至人生观都会产生影响。

朱光潜还从自己以往忽视体育的经历中得出教训：身体好，什么事情都可以想办法去做；身体差，什么事情都做不好。“小而个人的成功，大而民族的复兴都要从身体健康下手。”[①] 因此，在个人发展和建设国家的道路上，可以缓些谈学问、政治或道德，健康和运动锻炼的教育却是刻不容缓的。各级学校不仅要重视体育，还要为学生开展体育运动提供充足的时间和条件。这种体育运动不仅可以增强国民体魄，还能训练学生互助合作、遵守纪律的精神，是群育的很好工具。不仅如此，运动、健康和体育锻炼更应该成为全民族的信仰，应推广至全社会，成为人们日常生活中的必要内容。锻炼强健的身体，既是为个人谋福祉，也是为中华民族的复兴积蓄生命力。

四、价值与启示

教育说到底就是一种培养人的活动，任何一种教育活动都是以某种世界观、价值观为前提的，不存在没有价值导向的教育思想。朱光潜全人教育思想是他几十年教育实践和教育理论研究的产物，反映了他在教育救国、改造社会、振兴中华、实现人的全面发展等方面的教育理想。在他的思考中，德育、智育、美育、群育、体育五育并举，五育融合，相互促进，并行不悖，方能实现人的全面发展。虽然从历史发展的眼光来看，朱光潜全人教育思想存在一定的时代局限性，但因其所具有的“批判性与建设性、前瞻性与实践性相统一”的特点[②]，对于今天提倡的学生素质教育和教师综合发展而言，朱光潜全人教育思想仍然具有重要的现实启示意义。

（一）对于素质教育的启示：人尽其能，全面发展，生活就是目的

面向全体学生，全面促进学生发展是我国素质教育的基本理念，这一宗旨的核心与朱光潜全人教育思想的目标是一致的。朱光潜认为，人是有自由意志、创造能力和谋求生活价值与意义的生灵，健全的理想教育一定是以人为本位，以人的独特意义与人性的尊严为出发点的，“它当然不能止于工具的制造，不能止于训练，宣传或摹仿。而要发挥人性中的最大可

---

① 朱光潜：《朱光潜全集》（新编增订版）第1卷，北京：中华书局，2012年，第257页。

② 黄晶晶：《朱光潜基础教育思想及其当代意义》，载《上海师范大学学报》（哲学社会科学版），2016年第2期，第144页。

能性”，这样才能达到一个“以独则足，以群则和”的个人和社会[①]。理想的教育应当因人而异、因材施教，顺应人生而有之的、追求真善美的天性，通过德育、智育、美育、群育、体育等全方位教育，使人在学习与修养中培养出强健的体格、科学缜密的思维、献身于国家建设与民族文化事业发展的热忱和博大宽广的胸襟，使人的个人价值与社会价值完美地结合，从而获得人生幸福。

无论科技发展给人们的生活带来多少福利，效率和成败都不应该成为估量人生价值的唯一标准。朱光潜认为，人生最高的价值标准一定要看重人的成分，看它是否经过努力得来，是否是高尚理想和伟大人格的体现。在他的思考中，人生幸福很大程度上取决于愿望与能力之间的平衡，因此，人应该从小就学会在自己能力范围之内立志，做自己所能做之事，做自己所想做之事。朱光潜说，做学问，创事业，在人生中都是次要的，人生第一桩事是顺着自然本性去生活，“生活就是目的”[②]。“尽性”“发挥性之所固有”“生活就是目的”，这些都是全人教育，以及素质教育中以人为本教育理念的最终落脚点。

(二) 对于教师发展的启示：言传身教，人格熏陶，情感是驱动力

教育如何才能实现全面培养人才、改造社会、建设国家的目标，一直是朱光潜探索追究的时代命题。在他诸多有关教育的论述中，“教”和“育”，他更看重的是“育”；“教”和“学”，他始终强调的是“学”，即激发鼓励、启迪熏陶，使人的主观能动性得到充分发挥。朱光潜非常赞同苏格拉底对教师的定义，即教师的职责不在于传授书本上的知识，而在于将学生的潜能激发出来，教师是学生求学做人道路上的“引路人”。教师不仅是在教书，更重要的是在育人，将学生当作艺术品看待，通过激发兴趣、指点门径、启发思考，将学生领入知识的殿堂。教师的言传身教，以及高尚的人格和丰富的学识，应是学生模仿的榜样。

朱光潜还特别注重教育过程中的情感因素。在他看来，教育是教师和学生两个情感主体之间的交流和对话，是一种人性的接触和碰撞，“没有情谊做基础，无论制度如何完密，设备如何周到，决难收完美的效果”[③]。朱光潜也强调对教师自身情感的关注与理解，如果教课形同知识买卖，教师如同学校雇佣的员工，在薪水以外，不能得到“情感上的温慰”，久而

① 朱光潜：《朱光潜全集》(第9卷)，合肥：安徽教育出版社，1993年，第474页。
② 朱光潜：《朱光潜全集》(新编增订版) 第1卷，北京：中华书局，2012年，第36页。
③ 朱光潜：《朱光潜全集》(第8卷)，合肥：安徽教育出版社，1993年，第471页。

久之，教师难免对自己的职业感觉乏味，发生厌倦。情感是教育的驱动力，没有情感投入的学生潜能激发是难以完成的；情感又是教师职业发展的力量源泉，推动教师在做学问和做人、教书和育人的道路上不断前行。师生互敬互爱，在教育大爱中携手迈上全面发展的历程，这也是全人教育理念的本质所在。

结 语

任何时代，教育都是值得去开拓深耕的领域。1862 年京师同文馆开始的外语教学，标志着我国近代外语教学的开端。若从 1902 年清廷颁布实施《钦定学堂章程》、将英语作为全国中小学堂主要的外语课程算起，我国的英语教学历史也有 120 年了。百余年来，外语教育的历史伴随着社会变迁，见证了中国从封闭走向开放、从落后走向复兴的历程。在这一过程中，一代又一代外语教育工作者殚精竭虑、无私奉献，为国家发展与建设、为中外文化交流培养了大批人才。这其中，朱光潜先生留下了浓墨重彩的一笔。

从一名英语学习者到一名英语教学者，朱光潜经历了汉语文言文、白话文的教育，英语、法语、德语、俄语等外语的学习，以及半个多世纪一线教学工作的磨砺。他重视教学，提倡启发学生，强调语言学习过程中学生的听、说、读、写、译综合能力的培养，从而形成了自己独特的语言教育方法和理论。他善为人师，以身示范，强调“教书”与“做人”并重，在各个时代均培养出国家建设急需的人才。他潜心学术，学贯中西，在繁重的教学工作之余拓展学术研究的方向，在教育学、语言学、文学、哲学、美学、心理学等领域均取得了丰硕的成果。他著作等身，在半个多世纪的学术生涯中，笔耕不辍，发表了 700 多万字的文章和专著，为国内众多学术领域的研究创造了基本条件。

半个多世纪中，朱光潜坚守外语教育三尺讲台，无论时代环境如何变迁，始终心志笃定，以教育为念，不愧“一代人师”的称号。首先，他心怀天下，主张通过全人教育来培养人才、改造社会、振兴民族，认为教育是解决当时社会现状与难题的手段、工具及过程。他指出，对于人来说，生活即目的，所以教育必须符合人的自然全面生长的天性。生长的终极，乃是尽性地发展；教育的终极，并不仅仅是人生的准备，而是人生的本身。教育从来不是要提供什么现成答案，而是要让人学会独立思考；教育培养出来的个体，应是独立的、有个性的和能承担责任的，并且是能和他人一起共同承担人类命运、民族命运、承接文明遗产、继往开来的“以独则足，以群则和”之人。

其次，他认为教育从来都不是只有理想，而是针对现实的，但这并不意味着从事教育的人不需要赋予教育理想主义的气质。“教育家总是要把理想主义带到教育里面，但是教育家却不能仅仅是一个理想主义者，他必须同时是现实主义者，要有现实的关怀，要直面现实的痛苦、纠结。一个教育家所说的话都是针对当时的社会问题而发，不是自己凭空冒出来的，凭空产生的思想见解往往是没有生命的。任何的思想都一定要放回到它原来的语境中去理解。”① 可以说，现实性是朱光潜教育思想的特色。

再次，在他的眼中，教育充满着“人文主义”的智慧感。“任何学习，只要能增加对生活价值的关心，只要能使人对社会幸福产生更强的敏感性，并且具有更大的能力去促进这种社会幸福，就是人本主义的学习。”②人类所有的努力都是在时间和空间维度中展开的，而教育可以超越时间限制，让人们认识到人类的不完美，但这不完美中却孕育着无限可能。也正是基于这样的认识，人们的奋斗才有意义，人们才能更加珍惜人生，进而去追求真正的价值，实现自己的理想。

总而言之，从皖江文化传统中走出来的朱光潜，又接受了西方现代学术思想的教育，使他的教育思想特色鲜明，对于当今教育的发展，尤其是外语教育发展战略、新文科外语人才培养以及教师发展研究等具有重要的现实启示意义。不仅如此，朱光潜的思想也是一代教育家们在从民国到共和国的历史语境变迁中和时代要求下，始终不渝为祖国建设和发展培养外语人才的责任感和使命感的集中体现。回望过去的路，他用自己的毕生奋斗，践行了“此身、此时、此地”的人生追求，而贯穿于其中的是他对这山、这水、这里人民的至真情感。

---

① 傅国涌：《新学记：中国现代教育起源八讲》，北京：东方出版社，2018年，第126页。

② 约翰·杜威：《民主主义与教育》，陶志琼译，北京：中国轻工业出版社，2014年，第286页。

参考文献

一、著作

阿尔弗雷德·阿德勒：《自卑与超越》，曹晚红、魏雪萍译，汕头：汕头大学出版社，2009 年。

阿尔弗雷德·诺思·怀特海：《教育的目的》（全译本），赵晓晴、张鑫毅译，上海：上海人民出版社，2018 年。

白吉庵、刘燕云：《胡适教育论著选》，北京：人民教育出版社，1994 年。

蔡元培：《蔡元培全集》，北京：中华书局，1984 年。

常风：《逝水集》，沈阳：辽宁教育出版社，1995 年。

陈福康：《中国译学理论史稿》，上海：上海外语教育出版社，1992 年。

陈青之：《中国教育史》，北京：东方出版社，2008 年。

大卫·贝文顿：《莎士比亚：人生经历的七个阶段》，谢群、姬蕾等译，上海：上海外语教育出版社，2013 年。

戴维·洛奇：《二十世纪文学评论》（上），葛林译，上海：上海译文出版社，1987 年。

方苞：《方望溪全集》，北京：中国书店，1991 年。

费孝通：《全球化与文化自觉：费孝通晚年文选》，北京：外语教学与研究出版社，2013 年。

费孝通：《乡土中国》，北京：人民出版社，2008 年。

费正清：《剑桥中国晚清史（1800—1911）》，北京：中国社会科学出版社，1985 年。

冯煦、陈师礼：《皖政辑要》，合肥：黄山书社，2005 年。

傅国涌：《新学记：中国现代教育起源八讲》，北京：东方出版社，2018 年。

高玉兰、傅瑛：《皖籍翻译家的文学翻译研究》，合肥：中国科学技术大学出版社，2021 年。

汉娜·阿伦特:《过去与未来之间》,王寅丽、张立立译,南京:译林出版社,2011年。

何炳松:《何炳松论文集》,北京:商务印书馆,1990年。

胡适:《胡适文存》,合肥:黄山书社,1996年。

黄键:《京派文学批评研究》,上海:上海三联书店,2002年。

霍尔、诺德贝:《荣格心理学入门》,冯川译,北京:生活·读书·新知三联书店,1987年。

纪果庵等:《晚清及民国人物琐谈》,台北:台湾学生书局,1972年。

贾文昭:《桐城派文论选》,北京:中华书局,2008年。

江飞、黄晶晶:《朱光潜尽性全人教育思想》,太原:山西人民出版社,2018年。

蒋童:《韦努蒂翻译理论的谱系学研究》,北京:商务印书馆,2016年。

金雅:《人生艺术化与当代生活》,北京:商务印书馆,2013年。

劳伦斯·韦努蒂:《译者的隐形——翻译史论》,张景华、白立平、蒋骁华译,北京:外语教学与研究出版社,2009年。

黎靖德:《朱子语类》,北京:中华书局,1986年。

李鸿章:《李文忠公全书》,台北:文海出版社,1962年。

李良佑、刘犁:《外语教育往事谈——教授们的回忆》,上海:上海外语教育出版社,1988年。

李欧梵:《中国现代作家的浪漫一代》,王宏志等译,北京:新星出版社,2005年。

李绍文:《云间杂识》,上海:上海瑞华印务局,1935年。

刘良华:《教育哲学》,上海:华东师范大学出版社,2017年。

刘世沐:《怎样学英语》,北京:北京出版社,1979年。

刘晓琴:《中国近代留英教育史》,天津:南开大学出版社,2005年。

刘少雪:《书院改制与中国高等教育近代化》,上海:上海交通大学出版社,2004年。

龙泉明、徐正榜:《老武大的故事》,南京:江苏文艺出版社,2012年。

罗素:《教育与美好生活》,杨汉麟译,石家庄:河北人民出版社,1999年。

帕克·帕尔默:《教学勇气:漫步教师心灵》(20周年纪念版),方彤译,上海:华东师范大学出版社,2020年。

帕斯卡尔:《思想录》,何兆武译,北京:商务印书馆,1985年。

潘光旦:《潘光旦文集》,北京:北京大学出版社,1994年。

培根：《培根散文精选》，周英、刘慧等译，武汉：长江文艺出版社，2013年。

齐邦媛：《巨流河》，北京：生活·读书·新知三联书店，2012年。

乔尔·斯普林格：《脑中之轮：教育哲学导论》，贾晨阳译，北京：北京大学出版社，2005年。

钱穆：《国史新论》，北京：九州出版社，2011年。

钱穆：《文化学大义》，北京：九州出版社，2011年。

秦牧：《艺海拾贝》，上海：上海文艺出版社，1981年。

容闳：《容闳自传——我在中国和美国的生活》，石霓译注，上海：百家出版社，2003年。

单德兴：《翻译与脉络》（修订版），北京：清华大学出版社，2016年。

商金林：《朱光潜与中国现代文学》，合肥：安徽教育出版社，1995年。

舒新城：《近代中国教育思想史》，福州：福建教育出版社，2007年。

舒新城：《近代中国留学史》，台北：中国出版社，1973年。

孙会军：《普遍与差异》，上海：上海译文出版社，2005年。

谭载喜：《西方翻译简史》，北京：商务印书馆，2004年。

宛小平：《朱光潜年谱长编》，合肥：安徽大学出版社，2019年。

汪军：《晚清安徽巡抚邓华熙史略》，长春：时代文艺出版社，2001年。

王东风：《跨学科的翻译研究》，上海：复旦大学出版社，2014年。

王攸欣：《朱光潜传》，北京：人民出版社，2011年。

王栻：《严复集》，北京：中华书局，1986年。

维柯：《新科学》，朱光潜译，北京：商务印书馆，2017年。

吴汝纶：《吴汝纶尺牍》，徐寿凯、施培毅校点，合肥：黄山书社，1990年。

吴汝纶：《吴汝纶全集》，施培毅、徐寿凯校点，合肥：黄山书社，2002年。

吴泰昌：《我认识的朱光潜》，上海：上海文艺出版社，2008年。

夏中义：《朱光潜美学十辨》，北京：商务印书馆，2011年。

向春：《群性群育论》，北京：中国社会科学出版社，2008年。

谢安邦、张东海：《全人教育的理论与实践》，上海：华东师范大学出版社，2011年。

谢天振：《译介学》（增订本），南京：译林出版社，2013年。

许骥：《给教育燃灯》，北京：清华大学出版社，2013年。

许钧：《翻译思考录》，武汉：湖北教育出版社，1998年。

亚伯拉罕·马斯洛：《需要与成长：存在心理学探索》（第3版），张晓玲、刘勇军译，重庆：重庆出版社，2018年。

亚里士多德：《诗学》，罗念生译，上海：上海人民出版社，2006年。

雅斯贝尔斯：《什么是教育》，邹进译，北京：生活·读书·新知三联书店，1991年。

雅斯贝尔斯：《哲学思维学堂》，梦海译，上海：同济大学出版社，2012年。

严复：《生斯世何必无情　严复家书》，沈阳：辽宁古籍出版社，1996年。

阎国忠：《朱光潜美学思想及其理论体系》，合肥：安徽教育出版社，1994年。

杨静远：《让庐日记》，武汉：武汉大学出版社，2003年。

姚鼐：《惜抱轩诗文集》，上海：上海古籍出版社，1992年。

姚莹：《康輶纪行·东槎纪略》，合肥：黄山书社，1990年。

约翰·杜威：《民主主义与教育》，陶志琼译，北京：中国轻工业出版社，2014年。

约翰·亨利·纽曼：《大学的理念》，高师宁、何克勇等译，北京：北京大学出版社，2016年。

曾国藩：《曾国藩全集》，长沙：岳麓书社，1994年。

曾国藩：《曾国藩文集》，北京：九洲图书出版社，1997年。

张隆溪：《走出文化的封闭圈》，北京：生活·读书·新知三联书店，2004年。

张堂锜：《白马湖作家群论稿》，上海：复旦大学出版社，2014年。

赵园：《地之子——乡村小说与农民文化》，北京：北京十月文艺出版社，1993年。

周保松：《小王子的领悟》，上海：上海三联书店，2018年。

周维世：《清代四名人家书》，台北：文海出版社，1980年。

周予同：《中国现代教育史》，上海：良友图书印刷公司，1934年。

周作人：《自己的园地》，北京：人民文学出版社，1998年。

朱光潜等：《为学与做人》，成都：天地出版社，2012年。

朱光潜：《朱光潜全集》，合肥：安徽教育出版社，1987—1993年。

朱光潜：《朱光潜全集》（新编增订版），北京：中华书局，2012年。

《朱光潜纪念集》，合肥：安徽教育出版社，1987年。

朱守良：《安庆师范学院与皖江文化》，合肥：合肥工业大学出版社，2005年。

朱守良：《皖江近现代高等教育人物研究》，合肥：合肥工业大学出版社，2006 年。

Bassnett，S. *Translation Studies*. London：Routledge，2002.

Barney，S. A. *Annotation and Its Texts*. New York and Oxford：Oxford University Press，1991.

Lefevere，A. *Translation，Rewriting，and the Manipulation of Literary Fame*. London and New York：Routledge，1992.

二、期刊

阿尼克斯特：《萧伯纳论》，《文史译丛》，1956 年第 2 期。

戴炜栋：《立足国情，科学规划，推动我国外语教育的可持续发展》，《外语界》，2009 年第 5 期。

戴炜华：《外语语言学学科建设和研究生教育》，《外语界》，2009 年第 6 期。

杜卫：《朱光潜论美育》，《美育学刊》，2010 年第 1 期。

冯霞：《古希腊人文体育思想溯源》，《体育文化导刊》，2007 年第 1 期。

高晓芳：《经世致用教育思想及其对近代外语教育的推进》，《信阳师范学院学报》（哲学社会科学版），2005 年第 2 期。

顾卫星：《同文馆创办前的中国学校英语教学》，《解放军外国语学院学报》，2003 年第 3 期。

郝先中：《五四时期皖籍先进知识分子群体的产生及其典型特征》，《民国档案》，2003 年第 3 期。

胡文仲：《建国 60 年来我国外语教育的成就与缺失》，《外语界》，2009 年第 5 期。

胡文仲：《我国外语教育规划的得与失》，《外语教学与研究》，2001 年第 4 期。

黄晶晶：《朱光潜基础教育思想及其当代意义》，《上海师范大学学报》（哲学社会科学版），2016 年第 2 期。

金浪：《处群追问下的儒学“转向”——〈谈修养〉与抗战时期朱光潜的美学建国思想》，《当代文坛》，2015 年第 6 期。

蓝红军：《译者之为：构建翻译的精神世界——傅雷翻译研究述评》，《中国翻译》，2017 年第 1 期。

李立国、詹宏毅：《我国博士研究生教育的学科结构变化分析》，《复旦教育论坛》，2008 年第 6 期。

李化树：《论大学学科建设》，《教育研究》，2006 年第 4 期。

林梦泉、龚桢梽：《改革环境下我国学位授权审核的不适应性分析及几点思考》，《学位与研究生教育》，2009 年第 7 期。

刘全福：《筚路蓝缕　以启山林——美学翻译家朱光潜论》，《东南大学学报》（哲学社会科学版），2005 年第 2 期。

潘智丹、杨俊峰：《国外戏剧翻译研究的发展及流变》，《外语教学与研究》，2013 年第 2 期。

沈寂：《安徽新型高等教育的开端》，《安徽大学学报》（哲学社会科学版），1998 年第 5 期。

沈寂：《严复为安徽高等学堂的“礼聘”与“辞馆”》，《安徽大学学报》（哲学社会科学版），1994 年第 2 期。

施克灿：《传统教师观的历史沿变及意义》，《教师发展研究》，2018 年第 2 期。

舒济：《老舍书信》，《新文学史料》，1990 年第 1 期。

束定芳、华维芬：《中国外语教学理论研究六十年：回顾与展望》，《外语教学》，2009 年第 6 期。

史涅：《试论吴汝纶对西学的认识》，《安徽史学》，2001 年第 4 期。

苏童：《创作，我们为什么要拜访童年?》，《中国比较文学》，2012 年第 4 期。

汪晓莉、刘淑华：《需求导向的中国外语高等教育战略初探》，《外国语》，2010 年第 6 期。

王丽红：《后期桐城派作家与近代教育转型》，《淮北煤炭师范学院学报》（哲学社会科学版），2006 年第 2 期。

文学武：《朱光潜与京派文学》，《浙江学刊》，2012 年第 2 期。

翁飞：《吴汝纶与京师大学堂》，《安徽大学学报》（哲学社会科学版），2000 年第 2 期。

夏中义、张屏瑾：《朱光潜美育观与“日神精神”》，《中文自学指导》，2003 年第 2 期。

杨迪芳：《朱光潜“人生的艺术化”的美育思想及当代意义》，《教育评论》，2006 年第 2 期。

杨仕章：《文化翻译策略：概念析出与分类探究》，《外语教学》，2019 年第 5 期。

杨仕章：《论翻译活动中的文化过滤》，《解放军外国语学院学报》，2011 年第 4 期。

杨亦鸣、徐杰：《语言学应该调整为一级学科》，《语言科学》，2010 年第 1 期。

袁玲丽：《朱光潜的语言之喻》，《写作》，2013 年第 9 期。

袁玲丽：《冬潭积水浮光影——论朱光潜的文学创作之喻》，《社科纵横》，2013 年第 10 期。

袁玲丽：《焚膏油以继晷，恒兀兀以穷年——朱光潜的外语教育实践与理念研究》，《教育与教学研究》，2014 年第 10 期。

袁玲丽：《朱光潜比喻中的人生艺术》，《唐都学刊》，2015 年第 1 期。

袁玲丽：《朱光潜的诵读观研究》，《教育评论》，2015 年第 2 期。

袁玲丽：《朱光潜作品中的乡土情结书写》，《重庆工商大学学报》（社会科学版），2015 年第 5 期。

袁玲丽：《朱光潜“全人”教育思想及其启示》，《教育评论》，2017 年第 11 期。

袁玲丽：《译者何为——从朱光潜译〈英国佬的另一个岛〉的注释说起》，《东方翻译》，2019 年第 2 期。

袁玲丽：《朱光潜的群育思想探析》，《学术探索》，2020 年第 1 期。

袁玲丽：《朱光潜的文化翻译观探析——以〈英国佬的另一个岛〉为例》，《广东第二师范学院学报》，2020 年第 1 期。

曾光光：《桐城派与晚清社会思潮》，《江海学刊》，2001 年第 6 期。

曾光光：《桐城派的传承与传统教育》，《清史研究》，2005 年第 3 期。

曾光光：《晚清桐城派嬗变的文化轨迹》，《江淮论坛》，2006 年第 1 期。

周流溪：《平凡的工作　高远的追求——朱光潜的历程》（上，下），《外语与外语教学》，1998 年第 2 期、第 3 期。

图书在版编目（CIP）数据

此身　此时　此地皆是情：外语教师朱光潜研究/袁玲丽著．—合肥：合肥工业大学出版社，2022.12

ISBN 978－7－5650－5563－8

Ⅰ．①此…　Ⅱ．①袁…　Ⅲ．①朱光潜（1897－1986）—外语教学—教育思想—研究　Ⅳ．①G40－092.7

中国版本图书馆 CIP 数据核字（2022）第 211078 号

此身　此时　此地皆是情——外语教师朱光潜研究

袁玲丽　著

责任编辑　王钱超
出版发行　合肥工业大学出版社
地　　址　（230009）合肥市屯溪路 193 号
网　　址　www.hfutpress.com.cn
电　　话　人文社科出版中心：0551－62903205
　　　　　营销与储运管理中心：0551－62903198
开　　本　710 毫米×1000 毫米　1/16
印　　张　15
字　　数　262 千字
版　　次　2022 年 12 月第 1 版
印　　次　2022 年 12 月第 1 次印刷
印　　刷　安徽联众印刷有限公司
书　　号　ISBN 978－7－5650－5563－8
定　　价　46.00 元